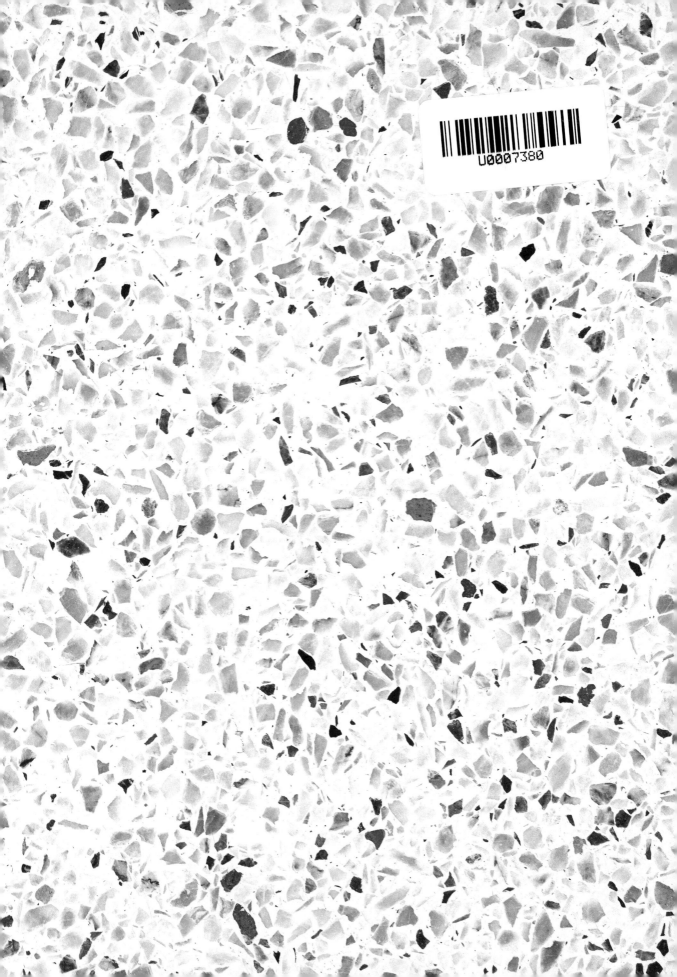

Tchin-tchin !

BISTROTIER

Le LIVRE *des* JOUES ROUGES *et des* ASSIETTES *à* SAUCER

法式小酒館美食圖典

250 道法國在地佳餚 × 100 款美酒 × 最道地的餐酒文化之旅

Tchin-tchin! 法式小酒館美食圖典：250 道法國在地佳餚×100 款美酒×最道地的餐酒文化之旅
Bistrotier: Le livre des joues rouges et des assiettes à saucer

作者	史堤芬・賀諾（Stéphane Reynaud）
攝影	瑪麗-皮耶・莫黑（Marie-Pierre Morel）
翻譯	許雅雯
酒類審訂	林才右（萊特）
校對	廖巧穎
責任編輯	謝惠怡
排版設計	唯翔工作室
封面設計	Zoey Yang
行銷企劃	張嘉庭

發行人	何飛鵬
事業群總經理	李淑霞
社長	饒素芬
圖書主編	葉承享

出版	城邦文化事業股份有限公司 麥浩斯出版
E-mail	cs@myhomelife.com.tw
地址	115台北市南港區昆陽街16號7樓
電話	02-2500-7578

發行	英屬蓋曼群島商家庭傳媒股份有限公司城邦分公司
地址	115台北市南港區昆陽街16號5樓
讀者服務專線	0800-020-299（09:30～12:00；13:30～17:00）
讀者服務傳真	02-2517-0999
讀者服務信箱	Email: csc@cite.com.tw
劃撥帳號	1983-3516
劃撥戶名	英屬蓋曼群島商家庭傳媒股份有限公司城邦分公司

香港發行	城邦（香港）出版集團有限公司
地址	香港九龍九龍城土瓜灣道86號順聯工業大廈6樓A室
電話	852-2508-6231
傳真	852-2578-9337

馬新發行	城邦（馬新）出版集團Cite（M）Sdn. Bhd.
地址	41, Jalan Radin Anum, Bandar Baru Sri Petaling, 57000 Kuala Lumpur, Malaysia.
電話	603-90578822
傳真	603-90576622

總經銷	聯合發行股份有限公司
電話	02-29178022
傳真	02-29156275

製版印刷	鴻霖印刷傳媒股份有限公司
定價	新台幣1650元／港幣550元

2024年8月初版一刷・Printed In Taiwan
ISBN：978-626-7401-95-8（精裝）

國家圖書館出版品預行編目資料

Tchin-tchin!法式小酒館美食圖典：250 道法國在地佳餚
×100 款美酒×最地道的餐酒文化之旅/史堤芬・賀諾
(Stéphane Reynaud)作；許雅雯翻譯 -- 初版 -- 臺北市：城
邦文化事業股份有限公司麥浩斯出版：英屬蓋曼群島商家
庭傳媒股份有限公司城邦分公司發行, 2024.08
　　面；　　公分
譯自：Bistrotier : le livre des joues rouges et des assiettes
　　à saucer.
ISBN　978-626-7401-95-8（精裝）

1.CST: 飲食風俗 2.CST: 文化 3.CST: 法國
538.7842　　　　　　　　　　　　　　　　113010896

Tchin-tchin !

BISTROTIER

Le LIVRE *des* JOUES ROUGES *et des*
ASSIETTES *à* SAUCER

法 式 小 酒 館 美 食 圖 典

100
款美酒
◆

400
頁美食
◆

250道法國在地佳餚 × 100款美酒 × 最道地的餐酒文化之旅

作者 / 史堤芬・賀諾　STÉPHANE REYNAUD

攝影 / 瑪麗・皮耶・莫黑 MARIE-PIERRE MOREL　翻譯 / 許雅雯　酒類審訂 / 林才右 (萊特)

您好！兩位嗎？有訂位嗎？沒有啊？
那請先到吧台等候帶位，
我們招待一杯紅酒……當然也附風乾香腸！

◆

歡迎來到小酒館，歡迎走進這個讓人感到舒適，跳脫繁忙的日常生活，稍作停歇的世界。小酒館既是一個地點，也是一個時刻，一個像家一樣的地方，從你進門那一刻起，它寬廣的懷抱就為你敞開，在滿嘴醯醬的兩口美味與滿口酒香的兩杯酒之間，這個時刻只屬於你，只為讓你深呼吸而存在。

小酒館就是個人人都愛的星期二，一切又重新開始運轉的星期二。星期一，漁船入港，卸下期待已久的漁獲。菜農們重拾鐮刀，採摘還帶著露水的蔬菜；屠夫們在漢吉斯批發市場（Rungis）揮舞解骨刀。星期二是新鮮食材的星光大道，是一週之始，是決定一週飲食的一天。

本日菜單正要上板，鍋子在冒煙的爐火上爭先搶後，倚在吧檯邊的客人們談論著當天的頭條新聞，在尖銳的觀點之間，在濃縮咖啡與柑橘白酒（blanc limé）之間，交換意見。這就是吧檯，這裡的人嗅探四方。燉小牛肉的白醬香氣在咖啡香上輕舞，灑落在地上的糖在鞋子底下歡唱。「午餐時間可以幫我留一桌嗎？我只有兩個小時的吃飯時間……！」

於是，人們在這裡享用午餐，享受這天的美食，享受著微醺帶來的飄飄然。我們的心是輕盈的，靈魂是平靜的，食府是滿足的。小酒館第一回合勝利，真是厲害啊！接著，我們又留下來喝起開胃酒，就像等著看牌局的結果。「朋友，再乾一杯，這杯我請」，這話可不是開玩笑的，小酒館這個為所有人而開的安寧之地又贏了一局，有時，甚至會有人點上一根蠟燭祈禱呢！

隔天，這種小酒館精神就會飄進你家，從熱氣蒸騰的廚房到喧鬧的餐桌，再到賓客紅潤的雙頰，都有它的影子。我們將撲向這種極具現代感的傳統烹飪方式，做出令人懷念的豐盛佳餚，牽起了每個人的嘴角。這是一種滋味豐滿、簡易、充滿文化氣息又挑逗味蕾的烹飪法。小心，你的客人可能會要求再來一次……

◆

史 蒂 芬 的 小

吧檯

P.10

7點起
可頌
杏桃葡萄果醬
苦橙果醬
經典歐姆蛋
沙克舒卡燉蛋
綠意盎然歐姆蛋
舒芙蕾蛋

中午時段
奶油火腿三明治
青醬蛋蛋
圓桶乳酪三明治
薄切煙燻牛肉三明治
手撕豬肉三明治

晚間七點後
面具麵包
奶油鱈魚肉醬
法式香草白乳酪蘸醬
鮭魚抹醬
乳酪鹹泡芙
洋蔥派
沙丁魚
油漬蒜頭鯷魚
扁豆、橄欖和杏仁
醋味油炸沙丁魚
白酒鯖魚
塔拉瑪魚子沙拉

貝類海鮮吧

P.56

碘味佳餚
醋香淺蜊
油醋生蠔
熱烤生蠔
黃道蟹
螯龍蝦
味噌美奶滋峨螺

鮮奶油淡菜
熊蔥聖賈克扇貝
精緻如絲「竹蟶」
赤裸挪威海螯蝦
奶油白醬鳥蛤

前菜菜單

P.82

醬糜大家族
鄉村風味醬糜
各式醬糜
經典酥皮肉派
酥皮雞肉派
醃漬黃瓜
卡列肉丸（甘藍菜）
卡列肉丸（若蓬菜）
熟肉醬
完美禽類肝醬
巴西里火腿凍
家禽肝蛋糕
豬頭乳酪
肥肝佐酸甜醬

湯品
鄉村風味蔬菜湯
暖心清湯
機靈南瓜湯
菊芋奶香濃湯
白花椰菜湯
夏季冷湯
豬油甘藍湯
春季雜菜湯

蛋類美食
美乃滋蛋
水煮蛋凍
魔鬼蛋
紅酒燉蛋

蔬食小菜
涼拌根芹菜絲
醋味韭蔥

蕃茄沙拉
蕃茄冷湯
涼拌蘿蔔絲
綠蘆筍沙拉
野生蘆筍
豬油蘆筍
蘆筍佐慕斯琳醬
菠菜沙拉
吉康菜橄欖沙拉
醋味朝鮮薊
油香紫色朝鮮薊
胭脂洛克福
塔布豆沙拉
馬鈴薯沙拉
四季豆沙拉
香草扁豆沙拉

肉食小菜
骨髓
羔羊腦
豬腳
小牛蹄沙拉
自製豬鼻肉沙拉
烤砂囊
家禽肝和菠菜
蘑菇蝸牛
帶殼蝸牛
青蛙

淡水、鹹水
茴香燻鰻魚
黑線鱈生魚沙拉
北歐鹽漬鮭魚
虜獲你心章魚
不黑心烏賊
螃蟹蛋糕
油浸緋魚配馬鈴薯
魟魚醬糜
炸魚丸
魚湯
小牛與鮪魚
西班牙臘腸煮淡菜
生蠔配骨髓
聖賈克扇貝配五花肉

燻鰻魚與血腸

今日特餐

P.210

經典主菜
土魯斯香腸佐馬鈴薯泥
庫斯庫斯（北非辣羊肉香腸）
里昂香腸
香腸布里歐麵包
奶油燉麵
白血腸佐馬鈴薯泥
黑血腸佐蘋果
酒香博代香腸
小牛內臟腸
里昂魚糕
藍帶肉排
白醬燉小牛肉
卡酥來豬肉鴨肉鍋
蔬菜燉肉（牛肉、豬肉）
亞爾薩斯酸菜
阿里哥乳酪馬鈴薯泥
醃肉菜湯
扁豆燉鹹豬肉
墨西哥辣肉醬
甘藍菜肉捲莫爾托香腸配扁豆
尼斯醃肉燉菜
芥末兔肉
蘋果酒兔肉
焗烤火腿吉康菜
蕃茄鑲肉

禽類大家族
香草烤雞
油封鴨佐蒜頭馬鈴薯
燉雞
紫甘藍、西洋梨燉珠雞
檸檬珠雞
巴斯克燉雞
奶油雞

雜肉
乾燥豌豆煮五花

酒 館 菜 單

供餐時間
7點至23點30分

胡桃豬頰
燉牛五花
燉小牛腱
焗烤牛肉蘿蔔泥
笛豆燉小羊肉
小牛頭佐格里畢許醬
紅酒燉牛頰肉
綠咖哩燉牛尾
皇后酥
腰子與栗子
自製酥脆牛肚

漁獲上岸

P.284

魚鮮
脆皮鱈魚
憤怒牙鱈
牙鱈佐柯爾貝醬
普羅旺斯蒜泥醬大冷盤
磨坊風味比目魚
鮪魚蘋果奶油萵苣
紅蔥鮪魚肚
炭黑奶油鱒魚
奶油白醬魟魚胸鰭
油漬鮭魚
鹽焗鯛魚
醃製生鯛魚
檸檬羊魚
極品鯖魚
烤江鱈
漁夫烏賊
蝦夷蔥奶油魴魚
墨魚配思佩爾特小麥
海鮮燉飯
甘藍煮燻黑線鱈佐酸模醬

肉舖嚴選

P.324

週日肉食
牛肋排

韃靼牛肉配薯條
紅蔥後腰脊肉
酥脆小牛肋排
烤小牛肉
煙燻牛肩肉
牛肉捲
英式烤牛肉
肋眼牛排
四小時豬肩胛肉
大里肌
醃鴨胸肉
完美臀肉
酥脆五花肉
小羊腿
羅勒風味小羊肋排

全時段供應

P.366

薯條良伴
咬咬先生
炸魚薯條
漢堡
熱狗堡
俱樂部三明治

乳酪與酥皮
洋蔥湯
酥皮乳酪舒芙蕾
芙利安餡餅
洛林鹹派

沙拉吧
里昂沙拉
法蘭琪－康堤沙拉
尼斯沙拉
凱撒沙拉
朗德沙拉

乳酪儲藏室

P.386

尼姆－阿雅丘
巴儂、愛之麻、
佩拉東、布洛丘

杜爾－桑塞爾
聖莫爾德圖蘭、
查維諾羊奶乾酪、
末隆雪、普里尼聖皮耶、
謝河畔瑟萊

特魯瓦－第戎
夏洛萊、查爾斯、朗格勒

康城－盧昂
納莎泰爾、帕芙多吉、
彭勒維克、卡蒙貝爾、
利瓦侯

歐里亞克－克雷蒙
聖尼塔、奧弗涅藍紋、
沙雷爾斯、安貝圓桶乳酪

默路斯－貝桑松
吉克斯藍紋、康堤、
莫爾比耶、芒斯特、
金山

坡城－賀德茲
洛克福、歐索伊拉堤、
拉基奧爾、羅卡馬杜、
高斯藍紋

巴黎－里爾
默倫布里、莫城布里、
馬瑞里斯、薩瓦蘭

瓦倫斯－格勒諾勃
皮科東、聖露西亞、
聖馬爾瑟蘭、維柯爾藍紋、
孔德里約利可特、福結烏斯

香貝里－安納西
雪佛丹、薩瓦多姆、
阿邦當斯、赫布羅申、
博日多姆

甜點櫥窗

P.416

湯匙小點心
小布蕾
焦糖布丁
焦糖烤布蕾
漂浮島
香草牛奶米布丁
巧克力慕斯

塔與派
蘋果派
布達魯洋梨塔
亞爾薩斯蘋果派
紅莓果派
蛋白霜檸檬塔
法式布丁
粉紅果仁糖派
反烤蘋果塔
巧克力薄塔

蛋糕
杏桃、蘋果、洋梨、克里曼丁橘
克拉芙堤櫻桃布丁蛋糕

大型甜點
草莓蛋糕
176千層派
香緹鮮奶油泡芙
巴黎－布列斯特車輪泡芙
摩卡蛋糕
萊姆巴巴

咖啡良伴
超濃半熟巧克力蛋糕
瑪德蓮、費南雪
沙布雷餅乾、香菸蛋捲

點菜 ☞

酒 小酒館 精選餐搭 單

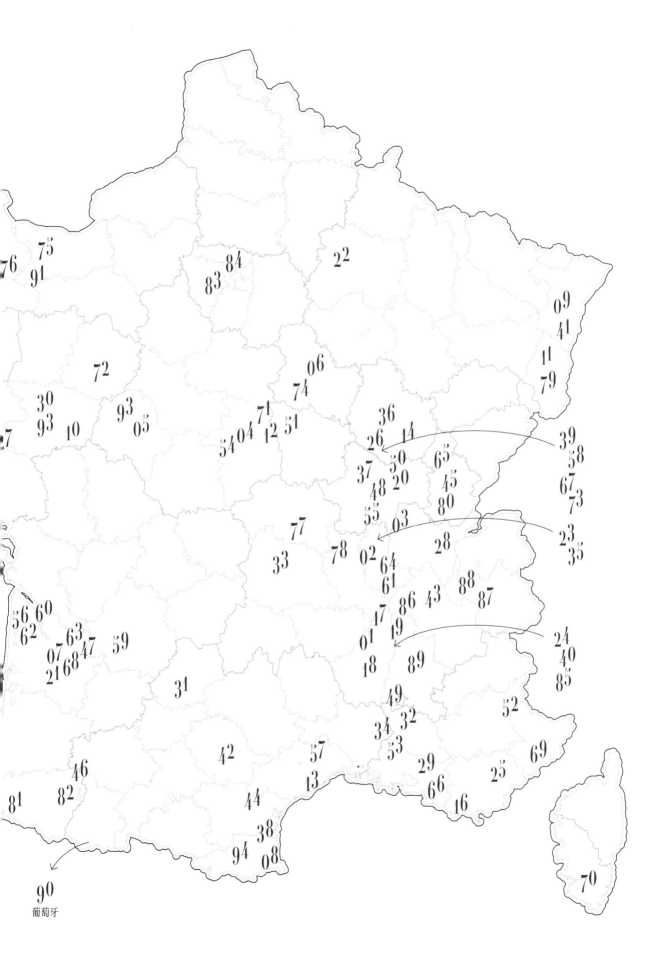

76 75
    91

84
83 22

                                    09
                                    41

        72   11
    30   79
    93 93
        10   93 05   06
                         74
                    71 51
                54 04 12   36
                                26 14   39
                         37   50   65   58
                            48 20   45   67
                                80   73
                         55 03
                    77   28   23
                33 78 02   35
                         64
                         61
                    17 86 43 88 87
                       49
                    01   89
                    18
56 60
62
07 63 47 59   49
21 68   34 32
                    53
            31   29   69
                    57   25
    46   13   66
82   44   16
81
                    38
                94 08
                                        70
90
葡萄牙

小酒館吧檯

喝了一杯再一杯

　　開門的時間到了，黃色的燈光亮起，咖啡機為上門的勇者吐出第一杯濃縮咖啡。隨著天色漸亮，吧台邊也逐漸熱鬧了起來，夜太短，人恍惚，肘部碰碰撞撞。麵包片上塗了奶油，「苦橙與芫荽」，今日特調果醬鋪成了柔軟的被褥，咖啡冒著煙，糖包開始在鞋底嘶嘶作響，現在是早晨 7 點。

　　「一杯松塞爾，再來一份風乾火腿，還有，你們有半鹽奶油嗎？」現在是早上 7 點⋯⋯「老闆，來一壺薄酒萊，今天的醬麋是什麼口味的？野豬肉嗎？來一片！話說，我姐夫可以給你弄點野豬肉，這週末他剛獵到一隻 90 公斤的⋯⋯」，現在是早上 7 點。

　　這就是小酒館，一個超脫時空的地方，時間在這裡沒有意義，這是個咖啡杯和酒杯碰撞的空間，每個人都可以在此互相交流、也能適得其所、找到屬於自己的位置。小酒館是豬隻祭殿，牠們獻出全身來滿足從早上 7 點就餓肚子的人。「再來一壺薄酒萊，還有一點風乾香腸⋯⋯」現在是早上 7 點 20 分。

　　時間有點晚了，但也沒什麼不好，中午約的那個人剛才傳訊來說 9 號線暫停運行，不知道什麼時候恢復。沒關係啦！正午 12 點的鐘聲在閃亮的鋅製吧檯上響起，手肘還穩穩壓在吧檯上。喝開胃酒的時間到了，我們可以耐心等待，讓時間悠然地自在流淌。感覺真好，看看四周，大膽地喝個小酒、吃點東西，又點了一輪，還想再來一些，暗自希望 9 號線不要太快恢復運行。

　　結束一天工作的時刻到了，也是把老闆今天的言論拿出來咀嚼的時刻、是可以討論普拉提尼（Michel Platini）⋯⋯哦不，應該是內馬爾（Neymar）沒踢進的罰球時刻⋯⋯是往茴香酒裡加一、兩塊冰塊，是啤酒來不及升溫、是吧檯上還聚集著人群的時刻，日復一日不休止。

15 個

活力可頌
喚醒全新一天

準備時間：30 分鐘
靜置（發酵）時間：1 夜 +3 小時
烘烤時間：15 分鐘

麵粉 500 克
常溫水 120 克
牛奶 120 克
砂糖 50 克
常溫軟化無鹽奶油 50 克
鹽 1 茶匙
冰冷無鹽奶油 250 克
速發酵母 2 包
蛋 1 顆

◆

- 水、牛奶和酵母放入攪拌缸內混拌，接著加入麵粉、軟化無鹽奶油、糖和鹽，揉拌至攪拌缸壁呈現乾淨無沾黏。將麵團置於發酵缽（或用沙拉盆），表面覆蓋一張防沾烤紙，冷藏靜置一晚。

- 隔日，將麵團拉展成四片幸運草狀，中間保留一個較厚的小丘。將奶油擀成長方形，置於幸運草中央。把四片葉子向內折，完全覆蓋奶油。接著再將麵團擀成長方形，使用三折法整型後放入冰箱靜置 20 分鐘。靜置時間結束，取出麵團，再次擀成長方形，操作三折法，再次放入冰箱 20 分鐘。同樣的程序再操作一次。從冰箱取出麵團後，再次擀成長方形，而後分割成 15 個三角形，自底部向上捲。將完成造型的麵團移至舖有防沾烤紙的烤盤上，進入第二階段發酵，所需時間為 2 個小時：膨發後麵團體積需多出一倍。

- 烤箱預熱 200℃，把蛋打成蛋汁，塗在膨發後的麵團表層，放入烤箱烘烤 15 分鐘。

小「巧」可頌

巧克力可頌的準備方法是在最後一個步驟時，把麵團切割成 12 公分長的三角形，在每個麵團上放兩根巧克力條，捲成可頌的形狀，放置發酵，塗上蛋液後放入烤箱烘烤。

10 罐

果醬
杏桃、葡萄
芫荽、八角

準備時間：30 分鐘
靜置時間：1 天
烹調時間：1 小時

杏桃 2 公斤
紅糖 2 公斤
黃白色葡萄 100 克
芫荽籽 1 湯匙
八角 6 顆

◆

- 切開杏桃，每一顆切成四片，覆蓋紅糖後常溫靜置一天。所有材料放入鍋中，小火慢煮 1 小時，過程中撈出泡沫。最後放入玻璃罐中，密封倒放。

綠豆蔻苦橙

準備時間：30 分鐘
靜置時間：1 夜 +3 小時
烹調時間：15 分鐘

苦橙 2 公斤
紅糖 2 公斤
綠豆蔻[1]粉 1 湯匙

◆

- 將苦橙放入一大鍋水中，大火煮 30 分鐘。煮過的苦橙瀝乾後切成小塊，用紅糖覆蓋。加入綠豆蔻粉後開小火慢煮 1 小時。放入玻璃罐中，密封倒放。

---

[1] 注：Cardamome稱為小荳蔻或綠豆蔻，不要和肉豆蔻（muscade）搞混了。台灣的常見的豆蔻粉是肉豆蔻，記得選用綠豆蔻粉才對。

咖啡、咖啡器材

細研磨

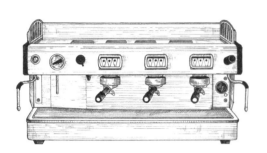

中度研磨

義式咖啡機

義式咖啡機以滲濾（percolation）的原理萃取咖啡。儲水槽中的水經過內部加熱後以幫浦加壓（介於 8 − 10 bar 之間），注入裝填了咖啡粉的金屬濾網，最後從出水口滴漏出咖啡，直接以咖啡杯盛裝。

美式滴漏咖啡機

接近沸點的熱水經過上半部預先裝填了咖啡粉的濾網，滲透並汲取咖啡香氣後，緩緩滴入下方咖啡壺。

細研磨

中度研磨

粗研磨

義式摩卡壺

摩卡壺的材質為鋁合金或不鏽鋼，由兩個部分組成。下半部為儲水槽與裝填了咖啡粉的濾網。上半部則是盛裝咖啡的空間。這種咖啡壺利用水加熱產生的蒸氣壓力把水推進漏斗狀的粉槽，經過咖啡粉後萃取出咖啡並流入上腔。

虹吸壺

這種咖啡壺由上下兩個球狀的玻璃壺組成：下壺裝水，上壺裝咖啡粉。水加熱後壓力上升，經過濾網。幾分鐘後切斷熱源，壓力降低，經過浸泡的咖啡因壓力下降而被吸回下壺。

法式濾壓壺

這種咖啡壺大多由玻璃和金屬製成，中間配有活塞，活塞底部有個過濾用的帶孔的金屬圓盤。把咖啡粉倒進壺底後，注入熱水，靜置幾分鐘。接著，把活塞往下壓，過濾器就會下沉，分離咖啡跟咖啡渣。

一杯濃縮，謝謝！

濃縮咖啡

—

濃烈萃取的黑咖啡

雙倍濃縮咖啡

—

兩份濃縮咖啡，用大杯子盛裝。

美式咖啡

—

一份濃縮咖啡兌兩份熱水

榛果色咖啡

—

一份濃縮咖啡加一點牛奶

白咖啡

—

一份濃縮咖啡加一份熱牛奶

卡布奇諾

—

一份濃縮咖啡、1/3 熱牛奶、
2/3 奶泡

咖啡踏上法國的第一步

1644	→	1669	→	1671	→	1714
馬賽的批發商皮耶・德・拉候克（Pierre de La Roque）將咖啡引進法國。		一名鄂圖曼帝國的使臣把咖啡帶到路易十四的宮廷。		馬賽第一間咖啡館開業。		阿姆斯特丹市進獻一棵咖啡樹給路易十四。

正宗美式咖啡作法

先煮一杯濃縮咖啡，直接把熱水倒進咖啡裡，就是一杯完美的美式咖啡了，而且咖啡因含量也變少了。

2 人份

歐姆蛋

經典歐姆蛋

準備時間：30 分鐘
烹調時間：10 分鐘

蛋 6 顆　　　　　　　　　奶油 15 克
法式白火腿 2 片　　　　　橄欖油 1 湯匙
長時熟成的康堤乳酪 50 克　鹽之花、粗磨胡椒
青蔥 3 根

◆

• 細切火腿、青蔥與康堤乳酪。用一個缽盆把全蛋打
　散，調味。使用不沾平底鍋，先融化奶油，直到奶
　油呈榛果色，再加入橄欖油。倒入蛋液，用鍋鏟推
　撥 15 秒。接著倒入所有食材，小火加熱 5 分鐘，直
　到達到想要的質地即可裝盤上桌。

圖片請見下一頁 👉

綠意盎然歐姆蛋

準備時間：10 分鐘
烹調時間：10 分鐘

蛋 6 顆　　　　　　　蒜頭 1 瓣
嫩菠菜葉 1 把　　　　奶油 20 克
龍蒿 3 枝　　　　　　橄欖油 1 湯匙
甜羅勒葉 6 片　　　　鹽、胡椒

◆

• 將雞蛋打入食物調理機中，加入龍蒿、甜羅勒葉、
　一半的菠菜和剝了皮的蒜頭，全部打散混拌後調味。
　取用不沾平底鍋融化奶油，直到呈現榛果色再加入
　橄欖油。倒入蛋液，用鍋鏟推撥 15 秒，放上剩下的
　菠菜，小火煎煮 5 分鐘，裝盤上桌。

沙克舒卡 CHOUCHOUKA
彩椒燉蛋

準備時間：10 分鐘
烹調時間：20 分鐘

蛋 6 顆　　　　　　　洋蔥 1 大顆
紅椒 1 顆　　　　　　孜然粉 1 茶匙
黃椒 1 顆　　　　　　蜂蜜 1 茶匙
青椒 1 顆　　　　　　橄欖油 100 毫升
蒜頭 2 瓣　　　　　　鹽、粗磨胡椒

◆

• 剝除洋蔥和蒜頭外皮後切碎。細切三種椒，確保去
　除中間的白芯和種籽。使用不沾平底鍋，加入橄欖
　油後用小火煎煮所有食材 15 分鐘，慢慢加入孜然和
　蜂蜜調味，直到蔬菜開始變軟。

圖片請見下一頁 👉

舒芙蕾蛋

準備時間：30 分鐘
烹調時間：5-7 分鐘

蛋 6 顆
砂糖 1 茶匙
奶油 50 克
鹽、胡椒

◆

• 分開蛋白和蛋黃。在蛋白中加入一撮鹽和糖，使用
　打蛋器打發。把蛋黃輕輕加入蛋白中，小心不要消
　泡。取用不沾平底鍋，小火融化奶油後倒入蛋液，
　蓋上鍋蓋，悶煮 5 至 7 分鐘，動作放輕，馬上摺起
　蛋卷，裝盤上桌。

2 人份

三明治
奶油火腿

準備食材：3 天
組合時間：4 分鐘

切開長棍麵包，塗上奶油。放上切成薄片的火腿、刨刀刨過的康堤奶酪片、幾條酸黃瓜，還有用刷子塗了一層橄欖油的生菜。

◆

在法國人心中
奶油火腿三明治的地位

- 這塊麵包是我們美食文化中的一面旗幟。是的，它不只是一塊麵包而已，它在匠人們的手藝加持下煥發高貴與美麗的氣質。我們用心、努力追求最好的，旨在提供所有人都能品味的頂級享受。

- **1 根長棍麵包**：不是隨便一根，外皮要酥脆金黃，用手指按壓時會嘎吱作響的那種。麵包內部應該像柔軟的床墊般佈滿氣孔。一根隔夜發酵的長棍才能展開美好的一天。

- **4 片火腿**：不是所有火腿都可以，不能含有硝酸鹽、磷酸鹽，豬隻應在合理的環境中飼養，不得催熟。製作的過程中，要使用高品質的高湯，油脂應該和戀人的吻一樣柔軟。

- **1 把生菜**：不是所有生菜都好，要在受保護的環境中生長的野生生菜，未被農藥汙染，加上一些嫩菠菜平衡口感。

- **半鹽奶油**：不是隨便的奶油，必須是有 AOP 法國原產地名稱保護認證的奶油，微微添加鹽粒調味，塗在麵包上，如夏夜裡涼爽的亞麻被，為麵包增添風味。

- **酸黃瓜**：不是隨便的黃瓜，要在沒有使用除草劑和農藥的田裡種植的特級酸黃瓜。採摘後浸漬於食用醋中，添加酸味，咬起來香脆，放在齒間有如國慶日施放的鞭炮。

- **康堤乳酪**：不是隨便一種康堤，是經過多年熟成，散發陳年的魅力與沉穩的力量，如同一名老練的演說家。

餐酒搭配

No01

半品脫啤酒

◆

45° 0' 33.916"
北緯

4° 23' 47.022"
東經

45° 0' 33.916"
NORD

LA
COMMUN'ALE

4° 23' 47.022"
EST

帶苦味的淡啤酒
麥芽：愛爾淡啤酒

啤酒是酒吧的主要元素，伴隨啤酒龍頭，彷彿是為當日口渴的人們獻上供品。當一杯優質的愛爾淡啤酒將呈現在您面前，將能完美滿足您的渴望，尤其是這杯酒就正巧在您的家鄉釀製，一個隱身在重重松樹林間的釀製處。「公社愛爾」（Commun'ale）是源自於聖阿格雷沃（Saint-Agrève）這間釀酒廠的啤酒，向「巴黎公社」（Commune de Paris）那些因為接受不當勞役而渴望自由的叛軍致敬。這款啤酒由淡色麥芽、裸麥麥芽及焦糖麥芽釀製而成。還有什麼會比傳統奶油火腿三明治配上這款啤酒的結合更令人感到幸福？顯然沒有，有的就只是絕對的歡愉。

2 人份

青醬蛋蛋

嗯，很可以

準備時間：15 分鐘
烹調時間：10 分鐘

蛋 4 顆
鄉村麵包 2 大片
甜羅勒葉 10 片
帕馬森乳酪 50 克
松子 1 湯匙
蒜頭 1 瓣
橄欖油 100 毫升
鹽之花、粗磨胡椒

◆

- 預熱烤箱。在麵包片上刷一層滿滿的橄欖油後放入烤箱，烤到表面呈金黃色便取出。把甜羅勒、剩餘的橄欖油、乳酪、松子和蒜頭一起攪打成青醬。

- 使用不沾平底鍋，倒入青醬，再把蛋打在青醬上，大火煎 3 分鐘，直到蛋白凝固後調味。把蛋放到麵包片上，裝盤上桌。

每日一塔町（TARTINE）

這道食譜可以根據個人心情調整。青醬裡的甜羅勒可以用其他香草替代，例如芫荽或龍蒿，也可以添加榛果、小茴香籽或薑。還有蕃茄、酪梨、法式火腿片、各種乳酪也都很適合。星期天下午三點掙扎著爬下床時，這道食譜就是最基本的作法，也是清冰箱的好方法。美好的一天就從這裡開始。

2 人份

三明治

圓桶 FOURME 乳酪、法式火腿、芝麻葉

準備時間：5 分鐘

長棍麵包 1 根
生火腿 2 片
瓦爾西維福爾姆乳酪（fourme Valcivières）100 克
芝麻葉 1 把

蒜頭 1 瓣
蜂蜜 1 茶匙
橄欖油 100 毫升

◆

- 把一半芝麻葉、橄欖油、30 克的乳酪、蒜頭和蜂蜜攪打成抹醬，塗在麵包上。

- 把切成薄片的乳酪、生火腿和芝麻葉放在麵包上一起吃。歡迎來到天堂！

負面形象

一般認為豬隻會造成環境汙染，排放的廢水將河川變成硝酸鹽儲存槽。事實並非如此！（法國的）養豬產業如今已有長足的發展，為了改善飼養環境，復育本土品種（例如比戈爾黑豬〔noir de Bigorre〕、利穆贊黑臀豬〔cul noir du Limousin〕和加斯科豬〔porc Gascon〕），目前都已轉向小型養殖。這些豬肉的品質提升後，價格隨之上漲，也為高級餐廳提供了高品質的肉品。

☞ 圖片請見上一頁

2 人份
薄切煙燻牛肉
三明治

準備時間：10 分鐘
烹調時間：3 分鐘

圓麵包 2 個（其他形狀亦可）
薄切煙燻牛肉片（pastrami）200 克
法式龍蒿芥末醬 1 茶匙
青蔥 2 根
果肉硬實的蕃茄 1 顆
京都水菜（或其他生菜）1 把
橄欖油 100 毫升

◆

- 在切成兩半的麵包上刷一層橄欖油。青蔥細切、蕃茄切丁。將橄欖油和芥末拌在一起後倒入生菜內調味，再加入先拌好的蕃茄和蔥。麵包放入烤箱上層烤 3 分鐘。

- 在牛肉片上蓋一層保鮮薄，放入微波爐加熱 30 秒。麵包先塗上蕃茄青蔥，放上牛肉片，最後蓋一層生菜。裝盤上桌。

PASTRAMI小檔案

Pastrami 是用牛的胸腹肉經過醃漬、塗上香料、胡椒、芫荽、八角……之後，低溫長時熟成，待肉質軟嫩後燻製而成。一般會切成薄片，夾入三明治享用。這是熟食店內最具代表性的食物，通常會有各種脂肪含量可以選擇，從最肥到最瘦，滿足所有的味蕾。

2 人份
豬來寶手撕豬肉
三明治

準備時間：15 分鐘
靜置時間：1 晚
烹調時間：4 小時

圓麵包 2 個（其他形狀亦可）
豬頸肉 500 克
莫城（Meaux）芥末 1 湯匙
羊萵苣 1 把
幼嫩櫛瓜 1 根
芫荽籽 1 茶匙
孜然籽 1 茶匙
薑粉 1 茶匙
粗磨胡椒 1 茶匙
蒜頭 3 瓣
白葡萄酒 150 毫升
橄欖油 100 毫升
鹽、胡椒

◆

- 剝除蒜皮後切碎。用橄欖油和所有香料揉捏豬肉，加入香料調味。

- 烤箱預熱至 120℃。豬肉放進燉鍋，入爐烤 4 小時，時不時澆淋白葡萄酒。出爐後常溫靜置一晚。

- 隔天將櫛瓜切片，加熱豬肉，用兩把叉子把豬肉撕成細絲，放回肉汁中拌一拌，嚐一嚐味道，決定是否要再調整味道。把櫛瓜排在麵包上，呈玫瑰花狀，再放上豬肉，最後蓋一層用橄欖油和芥末調味過的羊萵苣。

五種風味
風乾香腸

風乾香腸是開胃救星：一片西班牙臘腸、一片薩瓦香腸，再來一片里昂玫瑰香腸……

一盤富有地方特色、看上去相當可口的開胃菜就可以上桌了。

如果覺得意猶未盡，還可以在你的美食之旅中加上洛林煙

燻香腸、義大利沙拉米或科西嘉豬肝香腸。

① 高山風味香腸

—

<u>重量</u>：約 250 克

<u>成分</u>：¾ 的瘦肉和
⅓ 豬背脂肪

<u>熟成方式</u>：將豬肉和
脂肪填入豬腸膜裡，
蒸製[2]後風乾。

③ 西班牙臘腸

—

<u>重量</u>：200 克

<u>成分</u>：豬肉或牛肉，
肥瘦各半。

<u>熟成方式</u>：以紅椒粉
調味後，填入
小腸膜中。

② 里昂風乾香腸

—

<u>重量</u>：約 500 克

<u>成分</u>：絞得非常細的
瘦肉和大塊一點的脂肪
混合而成。

<u>熟成方式</u>：填入豬腸膜裡熟成。

④ 耶穌香腸

—

<u>重量</u>：500 克到 1.5 公斤

<u>成分</u>：¾ 的豬瘦肉和
⅓ 豬背脂肪

<u>熟成方式</u>：在盲腸
（大腸的上部）中
填入碎肉，
蒸製並風乾。

⑤ 里昂玫瑰香腸

—

<u>重量</u>：300 克至數公斤

<u>成分</u>：¾ 的豬瘦肉和
⅓ 豬背脂肪

<u>熟成方式</u>：把碎肉填入
紡錘形的腸衣裡，
蒸製並風乾。

[2] 注：這個過程稱為 étuvage，是把填好的香
腸放在控溫、控溼的空間一段時間

TCHIN-TCHIN 時光！

BROUILLY
布依
帶果香、具歡愉感
AOC[3] 1938年

4°39'13"
東經　　　　　　　　46°06'31"
　　　　　　　　　　北緯

一款如同襁褓中的耶穌般圓潤的酒
品種：加美（gamay）

這是加美品種的時節。這種葡萄栽植於薄酒萊心臟地帶的布魯伊利山上，座落於標高 484 公尺的山上，俯瞰著布列斯（Bresse）、索恩河谷（vallée de la Saône）及棟布（Dombes）等地的葡萄聖母（Notre-Dame-aux-Raisins）教堂庇佑著這片土地。這種葡萄早於羅馬時代便已存在，它們齊一吐納，為世人呈現出輕盈的紅酒，如同襁褓中的耶穌般圓潤！

這是一款可隨興與人分享的酒……能讓過度晦暗的日子綻放光明。它是搭配輕食的必備佳釀，隨時來杯富含果香及歡愉感的加美永不嫌早！

MÂCON
馬貢
乾型、韻長帶酸且活潑清爽
AOC 1937年

4°49'53"
東經　　　　　　　　46°18'22"
　　　　　　　　　　北緯

一款能喚醒沉睡味蕾的酒
品種：夏多內（chardonnay）

大人們的早餐時間到了，一頓豐盛且搭配著愉悅交談的早餐。馬貢酒就是這場早餐的核心。這個葡萄園的白葡萄酒主要由栽植於索恩 - 羅亞爾省（Saône-et-Loire）境內的馬貢與圖爾尼（Tournus）之間，韻長帶酸且活潑清爽、乾型且帶花香的夏多內葡萄釀造，準備喚醒沉睡中的味蕾。索恩河谷的塌陷，造就了馬貢內（Mâconnais）自然區內的群山與花崗岩土，提供栽植該種葡萄的理想搖籃。自路易十四國王的年代起，這款酒便在宮廷中大獲成功，這得歸功於偉大的克勞德·布霍斯（Claude Brosse），是這位消息靈通的遠見者將默默無聞的葡萄帶至首都。

3　注：Appellation d'origine contrôlée，縮寫：AOC，是法國的一個產品地理標誌，用於標明生產、加工在同一地理區域、使用受認可技術進行的產品。

六種風味
鹽漬肉品

無論是一時興起或是精心策劃的晚餐，鹽漬肉品都是很好的選擇！它們有個特點，就是很容易保存在冰箱下層，類似乾燥罐頭，需要時能隨時取出食用，相信我，你很快就會發現自己需要它。

① **鹽漬豬里肌**
—
成分：豬里肌肉
熟成方式：
用香草和鹽醃製。
風乾時間：1 個月。

② **五花肉捲**
—
成分：豬五花
熟成方式：用香草和鹽醃製，捲起後捆緊。
風乾時間：2 個月。

③ **煙燻牛肉乾**
—
成分：牛後腿肉製成的火腿肉。
熟成方式：用香草和鹽醃製。
風乾時間：7 個月至 2 年。

④ **扁形豬五花**
—
成分：豬五花肉。
熟成方式：灑鹽後用山毛櫸燻製。
風乾時間：3 個月。

⑤ **寇帕風乾臘腸**
—
成分：去骨豬頸肉
熟成方式：用香草和鹽捆緊醃製。
風乾時間：6 個月。

⑥ **生火腿**
—
成分：豬腿肉。
熟成方式：用香草和鹽醃製。
風乾時間：至少 6 個月。

TCHIN-TCHIN 時光！

№04

MENETOU-SALON
默訥圖薩隆
風味細緻
AOC 1959年

Vs

№05

MONTLOUIS-SUR-LOIRE
羅亞爾河畔蒙路易
餘韻綿長
AOC 1938年

2° 29' 14"
東經

47° 13' 58"
北緯

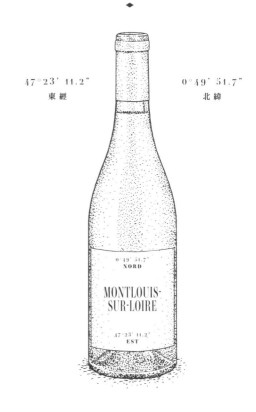

47°23' 11.2"
東經

0° 49' 51.7"
北緯

宛如夏日床鋪上的亞麻床單般清新
品種：黑皮諾（*pinot noir*）

默訥圖薩隆（Menetou-Salon）位於布爾日（Bourges）東北，是一個佔地 590 公頃的原產地命名區，生產由黑皮諾（pinot noir）品種葡萄（佔葡萄品種栽植面積的 35%）釀製的紅酒。這個氣候相對涼爽的地區，生產出細緻的紅酒。為了達到熟成，皮諾（pinot）品種需要在所謂的溫暖產地生長，以利濃縮並呈現所預期的多樣香氣。這款酒適合趁年輕時期飲用，呈現出櫻桃、莓果香氣，宛如夏日的亞麻床單般清新。

能撩開火腿油花的酒
品種：白梢楠（*chenin*）

蒙路易產區位於羅亞爾河左岸，介於昂布瓦斯（Amboise）與圖爾（Tours）之間。這裡的葡萄品種為白梢楠（chenin），生產的酒具有乾型、半乾型、甜美、泡沫等特質。依其年份及含糖量，蒙路易酒的顏色從淡黃色變化到金黃色澤。入鼻生花香，包括馬鞭草、杏仁香氣，再延展出成熟異國水果、蜂蜜及木梨香氣。它們保有真正的鮮明特質，尤其是乾型葡萄酒，能撩開火腿油花，與它完美搭配：一口火腿、一口蒙路易……

圖片請見下一頁 👉

6 人份

面具麵包
FOUGASSE

準備時間：15 分鐘
靜置發酵時間：1 小時
烘烤時間：20 分鐘

麵粉 500 克
糖 15 克
新鮮酵母 25 克
常溫水 330 毫升
迷迭香
橄欖油 150 毫升
蒜頭 2 瓣
鹽 8 克

◆

- 取適量常溫水溶解新鮮酵母並把麵粉、鹽和糖放入攪拌機，加入剩下的水和新鮮酵母後混拌。採中速攪拌 6 分鐘，直到攪拌缽壁呈現乾淨無沾黏的狀態。

- 在長方形模具中鋪上一張防沾烤紙，加入 50 毫升橄欖油，把麵團放進去後蓋上保鮮膜。室溫發酵 1 小時，直到麵團體積多出 1 倍。烤箱預熱至 180℃。蒜頭切成薄片，插入麵團中，然後用刷子塗上剩餘的 100 毫升橄欖油並撒上迷迭香。入爐烘烤 20 分鐘。

隨心所欲、自由搭配

面具麵包的配料很自由：煙燻香腸、肥豬肉丁、橄欖、鯷魚、新鮮香草、胡桃、小蕃茄等等，可以搭配出屬於你自己的風味。若再淋上一點橄欖油會更完美。

6 人份

奶油鱈魚肉醬
BRANDADE DIP DE MORUE

準備時間：15 分鐘
烹調時間：30 分鐘

去鹽鱈魚 400 克
橄欖油 100 克
全脂牛奶 100 克 + 300 克
水 300 克
蒜頭 6 瓣
月桂葉 2 片
糖漬檸檬 1 顆
蝦夷蔥 6 株
夏威夷豆 1 湯匙
芝麻葉 1 把

◆

- 在 300 克牛奶和 300 克水中加入蒜末和月桂葉，用小火煮魚 30 分鐘。瀝乾所有食材，取出魚刺。將糖漬檸檬的皮切成小塊，然後把鱈魚與煮熟的蒜頭、剩餘的牛奶和橄欖油一起攪打成泥。蝦夷蔥切成細末，與檸檬丁一起拌入泥中。配上芝麻葉和烤過的夏威夷豆。

圖片請見上一頁

4 人份

法式香草白乳酪 [4]
CERVELLE DES CANUTS

準備時間：10 分鐘

高品質的打發白乳酪 250 克
紅蔥頭 1 個
蒜頭 1 瓣
扁葉巴西里 5 株
橄欖油 4 湯匙
葡萄酒醋 1 湯匙
鹽、胡椒

◆

• 紅蔥頭和蒜頭剝皮切碎。細切巴西里。將 2/3 的巴西里與白乳酪、3 湯匙橄欖油、醋、紅蔥頭和蒜頭混合並調味。撒上剩下的巴西里，也把剩下的橄欖油淋在上面。搭配烤麵包享用。

如何享用這道菜？

可以搭配酥脆麵包丁作為開胃小點，或和馬鈴薯、熱豬肉腸一起吃。也可以加在蒲公英葉沙拉上增添風味。

這個名稱是從哪裡來的？

這道菜的法文名稱中有個富有里昂特色的字 canuts，指的就是紡織工人，菜如其名，也是里昂的美食遺產之一。以前的紡織工人經常把它當作午餐。這些工人住在通往里昂紅十字（Croix-Rousse）丘陵的斜坡上，因為生活貧困，受到當地中產階級的蔑視，說他們沒有羊腦可吃，只有紡織工人的腦子，這道菜便由此得名。

6 人份

鮭魚
抹醬

準備時間：30 分鐘
烹調時間：25 分鐘

無刺鮭魚排 400 克
龍蒿 3 株
酸豆 2 湯匙
橄欖油 100 毫升
法式芥末醬 1 茶匙
蘋果醋 1 茶匙
蛋黃 1 個
紅洋蔥 2 個
葡萄酒醋 300 毫升
糖 4 湯匙
茴香酒 2 湯匙
鹽、胡椒

◆

• 洋蔥去皮切碎。將糖加入酒醋和茴香酒中煮沸，再放入洋蔥續煮 5 分鐘，放涼保存（冰箱冷藏可保存數週）。

• 烤箱預熱至 80℃。鮭魚入爐烤 15 分鐘，取出切成絲。蛋黃加入蘋果醋和芥末中打散，緩緩加入橄欖油。將鮭魚和剛做好的美乃滋混拌在一起，加入酸豆、龍蒿葉，鹽、胡椒調味。放幾片剛才煮好的醃洋蔥，淋上一點湯汁，上桌享用。

---

[4] 注：這道菜的原文 Cervelle des canuts 直譯為「紡織工人的腦子」。

6 人份

乳酪鹹泡芙

乳酪白醬[5]

準備時間：45 分鐘
烹調時間：45 分鐘

◆

泡芙食材

水 250 克
奶油 80 克
麵粉 150 克
蛋 4 顆
葛瑞耶爾乳酪絲
鹽

乳酪白醬食材

奶油 40 克
麵粉 40 克
葛瑞耶爾乳酪絲 80 克
蛋黃 1 顆
牛奶 400 毫升
肉豆蔻
鹽、胡椒

- 烤箱預熱至 180℃。煮一鍋熱水，加入奶油和鹽。麵粉過篩後全部倒入熱水中，小火慢煮 8 分鐘，過程中不斷攪拌，直到麵團不再沾粘於鍋壁。

- 關火，打入一顆蛋，確實拌勻後再加入下一顆，直到用完四顆。將準備好的麵糊裝入擠花袋中，在舖了防沾烤紙的烤盤上擠出 18 顆泡芙，每一顆直徑約 3 公分。撒上乳酪絲，入爐烘烤 35 分鐘，過程中切記不可打開烤箱的門。取出後放在網架上冷卻。

- 接著煮醬汁，將奶油放入鍋中加熱融化，加入麵粉攪拌均勻，小心不要煮焦了。倒入牛奶，小火攪拌幾分鐘，收乾水份，醬汁變得濃稠。關火後加入蛋黃、乳酪、肉豆蔻、鹽和胡椒，充分攪拌。放涼後裝入擠花袋，使用 5 mm 的尖嘴，從泡芙底部擠入。

....

你知道怎麼讓泡芙長高嗎？

一定要先預熱烤箱，烤箱的溫度很重要，麵團遇到高溫就會瞬間膨脹。

餐酒搭配

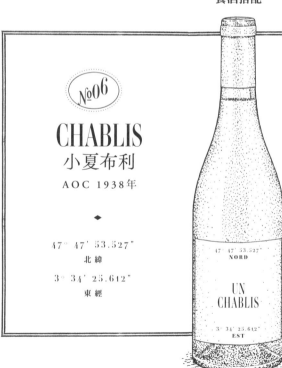

№06

CHABLIS
小夏布利

AOC 1938年

◆

47° 47' 53.527"
北緯

3° 34' 25.612"
東經

橫跨四個原產地命名區的不凡白酒
品種：夏多內（*chardonnay*）

夏布利產區位於布根地（Bourgogne）北部漾能省（Yonne）內的歐歇爾（Auxerre）地區。這一地區生產的葡萄酒全部由單一品種的夏多內釀製而成。這片風土有四個不同的產地命名區：小夏布利、夏布利、夏布利一級園、夏布利特級園。這些酒的特點在於極致的清新和無與倫比的礦質風味。

夏布利地區的氣候對葡萄生長有著重大的影響，較其他地方更容易遭受到大自然變化莫測的影響，例如開花期的晚春寒害或果實成熟期的大雨。

---

[5] 注：也可音譯為莫內醬。

6 人份

洋蔥

派

準備時間：30 分鐘
烹調時間：30 分鐘

◆

千層派皮 1 捲
（無糖派皮，可以購買現成的或是自己做。自製請見 456 頁）
黃洋蔥 6 顆
普羅旺斯綜合香草 2 茶匙
粗磨胡椒 1 茶匙
液態蜂蜜 1 湯匙
奶油 25 克
橄欖油 4 湯匙
鹽之花

- 烤箱預熱至 180℃。將派皮放到防沾烤紙上，對折後在紙上撒一些綜合香草、鹽之花和胡椒。展開派皮，將另一半折疊後同樣在紙上撒香料。完成後放到烤盤上，蓋一層烤網，確保表面平整。烘烤 30 分鐘，直到派皮呈現金黃色。

- 削皮並切碎洋蔥。鍋裡加入奶油和橄欖油，小火翻炒洋蔥，直到洋蔥軟化呈金黃色。加入一匙綜合香草、淋上蜂蜜，中火加熱到散發焦糖香味。把洋蔥均勻攤在溫熱的派皮上，裝盤上桌。

⋯⋯⋯⋯⋯⋯⋯⋯⋯⋯⋯⋯⋯⋯⋯⋯⋯⋯⋯

洋蔥鹹派 EN VERSION QUICHE

- 烤箱預熱至 180℃。將派皮鋪在模具裡，用叉子在派皮上戳出許多小洞，再鋪上炒過的洋蔥。將 200 克的濃稠鮮奶油、3 顆蛋和 1 湯匙的玉米澱粉、鹽和胡椒拌勻，倒在洋蔥上。最後撒上鹽和胡椒，入爐烘烤 40 分鐘。

餐酒搭配

№07

ENTRE-DEUX-MERS
兩海之間

AOC 1956年

◆

44° 33' 19.508"
北緯

0° 14' 42.454"
西經

產出多樣待發掘酒款的原產地命名區
品種：白蘇維濃（*sauvignon*）、密思卡岱
（*muscadelle*）、榭密雍（*sémillon*）

兩海之間產區位於多爾多涅河（Dordogne）與加隆河（Garonne）間的三角地帶，尖端為昂貝斯角（Bec d'Ambès）。此地區以白蘇維濃、密思卡岱和榭密雍為基礎的乾白葡萄聞名，這裡的葡萄酒乾爽、活潑，果香豐富。淡金色澤是這款酒的特徵。土地的多樣性使得生產出來的酒截然不同：產自石灰岩黏土土壤的酒整體具有渾然細緻的芳香及豐厚的口感，產自矽石黏土土壤的酒則有大量的入鼻清香。兩處風土有明顯的區別，遂產生兩種十分不同的酒，也提供兩個絕佳的開酒理由。

6 人份
（家有一罐）
沙丁魚

準備時間：10 分鐘
醃製時間：2 小時

油漬沙丁魚 24 條
帶梗酸豆 24 顆
迷你甜椒 4 根
帶葉小洋蔥 2 顆
一顆檸檬份量的原汁
紅糖 2 湯匙
壽司醋 2 湯匙

◆

- 細切洋蔥綠葉。準備檸檬汁、糖和醋，小洋蔥切片後浸入，醃漬 2 個小時。細切甜椒。
- 將沙丁魚排在盤子上，用酸豆、甜椒、蔥葉和醃漬後的小洋蔥調味。淋上醃洋蔥的汁，上桌。

皇家豪華前菜

家有一罐油漬沙丁魚，就能立刻讓前菜變豪華。許多品牌的頂級沙丁魚罐頭堪比成年好酒。或者大膽取用新鮮沙丁魚，自己調味，讓這道被忽略的美食為你寫下最難忘的記憶。

6 人份
油漬蒜頭
鯷魚

準備時間：15 分鐘
烹調時間：5 分鐘

油漬鯷魚 36 條
（市面上也可以找到煙燻的，美味致極！）
蒜頭 4 瓣
紅蔥 3 顆
迷迭香 1 枝
史密斯青蘋果 1 顆
橄欖油 100 毫升
一顆檸檬份量的原汁

◆

- 蒜頭、紅蔥剝皮細切。取下迷迭香葉。鍋裡放入橄欖油和所有食材，小火烹煮 5 分鐘，直到食材呈金黃色。
- 將蘋果切成細條狀，淋上檸檬汁，蓋過所有蘋果。
- 將鯷魚擺到盤子裡，淋上調味過的橄欖油，再放上蘋果，就可以上桌了。

6 人份

普伊

扁豆泥

準備時間：30 分鐘
浸泡時間：24 小時
烹調時間：20 分鐘

◆

普伊乾扁豆（LENTILLES DU PUY）125 克
羅勒 1 束
帶葉小洋蔥 1 顆
橄欖油 100 毫升
蒜頭 1 瓣
中東白芝麻醬 1 湯匙
鹽之花、胡椒

- 扁豆泡水 24 小時，瀝乾水後放入大量滾水中煮 20 分鐘。
- 瀝掉剩下的水，加入 3/4 的橄欖油、羅勒、蒜頭和芝麻醬。加入鹽和胡椒調味，把切碎的洋蔥撒在上面，淋上剩下的橄欖油。

....

炸扁豆球

- 把扁豆和半束芫荽、2 瓣蒜頭、1 茶匙薑黃粉、1 顆蛋、鹽和胡椒一起攪打成泥。熱油鍋至 180℃。用兩根湯匙把扁豆泥塑成丸子狀，下油鍋炸 3 分鐘。

炸扁豆球可以搭配香草美奶滋、香料蕃茄泥或美式烤肉醬一起享用。

---

6 人份

特製

橄欖

準備時間：10 分鐘

去籽塔加斯卡橄欖（olives taggiasche）200 克
蒜頭 2 瓣
紅蔥 1 顆
迷迭香 1 枝
芝麻 50 克
榛果 50 克
橄欖油 150 毫升

◆

- 瀝乾橄欖。紅蔥和蒜頭剝皮切碎後放入鍋裡，加入橄欖油大火爆香後，倒到橄欖上。把芝麻、榛果和迷迭香拌在一起攪碎，也放到橄欖上。

6 人份

香辣

杏仁

準備時間：5 分鐘
烘烤時間：10 分鐘

去皮杏仁 150 克
橄欖油 1 湯匙
煙燻紅椒粉 1 茶匙
辣椒粉 1 撮
薑粉 1 茶匙
鹽

◆

- 烤箱預熱至 180℃。在烤盤上鋪一張防沾烤紙，放上所有食材。烤 10 分鐘，直到杏仁上色。取出降溫。

在地開胃酒
變身國際雞尾酒

乾馬丁尼
（MARTINI DRY）

成分：

杜松子酒 75 毫升

極乾型白香艾酒 15 毫升

橄欖 1 顆

尼格羅尼
（NEGRONI）

成分：

杜松子酒 45 毫升

義大利苦酒 45 毫升

紅色香艾酒 45 毫升

1 瓣橙

薇絲朋
（VESPER）

成分：

杜松子酒 60 毫升

伏特加 20 毫升

Lillet® 麗葉白酒 10 毫升

檸檬皮1片

香艾酒
（VERMOUTH）

義大利　　　　　　杜林

酒精濃度：

16° - 18°

風味：

溫熱及香料味

這款酒由白酒或紅酒、加烈葡萄汁（mistelle）、生命之水（eau-de-vie）或利口酒所製成，傳統上產於杜林地區，在 1950 年代廣受歡迎。

許多植物、辛香料及香料皆可用來加以製作，如苦艾、肉桂、接骨木、鼠尾草、小豆蔻、蒿、牛至、艾、丁香等。

麗葉
（LILLET）

法國　　　　　　波當薩克

酒精濃度：

17°

風味：

糖漬橙、蜂蜜、松脂、異國水果

產自波爾多近郊的 Lillet® 麗葉白酒，是以葡萄酒為基底的開胃酒，此款酒於 1887 年問世，結合正雞納樹酒及由水果（尤其是不同種的橙）果皮浸漬而釀成的水果利口酒。

自 1920 年起，其在英國，接著在美國均大獲好評。此外亦還有 Lillet® 麗葉紅酒及 Lillet® 麗葉粉紅酒。

一開始只是地方小酒館的開胃酒，但經過大量宣傳海報的大肆廣告後，變成了週日午間阿公家少不了的餐前酒，後來漸漸被人遺忘……不過它們依舊那麼美味！幸好這些開胃酒的滋味深入人心，且帶有復古的形象，所以強勢回歸，成為我們今日的雞尾酒。

苦艾酒沙瓦
（ABSINTHE SOUR）

成分：

苦艾酒30毫升

蔗糖漿30毫升

檸檬汁30毫升

檸檬皮1片

新鮮雞蛋蛋白15毫升

吉諾雷黛綺莉
（GUIGNOLET DAÏQUIRI）

成分：

白蘭姆酒30毫升

吉諾雷櫻桃酒7.5毫升

蔗糖漿7.5毫升

檸檬汁15毫升

薩澤拉克
（SAZERAC）

成分：

裸麥威士忌45毫升

方糖1顆

龍膽苦劑3注

苦艾酒，用於濕潤酒杯15毫升

檸檬皮1片

吉諾雷
（GUIGNOLET）

法國　　　　昂熱

酒精濃度：

15° - 18°

風味：

強烈的櫻桃、甜味

此款酒是將酸的櫻桃加以浸漬所釀成，主要是用又稱為「吉涅」（guigne）的歐洲甜櫻桃品種，或依配方不同而改用歐洲酸櫻桃品種（葛西歐特〔griotte〕或瑪哈斯克〔marasque〕）。它產自安茹（Anjou）舊行省區及法國東部。

色呈深紅且略帶琥珀色澤的吉諾雷，在時間長河中漸漸淡出人們視野，沒想到這幾種古老的酒又在這些雞尾酒裡綻放光彩。

苦艾酒
（ABSINTHE）

瑞士　　　　庫威區（Couvet）

酒精濃度：

48° - 77°

風味：

茴香

此款蒸餾酒是將苦蒿及西北蒿為主的植物經過浸漬及蒸餾所釀成。

依不同配方所使用的植物數量從四種至二十餘種不等。苦艾酒天然無色，但可染綠，所以也暱稱為「綠仙子」。瑞士自1910年至2005年間，還有法國自1915年至1988年間，均禁止生產並消費此款酒。

6 人份

醋味油炸
沙丁魚

SARDINES ESCABÈCHE

準備時間：15 分鐘
烹調時間：5 分鐘

地中海新鮮沙丁魚 12 條
綠皮檸檬 2 顆
炸油

天婦羅麵糊

麵粉 100 克
玉米澱粉 50 克
埃斯佩萊特（Espelette）辣椒 1 茶匙
薑粉 1 茶匙
蒜粉 1 茶匙
啤酒 150 毫升
鹽 1 茶匙
蛋黃 1 顆
鹽、胡椒

◆

- 將所有食材混拌成沒有顆粒的麵糊。切掉魚頭，刮除內臟和雜質，清洗後用餐巾紙吸乾水份。

- 熱油鍋至 180℃。沙丁魚沾裹麵糊，下油鍋炸 5 分鐘，和一瓣檸檬一起享用。

. . . .

沙丁魚、紅鰡魚、魷魚

這份食譜的沙丁魚也可以隨心更換成紅鰡魚或小塊魷魚，也可以用家裡有的香料調味粉漿（例如咖哩粉、紅椒粉），或是加一些香草進去……總之就是隨心所欲，創造出獨特的風味。

6 人份

白酒
鯖魚

準備時間：20 分鐘
靜置時間：2 小時
烹調時間：30 分鐘

鯖魚 6 條
紅蘿蔔 4 條
洋蔥 4 顆
櫛瓜 2 條
蒜頭 3 瓣
一顆檸檬份量的原汁
白酒 500 毫升
蘋果醋 100 毫升
紅糖 2 湯匙
胡椒粒 1 茶匙
杜松子 1 茶匙
小茴香（孜然）籽 1 茶匙
茴香籽 1 茶匙
橄欖油 2 湯匙
鹽、胡椒

◆

- 清理鯖魚，擦乾備用。所有蔬菜削皮切碎。鍋內加入橄欖油、蒜頭和洋蔥翻炒，直到變成褐色。

- 加入糖，小火炒 5 分鐘焦化，淋上白酒和蘋果醋融和成醬汁，再加入所有的食材，小火燉煮 20 分鐘。放入鯖魚，調味，火調大，維持沸騰 5 分鐘。

- 將鯖魚放到盤子裡，淋上醬汁，待降溫後放入冰箱冷藏 2 個小時。從冰箱拿出即可享用。

6 人份
塔拉瑪TARAMA
魚子沙拉

準備時間：10 分鐘

◆

煙燻鱈魚子 200 克
龐多米麵包 80 克[6]
牛奶 100 毫升
小瑞士乳酪 1 盒
橄欖油 150 毫升 +50 毫升
蛋黃 1 顆
一顆檸檬份量的原汁
帶葉小洋蔥 1 顆
羅勒葉 4 片

- 去掉包裹在鱈魚子外的薄膜。將白吐司放進牛奶中泡軟，取出後盡量擠掉牛奶。把鱈魚子、吐司、乳酪、蛋黃混拌均勻，倒入 150 毫升的橄欖油和檸檬汁一起打發。冷藏 30 分鐘。

- 把剩下的橄欖油和羅勒葉一起攪打成油醬，小洋蔥切成細條。上桌前，在冰涼的魚子沙拉中間挖出一個小坑，倒入羅勒橄欖油和小洋蔥，一起享用。

....

一小碟蔬菜拼盤

魚子沙拉很適合當作生蔬菜的醮醬，直接沾來吃。如果想要減輕負擔，可以把橄欖油和蛋黃換成一盒小瑞士乳酪，維持濃稠的質地。

餐酒搭配

№08

CÔTES-DU-ROUSSILLON
胡西雍丘

AOC 1977年

◆

42°41'19.172"
北緯

2°53'41.399"
東經

綠色反光的淡白酒
品種：白格那希（*grenache blanc*）、
馬卡波（*macabeu*）、托巴（*tourbat*）、
馬瓦西 - 胡西雍（*malvoisie du Roussillon*）、
灰格那希（*grenache gris*）、胡珊（*roussanne*）、
馬珊（*marsanne*）、維蒙蒂諾（*vermentino*）、
維歐尼耶（*viognier*）、白卡利濃（*carignan blanc*）

胡西雍丘產區位於東庇里牛斯省（Pyrénées-Orientales）的心臟地帶。東臨地中海、南接阿爾貝拉山脈（massif des Albères），西靠卡尼古（Canigou）山麓小丘，北鄰柯比耶（Corbières）山脈。這塊由台地及丘陵組成的平地，生產了高品質的白葡萄酒，使用的葡萄品種包括白格那希、馬卡波、托巴或馬瓦西 - 胡西雍、灰格那希、胡珊、馬珊、維蒙蒂諾、維歐尼耶、白卡利濃（自 2017 年起）。它們帶來桃子與柑橘的香調，也在入口之際同時呈現濃厚與清新的絕佳平衡。

---

[6] 注：龐多米麵包（pain de mie）是法國的一種土司，較傳統法國麵包比起來，較甜且柔軟。

貝類海鮮吧

貝類與甲殼類海鮮……

◆

　　小酒館的台子上，貝類與甲殼整齊地鋪展，相依為伴，左顧右盼，等待伊人大啖……

　　這裡也是譜出海鮮之詩的好所在，帶你悠遊大海，宛如海潮洗淨了空貝殼，留在這片沙灘上，連結上一個夏日的記憶與下一次夢幻旅程的憧憬。一盤海鮮佳餚，令人忘卻時序，眺望大海大洋，品味的瞬間，時間之輪也忘了轉動。一般來說，因為牽涉到產期與保鮮，人們會在冬季享用貝類海鮮，然而現在每個月都可以是冬季。

　　碎冰是保鮮的必要條件，但也不能加太多，只要降低溫度即可，不是要冷凍。另外準備一些檸檬、美乃滋、番紅花蒜味醬（rouille）、蒜泥蛋黃醬（aïoli），還有開黃道蟹堅硬外殼用的工具、紅蔥醋、生蠔叉……（當然是吃生蠔用的）……再來一瓶胡椒研磨罐，準備完成！可以來一場充滿碘味的海水浴了，多麼淡雅的香氣啊……「嗯。還真是不錯。」黏呼呼的雙手就是最佳見證。可是擦手巾在哪裡呢？

　　即使冰雪已融，夏日重返，我們還是可以在小酒館老闆的吧檯前，與甲殼類海鮮共渡歡慶時光。

◆

半打不嫌多的
生蠔

挑選生蠔不只要注意產區和級別，還要看養殖的方式。肉質的差異則是用精實（fine）或特選（spéciale）來判別。採收後在鹽田池[7]裡精煉過一段時間的生蠔鹹味較淡，帶點酸味，有時也會有一點榛果味。國王下山來點名，點到誰是好運氣，那裡、這裡、海水、鹽田、3、2、1、0、00，開動！

① 精實生蠔
（HUÎTRE FINE）
—
較瘦，肉質指數在
6.5-10.5 之間

② 特選生蠔
（HUÎTRE SPÉCIALE）
—
肥美，肉質指數在
10.5 以上

③ 克雷池生蠔
（HUÎTRE FINE DE CLAIRE）
（又叫「芬克雷生蠔」）
—
在鹽田池
（「克雷池」）
裡以海水精煉過 2 個月，
養殖密度每平方公尺
低於 20 個。

④ 特選克雷生蠔
（HUÎTRE SPÉCIALE DE CLAIRE）
—
在鹽田池裡以海水精煉過 4 個月，
養殖密度每平方公尺低於 5 個。

⑤ 頂級克雷生蠔
（HUÎTRE POUSSE DE CLAIRE）
—
在鹽田池裡以海水精煉
過 6-8 個月，養殖密度每
平方公尺低於 4 個。

*肉質指數 = 20 顆生蠔瀝乾後的
總肉質重量 × 100 ÷ 這 20 顆
生蠔的總重量

---

[7] 注：claire 指的是在潮間帶的舊鹽田池，也可音譯成克雷池，因此接下來名字裡有克雷的，都是這種在鹽田池裡精煉過一段時間的生蠔。

TCHIN-TCHIN 時光！

RIESLING
麗絲玲
帶有巧妙的果香
AOC 1971年

Vs

SAUMUR
梭密爾
細緻且礦味十足
AOC 1936年

7° 18' 0"
東經

48° 10' 0.02"
北緯

0° 04' 44.4"
東經

47° 45' 34.6"
北緯

真真確確的口感大爆發
品種：麗絲玲（*riesling*）

麗絲玲是源自阿爾薩斯（Alsace）區與莫瑟爾（Moselle）省一個高貴品種名，栽植於阿爾薩斯與特級阿爾薩斯原產地命名區，根據栽植的風土而改變特性。麗絲玲佔阿爾薩斯產區葡萄品種栽植面積的 28%。這種葡萄除了生長在平原外，也可見於孚日（Vosges）山麓小丘。這些山脈除作為保護屏障，使這個地區成為法國最多日照與最少降雨的產區。這個晚熟的品種可抵抗春季的乾燥，夏季的高溫和冬季的嚴寒。它釀製的酒屬於乾型酒，外觀色澤清澈，柑橘與青蘋果香氣是真實的口感炸裂。

活潑輕快的乾型酒
品種：白梢楠（*chenin*）

這款又稱羅亞爾河皮諾（pineau de Loire）的葡萄品種成熟期相當長，於每年十月中旬採收。採收的原產地命名區佔地 390 公頃，介於曼恩 - 羅亞爾省（Maine-et-Loire）、維埃納省（Vienne）及德塞夫勒省（Deux-Sèvres）之間。該品種栽植於被稱為「tuffeau」的石灰質岩土上，葡萄成熟後所釀製的白酒細緻度高、礦味極重，帶有白果肉水果及椴樹葉的香氣。這款酒清新的口感適合搭配牡蠣，讓人忍不住一杯接一杯。所以拿出您的開瓶器，將兩款酒都開來賞味後提出您的高見吧。

生蠔養殖區

諾曼地
I
精選養殖地

濱海伊思尼（Isigny-sur-Mer）
聖瓦斯特（Saint-Vaast）特選生蠔

布列塔尼
II
精選養殖地

康卡勒（Cancale）
貝隆（Belon）

羅亞爾河流域
III
精選養殖地

大西洋岸旺代（Vendée-Atlantique）
諾穆提耶（Noirmoutier）

普瓦圖－夏朗德
IV
精選養殖地

馬雷恩－奧雷宏
（Marennes-Oléron）

地中海區
VI
精選養殖地

格呂桑（Gruissan）
布濟格（Bouzigue）

阿卡雄區
V
精選養殖地

費雷角（Pointe du Cap-Ferret）
鳥島（Île aux Oiseaux）
阿爾甘沙洲（Banc d'Arguin）
格拉維特（Gravette）

生蠔「母公司」

阿卡雄盆地是法國最主要的生蠔苗產地，為法國大多數的生蠔養殖區提供天然幼苗。

地中海生蠔？

由於地中海沒有潮汐，養殖場會將生蠔一個一個用水泥固定在繩子上，浸泡在水中生長。

冬季還是夏季？

聖誕佳節將至。家家戶戶開始構思菜單，生蠔打頭陣，遵循傳統總是好事。生蠔上桌，無論大小刀傷，吃上一口便能藥到病除[8]。不過，為什麼總在冬季才吃生蠔呢？

原因在於以前運送系統緩慢，生蠔離水就會張口打呵欠，長途旅行對牠們來說無聊至極！而冬季的低溫正好給生蠔類似冰箱的環境：為牠們保持精力，新鮮抵達目的地。另外，生蠔的繁殖季主要是夏季，在這個季節牠們會分泌大量的精液，有時，挑剔的老饕會覺得口感不對，因此偏好在冬季享用。

---

[8]　注：開生蠔需要技巧，根據統計，每年約有 2000 人會因為開生蠔而受傷。

生蠔構造剖析

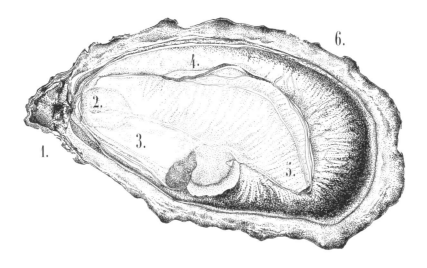

1. **外套膜**：生蠔肉外層的薄膜，確保生蠔成長。
2. **殼頂**：貝殼後方尖端，一般開生蠔時就從這裡撬開。
3. **閉殼肌**：連結上下兩瓣貝殼的瓣膜，開生蠔時要把這個部分割開。
4. **櫛狀鰓**：呼吸器官，上方的纖毛可過濾水，提供成長所需的營養。
5. **心臟**：幫助血液流向櫛狀鰓。
6. **殼**：堅固的鈣質，包裹住生蠔肉。生蠔有兩片殼，為雙殼綱動物。

凹形蠔

養殖場出產，按照重量分為 6 級。

0 號	1 號	2 號	3 號	4 號	5 號
+150 克	121-150 克	86-120 克	66-85 克	46-65 克	30-45 克

扁形蠔

分級比凹形蠔細，共有9級，同樣是按重量計算。

000 號	00 號	0 號	1 號	2 號	3 號	4 號	5 號	6 號
+100 克	90-100 克	80 克	70 克	60 克	50 克	40 克	30 克	20 克

扁形蠔沒有像凹形蠔那樣，以肉質來分級，但可以認明兩個生產區的名稱挑選，
分別是來自布列塔尼的貝隆（Belons）和阿卡雄盆地的格拉維特（Gravettes）。

海鮮六巧福

水產海產農產，總之是讓我們食指大動的碘味物產。
一盤「皇室」級別的海鮮應該包括：生蠔、蛤蜊、淺蜊、黃道蟹、
小龍蝦、海螺、峨螺、褐蝦和玫瑰蝦。但也不必太苛求，少幾樣
東西也沒關係，專注品嚐幾款精選貝類也會帶來滿足感！

① 峨螺
—
高湯煮熟
溫熱時享用，或是放涼沾美
乃滋一起吃（怎能錯過！）

② 歐洲蚶蜊
（又稱海杏仁）
—
肉質精實的貝類
為海鮮盤帶來一點嚼勁。

③ 淺蜊
—
輕盈的貝類
可以直接生食，也可以用
白酒煮成海洋風味[9]。

④ 蛤蜊
—
體型較大，近似淺蜊。
煮熟後肉質較硬實。

⑤ 鳥蛤
—
細緻的貝類
用奶油白湯[10]烹調。

⑥ 竹蟶
—
近幾年在小酒館竄紅的
明星貝類
用巴西里、蒜頭與
榛果奶油[11]烹調。

9　注：原文是 marinière，意思是放在
　　奶油、扁葉巴西里、百里香、月桂
　　葉和白葡萄酒等食材煮成的高湯裡
　　煮熟。
10　注：原文是 beurre blanc，是一種用
　　白酒、奶油、醋和紅蔥煮成的高湯
11　注：榛果奶油（beurre noisette）又
　　稱焦化奶油，因色澤像榛果而得名。

TCHIN-TCHIN 時光！

SYLVANER
希爾瓦那
被遺忘的阿爾薩斯酒
AOC 1971年

POUILLY-SUR-LOIRE
羅亞爾河畔普依
渾然輕盈
AOC 1937年

Vs

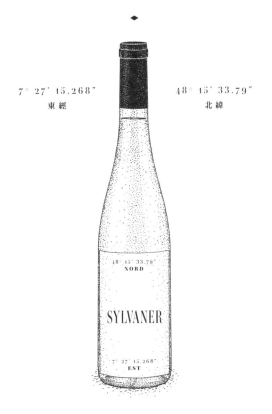

7° 27' 15.268"
東經

48° 15' 33.79"
北緯

2° 57' 20.401"
東經

47° 17' 2.166"
北緯

能撩撥海鮮的酒
品種：希爾瓦那（*sylvaner*）

希爾瓦那是源於奧地利的葡萄品種，18 世紀末葉開始在阿爾薩斯（Alsace）發展。它是該地區最清新、最活潑的品種，也是最少受到談論卻具備真正鮮明口感的品種。相較於其他比鄰的品種，它的香氣較不明顯。為了專注於更優質的酒，這個產區剷除了 2/3 的葡萄，產量因此大減。希爾瓦那的特點是帶有非常清澈的外觀色澤且呈現綠色反光，入鼻帶有檸檬、白花及新鮮收割的芳草香調。入口時，雅緻鮮明、美妙和諧。這個產地的名號不大，卻能為您帶來意外的驚喜。

輕盈、極度清澈、幾乎透明的酒
品種：夏思拉（*chasselas*）

羅亞爾河畔普伊產區位於羅亞爾河畔，涅夫勒省（Nièvre）內。夏思拉是此原產地命名區的主要品種，釀製出非常清澈的淺色葡萄酒。羅亞爾河畔普依酒有別於鄰近產區，名聲並不響亮，一般認其風土較為平凡。然而，這款酒卻有著令人意外的 CP 值。夏思拉品種帶有似燧石的礦質香調，以及柑橘、桃子和青蘋香氣，口感活潑之餘還帶著清新，與貝類食物完美互搭。這是一款引人入勝，適合趁年輕期飲用的酒，也是一款會讓人一瓶接著一瓶的酒。

6 人份

醋香
淺蜊

準備時間：45 分鐘
烹調時間：5 分鐘

格雷南島（Glénans）的粉紅淺
蜊 1.5 公斤
帶葉小洋蔥 3 顆
薑 20 克
蒜頭 2 瓣

茴香酒 50 毫升
蘋果醋 50 毫升
白葡萄酒 150 毫升
冰涼奶油 30 克 +80 克

◆

- 蒜頭和薑去皮，跟洋蔥一起切碎，取 30 克的奶油用小火炒出香味。加入茴香酒，點火炙燒，再倒入醋和葡萄酒。把淺蜊放進去煮 5 分鐘，直到開口再撈出放置於沙拉盆中備用。把剩下的冰涼奶油丁放入湯鍋中，開大火，用打蛋器拌勻，最後將湯汁淋在淺蜊上即可享用。

圖片請見下一頁 ☞

6 人份

油醋
生蠔

準備時間：20 分鐘
靜置時間：24 小時

3 號頂級克雷生蠔 24 顆
ok 綳 3 片
薑 30 克
梅爾福醋 ® [12] 100 毫升
塔巴斯科辣椒醬 ® 數滴
蝦夷蔥 3 株

◆

- 薑削皮後切成丁，加到醋裡，滴幾滴辣椒醬，放入冰箱冷藏至隔天。

- 隔天小心打開生蠔，別忘了把上層的薄膜清乾淨，這層膜經常會沾黏在貝殼上（這個步驟總是讓我有想殺人的衝動）。將刀片插入上下兩瓣貝殼之間，小心不要破壞裡面的肉。把多餘的汁倒掉。細切蝦夷蔥。

- 在每一顆生蠔上放一小匙前一天調好的薑醋，撒上蔥花即可享用。

---

[12] 注：梅爾福醋（Melfor）是法國阿爾薩斯地區出產的食用醋品牌，最傳統的食譜是在醋裡添加蜂蜜和一些香草，是阿爾薩斯地區家庭不可或缺的廚房備品。

圖片請見下一頁 ☞

6 人份

熱烤
生蠔

準備時間：15 分鐘
烹調時間：5 分鐘

2 號特選生蠔 18 顆
粗鹽 1 公斤
杏仁片 50 克
蛋黃 4 顆
奶油 80 克 +30 克
茴香酒 50 毫升
鹽、胡椒

◆

- 撬開外殼，取出生蠔瀝乾。取一個烤盤，鋪一層粗鹽，再將空殼擺上去。

- 用平底鍋融化 80 克奶油，加熱到呈榛果色，放入生蠔肉後開大火煎 1 分鐘。把生蠔擺回殼上。另取一湯鍋，用打蛋器把裡面的茴香酒和蛋黃拌勻，小火加熱直到變成白色，看得見鍋底。融化剩下的奶油，倒入剛才那鍋半透明的醬汁裡乳化，調味，就是一鍋沙巴雍（sabayon）醬。

- 每一顆生蠔上都放一點沙巴雍醬，再撒上杏仁粒，放入烤箱最上層烤 1-2 分鐘。裝盤上桌。

6 人份

深海
黃道蟹

準備時間：5 分鐘
烹調時間：10 分鐘

◆

黃道蟹 3 隻
一些耐心

- 選購活的黃道蟹，必須生龍活虎才行，死掉的蟹在煮過後會完全縮水，吃不到肉。黃道蟹最佳的賞味期從 9 月開始，為期四個月，這段期間的蟹肉飽滿，呈現橘色。雌蟹的腹部較圓，頭部隆起，而雄蟹的螯較寬大，頭形扁平，腹部呈尖三角形。雌蟹的蟹黃通常較多。

- 黃道蟹腹部的顏色尤為重要，顏色越黃代表蟹越成熟，肉也較飽滿。白色的腹部代表一隻蟹剛脫殼，幾乎沒有肉，漁販稱之為「燈籠蟹」。蟹的頭部和腹部之間分得越開（背部的空間越大），蟹肉就越可能充實飽滿。

- 沸水煮 10 分鐘後就可以慢慢品嚐了，仔細地揭除每一片蟹甲，享用細嫩的肉。因此，慎選黃道蟹才不會失望。

- 蟹肉的品質夠好，就不需要太多料理程序，直接搭配淡口味的美奶滋，才不會掩蓋原本的風味。也可以和生茴香一起，加上一點橄欖油醬[13]吃起來十分清爽。

餐酒搭配

PICPOUL-de-pinet
皮納特匹格普勒
AOC 2013年

◆

43°48'31.691"
北緯
3°28'36.52"
東經

該地區最大白葡萄栽種地
品種：白匹格普勒（*picpoul blanc*）

「地中海，陽光燦爛的的金色群島……」[14] 我們所能尋得該地區最大的白葡萄栽種地就是在獅子灣（Golfe du Lion）。高聳的松樹林、地中海常綠矮灌叢和它散發的香氣，這裡栽植了該產地唯一的白匹格普勒葡萄。這片領地盡享地中海氣候，夏季乾燥，冬季溫暖，降水量少。因為特殊的位置受海風吹拂，避免了夏季過度的高溫，而附近的拓湖（Étang de Thau）亦防止了夜間氣溫的驟降。此款酒呈現出帶綠色反光的美麗淡色；入鼻時盈滿白花與山楂的細緻香氣；口感極為活潑鮮明，是一款酸度高、清新，既能解渴又能提振食慾的酒。

[13] 注：橄欖油醬（sauce vierge）以橄欖油、檸檬汁、蕃茄和羅勒葉組合而成，重點在於把所有材料浸泡在橄欖油中，釋放出香氣。
[14] 注：法國歌手堤諾‧霍西（Tino Rossi）代表名曲《地中海》（Méditerranée）。

6 人份

最「哎」
螯龍蝦

準備時間：30 分鐘
烹調時間：30 分鐘

◆

活螯龍蝦 3 隻	奶油 50 克
洋蔥 3 顆	橄欖油 100 毫升
紅蘿蔔 3 條	月桂葉 1 片
蒜頭 4 瓣	玉米澱粉 1 湯匙
熟成蕃茄 3 顆	鮮奶油 300 毫升
干邑白蘭地 50 毫升	紅椒粉 1 茶匙
白葡萄酒 300 毫升	一顆檸檬份量的原汁
龍蒿 1 束	鹽、胡椒

- 蒜頭、洋蔥、紅蘿蔔去皮細切。在燉鍋中放入奶油和橄欖油，大火加熱，直到變成半透明。扭斷龍蝦頭，沿著每個分節處切開尾部，將頭部流出的汁和蝦膏倒在一個容器裡，縱向對切頭部。將切成段的身體和頭部放入燉鍋裡，倒入白蘭地炙燒，再加入白葡萄酒、蕃茄丁和 3/4 的龍蒿葉、月桂葉、紅椒，最後用鹽和胡椒調味。蓋上燉鍋的蓋子，小火燉煮 15 分鐘。

- 取出龍蝦肉，包在鋁箔紙中包溫。另外將事先拌勻的鮮奶油、玉米澱粉、蝦膏和汁倒入剛才的燉鍋中，開蓋小火燉煮 15 分鐘。用機器攪打後過篩，再放回燉鍋裡，與龍蝦肉一起加熱，切記不要沸騰。加入檸檬汁，撒上切細的龍蒿葉。搭配香料飯享用。

歐洲龍蝦或加拿大龍蝦？

歐洲龍蝦又稱「藍龍蝦」，主要可以從顏色辨認。歐洲龍蝦身上有黑斑，外殼也較為堅硬，呈銅色，螯通常較寬大。加拿大龍蝦的價格通常便宜三成。

餐酒搭配

№ 14

PERNAND-VERGELESSES
佩爾南 - 韋熱萊斯
礦味十足且芳香

AOC 1970 年

◆

47° 04' 56.3"
北緯

4° 51' 00.5"
東經

只有 253 位居民的優質產地
品種：夏多內（*chardonnay*）

位於伯恩（Beaune）丘兩座谷地間的佩爾南 - 韋熱萊思（Pernand-Vergelesses）擁有 140 公頃的葡萄園，其中有 65 公頃用於栽植夏多內。這些葡萄生長於海拔 250 公尺的丘陵地，在泥灰土壤上枝繁葉茂。以此葡萄釀製的白酒，初產時呈淡黃色澤，散發白花與洋槐的香氣，隨著時間推移，顏色會趨向金黃，香氣亦更顯濃郁，呈現香料與蜂蜜的香調。然其口感上仍維持著極為突顯的礦味，是一款適合在精緻餐點中開場的酒。

6 人份

味噌美奶滋
峨螺

準備時間：20 分鐘
烹調時間：30 分鐘

◆

新鮮峨螺 1 公斤	蛋黃 1 顆
月桂葉 3 片	一顆檸檬份量的原汁
胡椒粒 1 湯匙	蒜頭 1 瓣
粗鹽 2 湯匙	葡萄籽油 200 毫升
綜合香草 1 束	濃味芥末醬 1 茶匙
味噌醬 2 湯匙	鹽、胡椒

- 在一大盆水裡加入一湯匙粗鹽，把峨螺泡進鹽水裡，攪拌後清洗，反覆操作兩次。把峨螺放進鍋中，倒入清水蓋過所有峨螺，放進香草束、一湯匙的味噌醬、一湯匙粗鹽、胡椒和月桂葉，小火煮 30 分鐘。

- 靜置等待降溫，鬆弛螺肉。

- 將蛋黃、芥末醬和剩下的味噌醬拌勻，加入檸檬汁和蒜蓉，用打蛋器攪拌，同時緩緩加入葡萄籽油。攪拌到想要的濃稠度後再按個人喜好調味。做好味噌美奶滋醬後與峨螺一起上桌。

料理螺肉不囉嗦

峨螺是海鮮盤上不可或缺的一員。這種貝類很特別，肉質可能會讓許多人感到意外。建議購買活的峨螺，用自製的香料高湯燉煮。請注意，烹煮峨螺的時間要視螺的品質調整，享用前要先確認熟度才好。

餐酒搭配

GROS-PLANT
果布隆

AOC 1936年

◆

47° 13' 6.136"
北緯

1° 33' 13.036"
西經

滿足飲欲的餐酒
品種：白福爾（*folle blanche*）

這款號稱「南特地區」的乾型白酒產自大西洋羅亞爾省（Loire-Atlantique）。這些酒可以在酒渣陳釀，與鄰近產區的麝香葡萄雷同，兩者的產區彼此重疊。這些酒入鼻時特別產生花及植物香氣，並帶點檸檬味。它清澈的色澤加上綠色反光標誌著活潑鮮明特質。因為裝瓶時桶內有酒渣，這款酒可能略帶氣泡。儘管這款酒不幸被低估，卻能為一同搭配的各類海鮮增添美味。所以這衍生成「雞生蛋、蛋生雞」的問題——究竟我是因為想喝果布隆酒才點海鮮來吃，還是正好相反？無論如何，結果都一樣：我還想再來一杯！

6 人份

鮮奶油
淡菜

準備時間：15 分鐘
烹調時間：10 分鐘

◆

淡菜 2.5 公斤
蒜頭 6 瓣
紅蔥 3 顆
白葡萄酒 150 毫升
巴西里 1 束
奶油 80 克 +80 克
麵粉 60 克
鮮奶油 500 毫升

- 蒜頭和紅蔥去皮後細切，取 80 克的奶油放入鍋中，用大火翻炒 5 分鐘，直到變成半透明。
- 放入白酒和淡菜，蓋上鍋蓋，維持大火續煮 5 分鐘，期間記得輕輕搖晃鍋子攪動。
- 另外把剩下的奶油加熱融化，加入麵粉後煮 2 分鐘。加入剛才煮淡菜的湯汁和鮮奶油後加熱收汁。
- 將鮮奶油醬淋在淡菜上，撒上切碎的巴西里。

木樁養殖淡菜

木樁養殖的淡菜在品質上無可挑剔。聖米歇爾山（Mont-Saint-Michel）海灣、聖布希尤（Saint-Brieuc）海灣、布雷斯特錨地（rade de Brest）和維萊納河口（estuaire de la Vilaine）等地的淡菜體積小，但十分肥美，風味濃郁。

淡菜是 2011 年以來，唯一一個獲得原產地命名保護（AOP）認證的海鮮。產季從 7 月持續到 1 月，養殖農會把淡菜苗掛在名為 bouchot 的木樁上，如此一來，它們就不會被其他生物寄生，而且也不會含沙。

餐酒搭配

№16

BANDOL
邦斗爾
帶花香調的白酒
AOC 1941年

◆

43° 8' 13"
北緯

5° 43' 53"
東經

原產地命名區的「小傢伙」
品種：白玉霓（*ugni blanc*）、克雷耶特（*clairette*）、布布蘭克（*bourboulenc*）、侯爾（*rolle*）、蘇維濃（*sauvignon*）、榭密雍（*sémillon*）

這個產地的「小傢伙」能為當下的海鮮盛宴更添美味。邦多勒白酒只佔該地區葡萄栽植 5% 的產量，主要釀自白玉霓、克雷耶特、布布蘭克，再加上侯爾、蘇維濃、榭密雍等品種。位於聖博姆山脈（massif de la Saint-Baume）山巒以南的這些葡萄採梯田式座落，朝北敞開的方位可以保持清新的特性，透過沿海進出口俯瞰大片地中海。這些所釀製的酒香氣繁複，交織著濃郁的白花香與柑橘香，簡言之，就是可著泳裝戲水的風土所反映出來的特質。

圖片請見下一頁 ☞

6 人份

精緻如絲
竹蟶

準備時間：45 分鐘
烹調時間：10 分鐘

竹蟶 36 個
帶葉小洋蔥 2 顆
鹽角草 150 克
開心果 2 湯匙
綠皮檸檬 1 顆
奶油 50 克 +50 克
粗粒鹽
鹽之花，粗磨胡椒

◆

• 將竹蟶垂直浸入加了粗鹽的清水中，換一邊再浸一次，反覆三次。

• 小洋蔥細切後放入鍋內，加 50 克奶油，小火翻炒 5 分鐘，再加入開心果、鹽角草和檸檬皮。另取一個平底鍋，大火將剩下的奶油加熱到焦化（參見 60 頁注釋），加入竹蟶煮 5 分鐘，直到竹蟶開口。

• 先把竹蟶盛起裝盤，將兩鍋的奶油混拌在一起後淋到竹蟶上，再滴上檸檬汁。

6 人份

熊蔥聖賈克
扇貝

準備時間：15 分鐘
烹調時間：15 分鐘

肥美的聖賈克扇貝 18 個
熊蔥 1 把
紅蔥 3 顆
波特白酒 100 毫升
鮮奶油 300 毫升
橄欖油 150 毫升
鹽、胡椒

◆

• 將扇貝洗淨，只留貝肉。紅蔥去皮細切，熊蔥剪碎。用一半的橄欖油，開大火翻炒紅蔥 5 分鐘，直到它們變得半透明。加入波特白酒，收汁後再放鮮奶油和 3/4 的熊蔥，續煮 5 分鐘，調味。另取一個平底鍋，開大火將扇貝兩面各煎 2 分鐘，直到表面呈現金黃色，但內部幾乎還是生的狀態，調味。

• 把剛才煮好的醬裝盤，放上扇貝，最後撒上熊蔥。

- -

當季的聖賈克扇貝

聖賈克扇貝和所有好食材一樣，也有季節的差異，在產季期間品嚐才是最明智的選擇。每年 10 月到 5 月之間不是聖賈克扇貝繁殖期，因此一般會在這段時間捕撈。選購扇貝時，買帶殼的除了確保鮮度外，也能保證買到活的。如果貝殼是開的，只要輕敲幾下，殼再度合上的話就表示它是新鮮的。

歐洲大扇貝（Pecten maximus）和朝聖者扇貝（pecten jacobaeus）這兩個品種的品質最佳。請忘記海邊餐廳在 8 月份供應的各式各樣扇貝菜餚吧，耐心等待品嚐季節的到來，放心，不會等太久的。

圖片請見上一頁

6 人份

赤裸挪威
海螯蝦

準備時間：20 分鐘
烹調時間：10 分鐘

活挪威海螯蝦 18 隻
半鹽奶油 80 克
綠皮檸檬 2 顆
乾麵包片 2 片
蒜頭 1 瓣
薑 10 克
鹽之花

◆

- 將螯蝦沿著身體長度的方向切開。拿出去掉蒜頭和薑的皮，和乾麵包片一起放入攪拌機中打碎。

- 大火將奶油融化焦化成榛果奶油。把這些奶油刷到龍蝦上，把剛才打碎的麵包屑和檸檬皮屑放上去。根據龍蝦大小，火烤 3 至 5 分鐘。搭配半顆檸檬裝盤。

螯蝦的肉質細嫩，過度烹煮容易變得鬆散，口感大打折扣。因此，烹煮的過程中要特別注意，輕壓確認肉質變化，只要開始緊縮就表示煮好了。再強調一次，螯蝦本身的品質和新鮮度是這道菜成功與否的關鍵。

6 人份

奶油白醬
鳥蛤

準備時間：15 分鐘
烹調時間：15 分鐘

鳥蛤 1.2 公斤
粗粒鹽
嫩韭蔥 1 根
西洋芹 1 根
紅蔥 2 顆
蒜頭 3 瓣
白葡萄酒 150 毫升
奶油 150 克

◆

- 鳥蛤先泡到鹽水裡吐沙，反覆操作 3 次。

- 剝去蒜頭和紅蔥的皮後，和西洋芹、蔥白的部分一起細切。

- 把這些食材都放入鍋中，加入 100 毫升的水，小火煮 10 分鐘，直到水份幾乎收乾。接著加入切成大塊的奶油，維持一點沸騰，持續攪拌。

- 另取一個鍋子，蓋上鍋蓋，小火煮蛤蜊 5 分鐘，直到它們開口，再淋上剛才做好的奶油醬。特別注意只要煮到開口即可，以求保住肉質和湯汁。過度烹煮的蛤蜊會變得難以咀嚼。

前菜菜單

芝麻開門

◆

　　小酒館，無非就是享受好酒和小吃的地方。有什麼比一大片風味香腸、一小塊火腿、豬油渣、醬糜、鋪了美奶滋的蛋、拌了油醋的沙拉更美好的呢？總而言之，油脂就是好物。油脂是味覺饗宴、是生活、是小酒館的靈魂……

　　美酒與風味香腸就像先有雞還是先有蛋的靈魂提問，兩者相輔相成、形影相隨。再說到蛋，小酒館就是它的本命之地，是的，除了神聖的小酒館，還有哪裡吃得到有美奶滋的蛋呢？

　　開胃冷盤（hors-d'œuvre）[15]，我太愛這個詞了，它就像一扇通往小酒館神秘世界的大門，走進去就能看見小酒館純粹的本質。每一盤菜都是無法被歸類的美食傳奇，都是「永恆的經典」、「一再回味的記憶」、「伴隨我們成長的好友」，我們或許曾經遺忘，可是只要淺嚐一口即能喚回那些記憶。它們個性鮮明卻歷久彌新，彷彿是有生命的個體，溫暖你的胃、激盪你的心……有人甚至聲稱看過它們動了起來呢！

　　小酒館是為大膽的前菜而開的聖殿，那些菜挑戰著我們對美食的良知。我們在此與不入流的美食為伍，毫無保留地投入其中，無需隱藏。我們潛入美食之海，雙唇因香濃的芥末油醋而閃耀，雀躍地嘗試那些在家裡不敢想像的小菜，就像走進一個小天地，滿足我們探索美味的渴望。

◆

---

[15] 注：這個詞在法文中的原義為「作品之外」，意指在菜單之外的一些開胃小點。

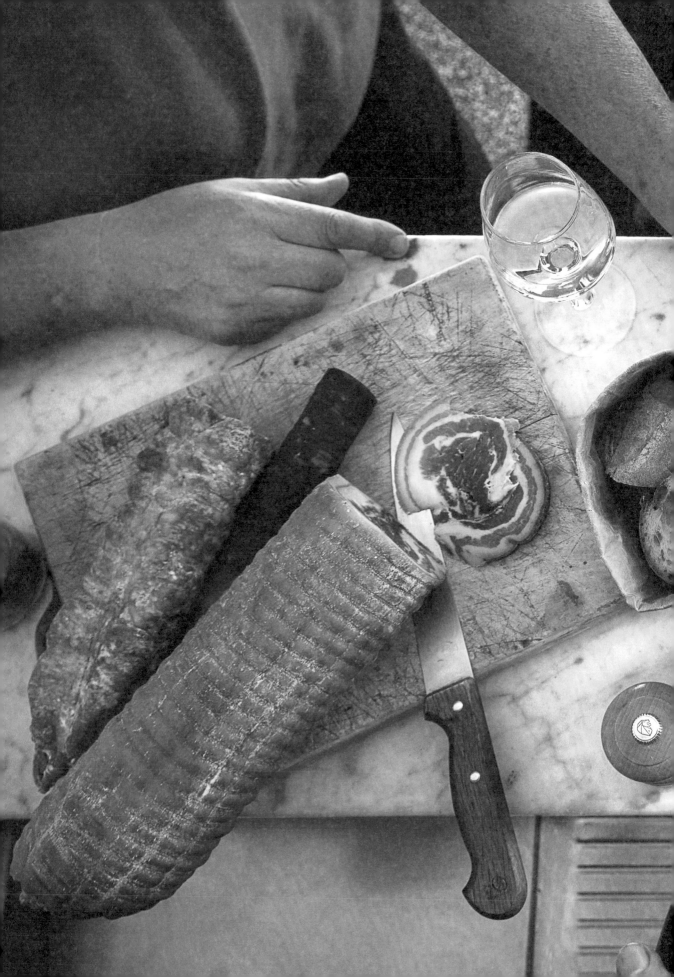

1.5 公斤

鄉村風味
醬糜

準備時間：
兩天前／30 分鐘，一天前／20 分鐘
靜置時間：2 晚
烹調時間：45 分鐘

◆

豬咽喉肉 400 克
豬肝 300 克
新鮮五花肉 300 克 [16]
豬頸肉 300 克
紅蔥 3 顆、蒜頭 3 瓣
迷迭香 1 株
波特紅酒 100 毫升
鹽 20 克、胡椒 5 克
豬油網

在法國人心中
奶油火腿三明治的地位

• 提早兩天將蒜頭和紅蔥的皮剝去後切成細末。摘下迷迭香葉打碎。將所有的肉切成薄片，撒上所有配料、鹽巴和胡椒。倒入波特酒，蓋上一層保鮮膜，放入冰箱冷藏一夜。

• 隔天先將烤箱預熱至 170℃。使用 8 公釐的出料片將肉絞碎，放回原本的盆子裡吸收剩下的調味料，充分揉勻。將肉餡放入醬糜模中，確實壓緊，蓋上一層豬油網，記得四邊都要包裹（用湯匙柄把豬油網壓到模子四壁的空隙裡），接著放入烤箱烤 45 分鐘。烤好後在室溫下冷卻，接續冷藏 24 小時再品嚐。

這道食譜可以隨心所欲變化，添加您喜歡的香料、花園裡的香草或果乾……總之，這道食譜就像多功能小刀，如何使用因人而異。如果您還沒購入家庭必備絞肉機，可以請熟識的肉販幫您先把肉絞碎，他們會很樂意的。

№17

ST-JOSEPH
聖若瑟夫
口感強勁
AOC 1956 年

◆

45° 2' 18.251"
北緯

4° 49' 44.584"
東經

一款酸度高且強勁的酒，可大方陳年
品種：希哈（*syrah*）、胡珊（*roussanne*）、馬珊（*marsanne*）

聖若瑟夫產區位於阿爾代什省（Ardèche）隆河右岸、北緯 45 度的地區。這裡的紅酒由希哈（syrah）葡萄釀製，色澤單純，呈現胡椒香調及淡紫羅蘭香味，為酸度高且成熟的酒。至於白酒，則是由胡珊與馬珊兩個品種釀製而成，口感味覺強勁，呈現明亮色澤，酸度偏低。無論紅酒或白酒，均可存放多年，搭配優質的法式肉派享用。聖若瑟夫酒作為阿爾代什產酒代表，品質只會高不會低——這是我的個人看法！說我盲目偏袒？才不會呢！

---

[16] 注：這裡的新鮮指的是沒有加鹽醃製過的。

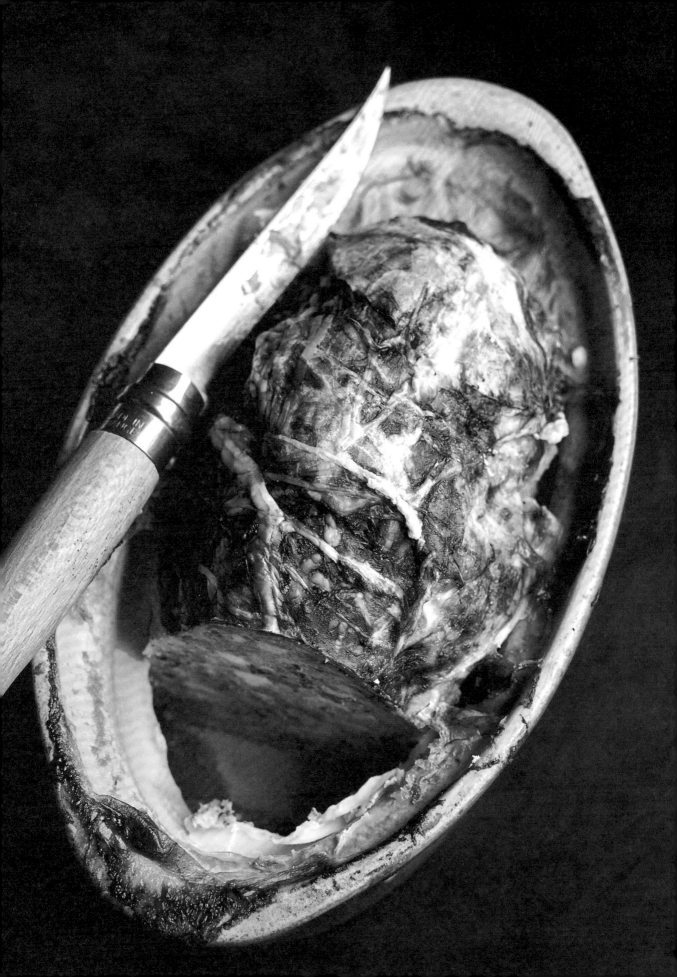

1.5 公斤

野味

醬糜

準備時間：
兩天前／30 分鐘，一天前／20 分鐘
靜置時間： 2 晚
烹調時間： 45 分鐘

野味 400 克（狍鹿、野豬、野兔⋯⋯）
豬咽喉肉 300 克
豬頸肉 500 克
杜松子 1 湯匙
開心果 2 湯匙
胡椒粒 1 茶匙
四香粉[17] 1 茶匙
蒜頭 3 瓣
紅蔥 2 顆
萊姆酒 100 毫升
鹽 20 克

◆

- 提早兩天，將蒜頭和紅蔥的皮剝去後切成細末。把香料放在一個臼裡搗碎。肉類切成薄片後，加入香料調味，接著依序放入蒜頭、紅蔥、鹽巴、胡椒和萊姆酒，蓋上一層保鮮膜，放入冰箱冷藏一夜。

- 隔天先將烤箱預熱至 170℃。使用 8 公釐的出料片將肉絞碎，放回原本的盆子裡吸收剩下的調味料，加入開心果後充分揉勻。將肉餡放入醬糜模中，確實壓緊，蓋上一層豬油網，記得四邊都要包裹（用湯匙柄把豬油網壓到模子四壁的空隙裡），接著放入烤箱烤 45 分鐘。烤好後放在室溫下冷卻，接續冷藏 24 小時後再品嘗。

1.5 公斤

兔肉

醬糜

準備時間： 30 分鐘
靜置時間： 24 小時
烹調時間： 45 分鐘

兔肉 500 克
新鮮肥肝 300 克
新鮮五花肉 300 克
豬頸肉 300 克
紅蔥 2 顆
龍蒿 4 株
肉桂粉 1 茶匙
波特白酒 100 毫升
鹽 20 克
胡椒 5 克
豬油網

◆

- 將肥肝切成 1 公分的小丁，平鋪在容器裡放入冷凍庫 1 小時。把兔肉切成小丁。五花肉和豬頸肉用 8 公釐的出料片絞成碎肉。摘下龍蒿的葉子後切碎。紅蔥剝皮後細切。所有食材與肉桂、波特酒、冷凍肥肝一起拌勻加入鹽和胡椒調味。

- 烤箱預熱至 170℃。將肉餡放入醬糜模中，確實壓緊，蓋上一層豬油網，記得四邊都要包裹（用湯匙柄把豬油網壓到模子四壁的空隙裡），接著放入烤箱烤 45 分鐘。烤好後放在室溫下冷卻，接續冷藏 24 小時後再品嘗。

---

[17] 注：傳統的四香粉包含薑、肉桂、丁香和肉豆蔻。

1.5 公斤

禽類
肝醬

準備時間：15 分鐘
靜置時間：24 小時
烹調時間：45 分鐘

禽類動物的肝 400 克
新鮮五花肉 400 克
豬頸肉 300 克
燻五花肉 200 克
去殼杏仁 50 克
紅蔥 4 顆
新鮮百里香 3 株
蛋 1 顆
鮮奶油 100 毫升
奶油 50 克
白蘭地 50 毫升
鹽 20 克
胡椒 5 克
豬油網

◆

- 紅蔥剝皮後切碎，放入鍋中用奶油小火煎 5 分鐘，直到呈金黃色。肝切大塊後以大火翻炒 5 分鐘上色，倒入白蘭地炙燒。處理肝時，記得確認膽囊已摘除。

- 把燻五花肉切成細條狀。五花肉和頸肉用 8 公釐的出料片絞碎，和百里香葉、蛋、鮮奶油、杏仁、調味料一起用力拌勻。

- 烤箱預熱至 170℃。將肉餡放入醬糜模中，確實壓緊，蓋上一層豬油網，記得四邊都要包裹（用湯匙柄把豬油網壓到模子四壁的空隙裡），接著放入烤箱烤 45 分鐘。烤好後放在室溫下冷卻，接續冷藏 24 小時後再品嚐。

1.5 公斤

雞肉
醬糜

準備時間：30 分鐘
靜置時間：24 小時
烹調時間：45 分鐘

雞胸肉 1 公斤
鮮奶油 320 毫升
紅蔥 4 顆
帶葉小洋蔥 3 顆
蛋 4 顆
肉豆蔻粉 1 茶匙
鼠尾草葉 6 片
奶油 50 克
鹽 20 克
埃斯佩萊特（Espelette）辣椒 5 克
豬油網

◆

- 將一半的雞胸肉切成薄片。細切小洋蔥。用奶油煎雞肉片，但不要煎熟，加入小洋蔥後再用大火煎 5 分鐘。

- 剩下的肉用 8 公釐的出料片絞碎，加入蛋、肉豆蔻、鮮奶油、辣椒和炒過的洋蔥，調味。

- 烤箱預熱至 170℃。把豬油網套在醬糜模裡，記得油網要高出模子，以便最後覆蓋在醬糜上。交替排放雞絞肉和薄片，最後鋪上鼠尾草葉。蓋上豬油網後，放入烤箱烤 45 分鐘。烤好後放在室溫下冷卻，接續冷藏 24 小時後再品嚐。

1.5 公斤

經典酥皮
肉派

準備時間：1 小時 30 分鐘
靜置時間：24 小時
烹調時間：1 小時

酥皮肉醬模一個

酥皮部分

栗子粉 150 克
白麵粉 350 克
奶油 225 克
蛋 2 顆
水 50 克
糖 10 克
鹽 6 克

◆

• 把所有食材放進攪拌機裡，攪打到沒有黏在盆壁上。接著把麵團擀開鋪在模子裡，放入冰箱保鮮。剩下的麵團用保鮮膜包好。

• 把剩下的蛋打散，刷在鋪好的麵團上。

肉醬內餡

冷凍肥肝 100 克（切丁）
鴨胸肉 200 克（切成 1 公分塊狀）
小牛臀肉 200 克（切成 1 公分塊狀）
新鮮五花肉 400 克
燻五花肉 200 克
豬頸肉 300 克
灰喇叭菌乾 50 克
鹽 20 克、胡椒 5 克

◆

• 豬肉用 8 公釐的出料片絞碎。菌乾放入滾水煮 10 分鐘，撈出後把水瀝乾、放涼。

• 烤箱預熱至 170℃。把所有食材拌在一起，調味。把肉醬放進模子裡，確實壓緊，塗上一層蛋汁。取出剩下的麵團，擀成一條帶狀，蓋在肉醬上，按壓邊緣黏和麵團，不要留下空隙。

• 在麵團上戳出三個孔洞，各插一個短管[18]，塗上一層蛋汁，入爐烤 45 分鐘。烤好後放涼。

膠凍

洋蔥 2 顆
蒜頭 2 瓣
波特白酒 200 毫升
水 300 毫升
吉利丁片 4 片
奶油 20 克

◆

• 剝去洋蔥和蒜頭的皮後切碎，開大火用奶油翻炒 5 分鐘上色。加入波特酒融和，再倒入水，持續加熱收汁，剩下 2/3 的水份後關火，用濾網過濾。將吉利丁片泡在冷水裡軟化，取出擠乾水份後放入剛才煮好的湯汁裡。

• 用一個漏斗從短管把湯汁注到肉醬裡。冷藏 24 小時。

---

[18] 注：短管可以用鋁箔紙做，目的在於讓裡面的水蒸氣逸出。

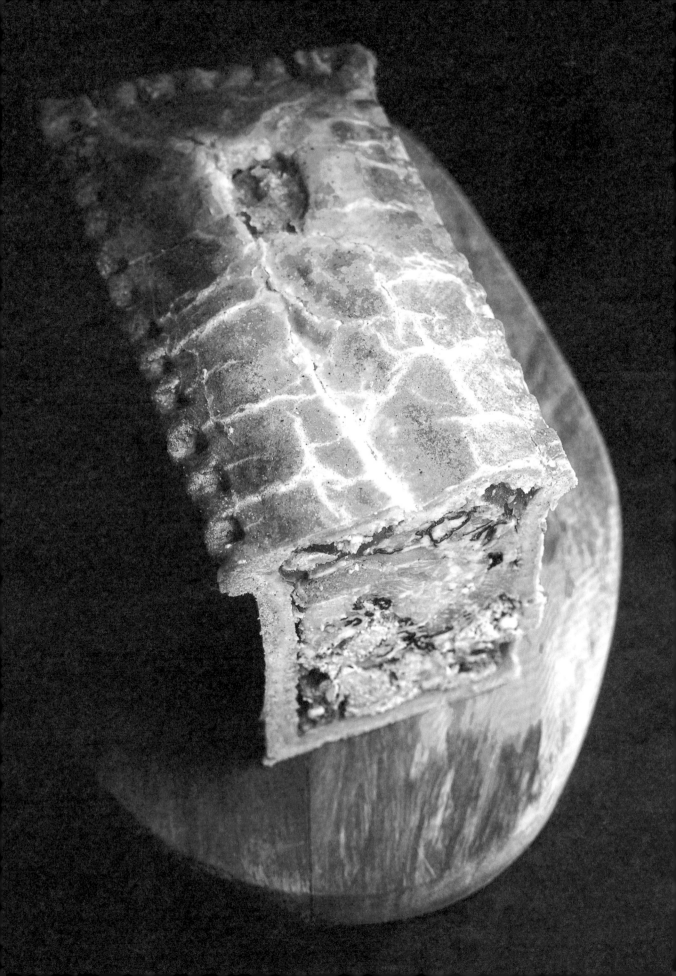

1.5 公斤

酥皮
雞肉派

準備時間：30 分鐘
靜置時間：1 晚
烹調時間：45 分鐘

這道食譜除了肉醬內餡外，
其他部分作法和前面的酥皮肉醬一樣。

肉醬內餡

冷凍肥肝 100 克（切丁）
雞胸肉 400 克（切成 1 公分塊狀）
鴨胸肉 200 克（切成 1 公分塊狀）
新鮮五花肉 400 克
豬頸肉 300 克
蛋 1 顆
鹽 20 克
胡椒 5 克

◆

- 烤箱預熱至 170℃。豬肉部分用 8 公釐的出料片絞碎。把所有食材混拌在一起，調味。

- 把肉醬放入模子裡，確實壓緊。取出剩下的麵團，擀成一條帶狀，蓋在肉醬上，按壓邊緣黏和麵團、不留空隙。

- 在麵團上截出三個孔洞，各插一根短管透氣，塗上一層蛋汁，入爐烤 45 分鐘。烤好後取出放涼。

---

2 個月份

醃漬小菜

醃漬黃瓜

黃瓜 1 條
米醋 150 毫升
熱水 150 毫升
紅糖 4 湯匙

黃瓜削皮後切成條狀，放到盤子上，撒上糖，加入醋和熱水。放入密封罐中保存。

醃漬紅洋蔥

紅洋蔥 4 個
紅糖 100 克
蘋果醋 50 毫升

洋蔥剝皮後切細。把醋和糖一起加熱到冒泡，放入洋蔥，視情況加水，煮到沸騰。放在室溫下冷卻，再移入冰箱保存。

醃漬白花椰菜

白花椰菜 1 小顆
蘋果醋 50 毫升
芫荽籽 1 茶匙
小茴香（孜然）籽 1 茶匙
薑 50 克
紅糖 100 克

白花椰菜切成小朵，放到一個罐子裡。加入香料和薑。醋和糖一起煮到冒泡後，倒入罐子裡。關上罐子，倒放，移入冰箱保存。

醃漬櫛瓜

水 300 毫升
幼嫩櫛瓜 5 根
（肉質要結實）
白醋 300 毫升
蔗糖 150 克
咖哩粉 2 湯匙
胡椒粒 1 湯匙

櫛瓜切成短棍狀（切除籽的部分），放入罐子裡，加入胡椒。醋、糖、水和咖哩粉一起煮到冒泡後，倒入罐子裡。關上罐子，倒放，移入冰箱保存。

6 人份

卡列肉丸

CAILLETTES 甘藍菜版

準備時間：30 分鐘
烹調時間：1 小時 15 分鐘

◆

香腸絞肉 800 克
洋蔥 6 顆
蒜頭 6 瓣
巴西里 1 束
甘藍菜 1 顆
雞湯 300 毫升
奶油 50 克 +50 克
鹽、胡椒
豬油網

- 把高麗菜切成小條，用鹽水煮 30 分鐘，取出後瀝乾。

- 剝去洋蔥和蒜頭的皮後切碎，開小火用 50 克奶油翻炒 10 分鐘上色。細切巴西里。

- 烤箱預熱至 160℃。取 300 克的高麗菜和香腸絞肉拌在一起，調味。加入一半的洋蔥、蒜頭和巴西里。把拌好的肉餡分成 6 等份，滾成圓球狀，套上油網，放入烤箱烤 30 分鐘。

- 另外把剩下的奶油加熱融化，加入剩下的高麗菜和洋蔥、蒜頭煮到味道融和後加入雞湯。肉丸和高麗菜湯一起享用。

無止「飢」的戰爭

在這美食的戰場上，有些勝利只能在叉子底下見真章；有些戰爭看似無止「飢」，卻能敲響鐘聲，宣告廚房裡的對手失敗。究竟該用甘藍菜，還是著蓬菜來製作卡列肉丸，這是個大哉問，至今無人能解。這場原始食譜起源地的爭執彷彿昔日輝煌城市間的較量，地區風味的高下之爭。

餐酒搭配

CHATUS
夏圖斯
酒體單寧結構佳
地理保護標誌 I G P 2011 年

◆

44° 43' 07.3"
北緯

4° 21' 21.6"
東經

一款紮實的酒
品種：夏圖斯（chatus）

昂特賴格（Antraigues）與火山峰頂俯瞰著沃拉訥河（Volane）谷地，此處即夏圖斯品種之鄉。這款典型的阿爾代什（Ardèche）品種，栽植範圍僅涵蓋 50 公頃土地，植株堅韌，足以抵抗並適應乾旱的土壤（阿爾代什的嚴酷特性！）。這是一款適合陳年的酒，帶有深紅色澤及果醬香氣，賞味前有必要加以醒酒，口感紮實，適合搭配同樣紮實的美食。

那麼就讓我們齊聲唱響這段有時會在當地橄欖球巡迴賽背景中響起的阿爾代什傳統疊句：「阿爾代什！阿爾代什！令人讚歎的鄉土，若你沒見過阿爾代什，那你什麼都沒見過。」

6 人份

卡列肉丸

CAILLETTES 菩蓬菜版

準備時間：30 分鐘
烹調時間：45 分鐘

◆

香腸絞肉 800 克
洋蔥 6 顆
蒜頭 6 瓣
幼嫩菩蓬菜 1 束
榛果 80 克
杏仁 50 克
黃金葡萄乾 80 克
白蘭地 100 毫升

奶油 80 克
糖 2 湯匙
鹽、胡椒
豬油網

◆

- 取一個鍋子放入葡萄乾、白蘭地和一些水，煮到沸騰後關火，讓葡萄乾充分吸汁。
- 烤箱預熱至 180℃。
- 洋蔥和蒜頭剝皮後切碎。將菩蓬菜沿長邊切成兩半。
- 把菜、洋蔥和蒜頭排在烤盤上，放奶油、糖，加水蓋過所有食材，再放一張防沾烤紙，烤 10 分鐘。
- 取出 1/3 的菜、洋蔥和蒜頭，粗略切碎後和香腸肉、堅果、葡萄乾拌在一起（留下一部分的堅果和葡萄乾，等一下和菩蓬菜一起上桌），調味。
- 拌好的肉餡分成 6 等份，滾成圓球狀，套上油網，放入預熱 160℃的烤箱烤 30 分鐘。出爐後和剛才剩下的菜、堅果和葡萄乾一起裝盤上桌。

餐酒搭配

№19

CROZES-HERMITAGE
克羅茲 - 艾米達吉
AOC 1937年

◆

45° 05' 04.0"
北緯

4° 50' 20.3"
東經

香氣豐富、口感細緻
品種：希哈（*Syrah*）

那些渴望美酒的登山客，自皮埃爾·艾吉耶瞭望臺（belvédère de Pierre Aiguille，須徒步攀爬）向下望時，映入眼簾的即是克羅茲 - 艾米達吉產區栽植的葡萄及台地。此區葡萄品種為希哈，果實外表呈現成熟櫻桃的色澤。

克羅茲 - 艾米達吉酒以帶有黑色水果、煙燻及牡丹花香聞名，是一款香氣特別豐富的酒。即便在年輕時期，這款酒就表現出渾然的細緻與柔順風味，同時結合了明顯的菩蓬菜葉與土壤氣息。

1 公斤

兔肉
熟肉醬[19]

準備時間：20 分鐘
烹調時間：3 小時

一隻兔子的兔肉（切塊）
燻五花肉 200 克
鴨油 200 克
高級白酒 600 毫升
紅蔥 4 顆
月桂葉 2 片
龍蒿 3 株
鹽 15 克
胡椒 4 克

◆

- 紅蔥去皮細切，五花肉切成細條狀。開大火用鴨油稍微煎過紅蔥和五花肉，5 分鐘即可。把兔肉放進同一個鍋裡，煎 10 分鐘，直到呈金黃色。倒入白酒，加上月桂葉，以水蓋過所有食材，文火燉煮 2 小時，直到肉軟嫩散開。
- 剔下兔肉，單獨用小火續煮 45 分鐘，直到水份收乾。
- 加入鹽、胡椒調味。再加入龍蒿葉。用叉子把兔肉撕成細絲，放入罐子後蓋一層鴨油密封，延長保存期限（2 個星期）。

1 公斤

鴨肉
熟肉醬

準備時間：20 分鐘
烹調時間：3 小時 15 分鐘

鴨腿 6 隻
鴨油 400 克
白葡萄酒 300 毫升
迷迭香 2 株
紅蔥 3 顆
松子 60 克
鹽 15 克
埃斯佩萊特辣椒 5 克

◆

- 把鴨腿的清腿和骨腿兩個部位切開來。紅蔥剝皮後細切。全部放進鍋裡，加入鴨油，開大火煎炒 5 分鐘。倒入白葡萄酒，加上迷迭香和辣椒，小火燉煮 3 小時，期間要不斷翻攪，最後再加鹽。
- 把肉和骨頭分開，肉撕成絲，肉加入松子後單獨續煮 15 分鐘。放入罐子後蓋一層鴨油密封。成品可以保存兩個星期。

熟肉醬（rillettes）是一種延長食物賞味期的方法。油封可以殺死細菌，產品也就不易變質。一般製作這種熟肉醬時不會只做一罐。它在一時興起和朋友小聚時可以應急、能滿足臨時拜訪的鄰居，也為回家的孩子增添歡樂。熟肉醬就是為了傳遞快樂而存在，所以要做到讓每個人的身心都感到滿足才行。

---

[19] 注：熟肉醬（Rillettes）。

1 公斤

豬肉
熟肉醬

準備時間：15 分鐘
烹調時間：3 小時 20 分鐘

新鮮五花肉 200 克
燻五花肉 200 克
豬頸肉 400 克
豬油 200 克
蒜頭 4 瓣
紅蔥 3 顆
新鮮百里香 2 株
南瓜籽 100 克
鹽 15 克
胡椒 4 克

◆

- 將南瓜子放入烤箱中，以 200℃ 烤 10 分鐘，出爐後撒上適量的鹽。

- 所有肉類切成小塊。蒜頭、紅蔥剝皮切成薄片。

- 用小火融化豬油，加入 2/3 的蒜頭和紅蔥翻炒 10 分鐘。接著加入肉、百里香，蓋上鍋蓋，用小火續煮 3 個小時，期間偶爾攪拌。最後再調味。

- 用叉子把肉撕成細絲，放入醬糜模裡，取剩下的豬油覆蓋在上面，均勻撒上南瓜籽。

6 人份

完美禽類
肝醬

準備時間：20 分鐘
烹調時間：30 分鐘

禽類的肝 600 克
半鹽奶油 300 克 +100 克
紅蔥 4 顆
杜松子 8 顆
波特白酒 200 毫升
白蘭地 40 毫升
胡椒粒 1 湯匙
鹽 15 克

◆

- 紅蔥剝皮後細切。開小火用 100 克的半鹽奶油翻炒紅蔥 10 分鐘。加入切成塊的肝和壓碎的杜松子，大火煎 10 分鐘，直至呈金黃色。加入白蘭地炙燒，再加入波特白酒。小火收汁 10 分鐘，直到醬汁變得濃稠如糖漿。

- 把煮好的食材和 200 克的冰奶油一起打碎，調味後放入醬糜模中確實壓緊。把剩下的奶油加熱融化，蓋滿醬糜，最後撒上胡椒粒。

圖片請見上一頁

6 人份

巴西里
火腿凍

準備時間：30 分鐘
烹調時間：4 小時
靜置時間：1 晚

半鹽胛心肉 1.5 公斤 [20]
酒 300 毫升
綜合香草 1 束
豬腳 2 隻
帶葉小洋蔥 4 顆
蒜頭 6 瓣
紅蘿蔔 4 條
巴西里 1 束胡椒

◆

- 蒜頭、紅蔥、小洋蔥和紅蘿蔔去皮切成薄片。將胛心肉放進燉鍋中，加入酒和水蓋過食材，再加入豬腳、蔬菜和香草束，小火燉煮 4 小時。

- 胛心肉去骨後切成大塊，與煮好的紅蘿蔔拌在一起。巴西里切碎後加入剛才煮食材的高湯裡。將肉和蘿蔔放進醬糜模裡，倒入巴西里高湯蓋過。置於冰箱內冷藏 12 個小時。

- 搭配拌入蒜頭和羅勒葉的美奶滋一起享用。

6 人份

家禽肝
蛋糕

準備時間：30 分鐘
烹調時間：40 分鐘

禽類肝 450 克
乾麵包 150 克
牛奶 200 克 +400 克
奶油 30 克
麵粉 30 克
肉豆蔻粉 1 茶匙
蒜頭 6 瓣
扁葉巴西里 4 株
蛋 5 顆
鹽、胡椒

◆

- 麵包切小塊，浸到 200 克的牛奶中泡軟。將麵包、肝、蒜頭和巴西里一起打碎，加入肉豆蔻粉，放入大量鹽和胡椒調味。

- 煮榛果奶油，加入麵粉，小火續煮 5 分鐘，再加入冰牛奶、剩下的肉豆蔻粉一起煮 10 分鐘，期間持續攪拌。把剛才打碎的肝放進鍋裡。

- 烤箱預熱至 200℃。分開蛋黃和蛋白，把蛋黃加入鍋裡，蛋白則先打發後用矽膠刮刀小心混拌進去。

- 取一個長條蛋糕模，在模壁上抹一層奶油後倒入剛才準備好的食材，烘烤 30 分鐘。取出放涼後，放在冰箱裡保存。

---

[20] 注：原文為 palette，在中文裡和豬頸肉（échine）合稱肩胛肉。

6 人份

豬頭乳酪

準備時間：30 分鐘
烹調時間：4 小時
靜置時間：1 晚

◆

豬耳朵 4 付
豬鼻 2 個
豬頰肉 600 克
紅蘿蔔 4 條
帶葉小洋蔥 4 顆
蒜頭 6 瓣
芫荽籽 1 茶匙
鹽 15 克
粗磨胡椒 1 茶匙

- 紅蘿蔔削皮後切成小丁。蒜頭打成蒜蓉。將所有肉類放進一個大燉鍋中，加入紅蘿蔔丁、蒜蓉和芫荽籽，加水蓋過所有食材，蓋上鍋蓋後用文火燉煮 4 個小時。
- 壓碎肉類，瀝掉水份。小洋蔥切成薄片後與肉類拌勻，調味。
- 把處理好的食材放入醬糜模中，放入冰箱冷藏一夜。搭配用美乃滋、酸豆、細酸黃瓜、一點紅蔥和一些自選香草做成格里畢許醬（gribiche）一起享用。

乳酪前菜

這麼一道高級冷食熟肉怎麼以 fromage（乳酪）命名呢？是不是太幽默了！真是讓人一頭霧水。豬頭乳酪，這種名字簡直沒有行銷策略可言⋯⋯

從歷史上來看，豬頭乳酪是在鹵水裡煮一整晚，直到骨肉分離後調味入模。程序跟做乳酪一樣嘛！

如今各地區都有獨特的食譜，堪為美食遺產，小酒館也樂見其成，實為饕客之福。

餐酒搭配

BOURGOGNE Aligoté
布根地阿里哥蝶
AOC 1937年

◆

47°19' 0.001"
北緯

5°1' 0.001"
東經

**葡萄栽植者心中真正的酒，
無所畏懼的酒**
品種：阿里哥蝶（*Aligoté*）

布根地全區生產都生產阿里哥蝶酒，由唯一的阿里哥蝶品種釀製而成。此款白酒佔布根地地區葡萄品種栽植面積的 6%，與夏多內酒相抗衡。它經常用於製作基爾酒（kir），也就是搭配布根地黑醋栗香甜酒（crème de cassis）調酒。如今，這款酒以適中的價格，在餐廳的餐桌上重新嶄露頭角。這是一款清澈的酒，呈淡黃色澤，入鼻時帶有極為清新的青蘋與檸檬香氣，隨時都能駕馭添醋菜餚，無懼大蒜香，且坦然忠實於原產地風味。

1.5公斤

肥肝
佐酸甜醬

準備時間：30 分鐘
烹調時間：30 分鐘
靜置時間：2 天

◆

肥肝

清掉血管的肥肝 3 葉
精緻鹽 15 克
糖 5 克
乾燥牛肝菌 20 克

酸甜醬

血橙 6 顆
洋蔥 2 顆
巴薩米克酒醋 200 毫升
紅糖 300 克
芫荽籽 1 湯匙

• 牛肝菌磨成粉狀。把每片肝的上葉與下葉分開。在每一塊肝上撒鹽、糖和牛肝菌粉，放進醬糜模型裡，確實壓緊，放進冰箱冷藏 24 小時。烤箱預熱 100℃，入爐烘烤 30 分鐘，再放到冰箱放置 24 小時後就可品嚐。

• 將血橙與整顆洋蔥放入一大鍋水中，用小火煮 30 分鐘。洋蔥除去外皮，切成薄片，再將血橙切成小塊，與紅糖、醋和芫荽一起煮 45 分鐘。放涼後置於冰箱冷藏保鮮。

餐酒搭配

No.21

SAUTERNES
Liquoreux
索甸甜酒
AOC 1936年

◆

44°31' 44.3"
北緯

0°20' 20.2"
東經

**值得擁有的珍寶，
每株葡萄樹僅能釀製三杯酒的量**
品種：榭密雍（*sémillon*）、白蘇維濃（*sauvignon*）、密思卡岱（*muscadelle*）

據說沒有比鵝肝與甜酒更幸福的結合，這款甜酒釀自經貴腐菌感染的葡萄（於採收前葡萄出現貴腐菌感染的狀態），主要品種為榭密雍，再加上白蘇維濃及密思卡岱。索甸（Sauternes）與巴薩克（Barsac）酒是這個產區的鑲金珍寶，每株葡萄樹最多僅能提供 3 杯這樣的瓊漿。這兩款酒的領地以錫隆河（Ciron）為界，區分為右岸的索甸 AOC Sauternes 區，與左岸的巴薩克 AOC Barsac 區，同宗的兩塊風土形成兩個原產地命名區。兩款酒自最年輕期便已散發豐富的桃子、柑橘香調，並且隨著年份的累積，醞釀出蜜餞、木梨的香氣。

圖片請見下一頁 ☞

6 人份

鄉村風味
蔬菜湯

準備時間：20 分鐘
烹調時間：50 分鐘

紅蘿蔔 3 條
馬鈴薯 3 顆
西洋芹 3 根
甜洋蔥 3 顆
蒜頭 3 瓣
韭蔥 1 根
巴西里 3 株
橄欖油 3 湯匙
鮮奶油 300 毫升
乾硬長棍麵包 12 片
鹽、胡椒

◆

- 所有蔬菜削皮。把 1 顆蒜頭、1 湯匙的油和一半的巴西里放進攪拌機一起攪打成風味油，刷在每一片麵包上。

- 將所有蔬菜切成小塊，開小火用橄欖油翻炒 10 分鐘。加水，維持小滾狀態 30 分鐘，調味。接著加入鮮奶油，續煮 10 分鐘。麵包片烤成金黃色後就可以一起享用。

冰箱大掃除

蔬菜湯是清冰箱的最佳選擇。所有的蔬菜都能變身為一瓢暖心的熱湯。千萬別丟掉，通通丟進鍋，唯一的不便就是視覺效果不佳而已。

6 人份

暖呼呼
清湯

準備時間：20 分鐘
烹調時間：40 分鐘

洋蔥 6 顆
蒜頭 3 瓣
甜醬油 3 湯匙
Viandox® 肉汁調醬 1 湯匙
白酒 200 毫升
米線[21] 200 克
龍蒿 4 株
杏仁 50 克
奶油 50 克
鹽、胡椒

◆

- 洋蔥去皮切成薄片，小火翻炒 10 分鐘至呈現金黃色。加入白酒融和香氣，接著加入 Viandox®、甜醬油和 1500 毫升的水，小火續煮 25 分鐘，調味。

- 杏仁先放進烤箱，用 200℃ 烤過，取出後稍微壓碎。把米線放在一個深盤裡，淋上煮好的熱湯，混拌 3 分鐘，撒上細碎的龍蒿葉。

[21] 注：法國通常說米線，指的是越式米線。

圖片請見上一頁

6 人份

菊芋奶香
濃湯

準備時間：40 分鐘
烹調時間：45 分鐘

菊芋 1.5 公斤
牛奶 500 毫升
濃稠鮮奶油 2 湯匙
巴薩米克酒醋 150 毫升
蜂蜜 1 茶匙
長棍麵包 3 片
橄欖油 3 湯匙
洛克福乳酪（roquefort）100 克
鹽、胡椒

◆

- 削去菊芋的皮後切成小塊。將菊芋放到牛奶裡煮，加入水份以蓋過所有菊芋。小火煮 30 分鐘。

- 烤箱預熱 200℃。把煮好的菊芋和鮮奶油一起打成泥，調味。麵包切丁後浸一點橄欖油，放進烤箱烤 5 分鐘，直到麵包丁上色。

- 把蜂蜜和醋拌勻後用大火煮 5 分鐘收汁，變成濃稠的糖漿。乳酪捏散後撒上。

- 湯盛入碗中再加幾塊麵包丁、一絲巴薩米克酒醋和一點碎乳酪。

保留原色
料理時若想保住某些蔬菜乳白的色澤，可以用牛奶煮過，蔬菜吸收牛奶後會維持一樣的顏色。

6 人份

機靈
南瓜湯

準備時間：30 分鐘
烹調時間：50 分鐘

奶油南瓜 1.5 公斤
南瓜籽 1 把
薑 30 克
紅蔥 2 顆
蒜頭 2 瓣
奶油 50 克
全脂牛奶 500 毫升
濃稠鮮奶油 2 湯匙
芝麻油 2 湯匙
鹽、胡椒

◆

- 將南瓜籽放入烤箱中，以 200℃烤 10 分鐘。除去南瓜皮後切成小丁。薑、紅蔥和蒜頭的皮去掉後切成薄片。用奶油小火翻炒蔬菜 10 分鐘。倒入牛奶蓋住食材，小火煮 30 分鐘。調味後與鮮奶油一起打成濃湯。

- 撒上南瓜籽，淋一絲芝麻油，趁熱享用。

圖片請見下一頁 ☞

6 人份

白花椰菜
湯

準備時間：20 分鐘
烹調時間：55 分鐘

一大顆白花椰菜（600 克）
奶油 50 克
洋蔥 2 顆
韭蔥 1 根（只取蔥白）
有機雞湯塊 1 塊
牛奶 500 毫升
麵粉 1 湯匙
濃稠鮮奶油 2 湯匙
一顆檸檬份量的原汁
鹽膚木粉 2 撮
橄欖油 1 茶匙
鹽、胡椒

◆

• 白花椰菜切開成一朵一朵。取出一些拌入檸檬汁。洋蔥去皮和韭蔥蔥白部分都切成薄片。

• 鍋內放入所有奶油煎炒花椰菜 10 分鐘。加入麵粉，倒入牛奶和 500 毫升的水，再把雞湯塊放進去煮 45 分鐘。全部用料理棒打成湯，加入鮮奶油，調味。

• 把湯盛進碗裡，再拿幾朵泡了檸檬的白花椰菜、鹽膚木粉放進湯裡，淋上一絲橄欖油。

6 人份

夏季
冷湯

準備時間：20 分鐘
烹調時間：20 分鐘

黃瓜 1 條
熟成蕃茄 3 顆
紅椒 2 個
青椒 2 個
白肉水蜜桃 2 個
紅蔥 1 顆
蒜頭 1 瓣
薑 10 克
塔巴斯科辣椒醬（Tabasco®）1 茶匙
橄欖油 200 毫升
鹽

◆

• 將青椒和紅椒放進烤箱，用 200℃烤 20 分鐘，直到表面變色，取出後拿掉皮和籽。蕃茄和水蜜桃則浸到滾水中 30 秒，一樣去皮並拿掉果核。紅蔥細切。

• 黃瓜不削皮，直接切成塊狀，和蒜頭、薑、蕃茄、青椒、紅椒、水蜜桃、橄欖油一起攪打成湯。加鹽、辣椒醬和紅蔥調味。

• 盛裝後淋上一絲橄欖油。

圖片請見上一頁

6 人份

豬油
甘藍湯

準備時間：30 分鐘
烹調時間：1 小時 5 分鐘

甘藍菜 1 顆
洋蔥 3 顆
蒜頭 4 瓣
迷迭香 2 株
生火腿 1 隻
鮮奶油 400 毫升
橄欖油 100 毫升
新鮮五花肉 100 克
燻五花肉 100 克
鹽、胡椒

◆

- 將甘藍菜切絲。洋蔥、蒜頭去皮切成薄片。全部放進鍋裡，加入橄欖油，開小火翻炒 10 分鐘後加入迷迭香。加水蓋過食材，再放入火腿，小火燉煮 45 分鐘。加入鮮奶油，續煮 10 分鐘後關火調味。

- 五花肉切成小丁，用平底鍋乾煎。湯裝進碗裡後撒上五花肉丁，趁熱享用。

祖傳鄉村美食

甘藍湯是一道完美融和食材的湯品。甘藍菜養大了豬隻，豬的肥肉和甘藍一起在熱水裡輕吟，形成一個完整的食物循環，一切都恰到好處。

6 人份

春季
雜菜湯

準備時間：20 分鐘
烹調時間：25 分鐘

幼嫩櫛瓜 2 根
紅蔥 2 顆
四季豆 200 克
白腰豆 100 克
紅蘿蔔 2 條
新鮮豌豆 200 克
野生蘆筍 1 束
義大利長條麵 100 克
羅勒 1 束
蒜頭 2 瓣
橄欖油 150 毫升
帕瑪森乳酪 80 克
松子 80 克
一顆檸檬份量的原汁
鹽、胡椒

◆

- 松子放入烤箱中，以 200℃烘烤 5 分鐘。紅蘿蔔削皮後切成小塊。櫛瓜也切成小塊，四季豆切長條狀，紅蔥去皮切成薄片。

- 紅蔥和紅蘿蔔一起用鹽水煮滾 5 分鐘。加入四季豆，續煮 5 分鐘，再加入切短的義大利麵、豌豆、櫛瓜、白腰豆和蘆筍，再煮 8 分鐘（將義大利麵煮熟），調味。

- 將一半的松子、橄欖油和帕瑪森乳酪、羅勒、檸檬汁、蒜頭一起攪打成青醬。湯盛入碗中後，放幾顆松子，再淋上一點青醬。

6 人份

美乃滋
蛋

準備時間：20 分鐘
烹調時間：8 分鐘 45 秒

◆

極鮮蛋 6 顆 + 蛋黃 1 顆
豌豆 100 克
紅蔥 2 顆
第戎芥末 1 湯匙
蘋果醋 1 湯匙
花生油 200 毫升
橄欖油 100 毫升
半乾的長棍麵包半根
紅椒粉 1 茶匙
鹽、胡椒

• 準備一鍋滾水，加鹽。把豌豆放進去煮 2 分鐘後馬上取出冰鎮。用同一鍋滾水煮蛋，小心將蛋放入水中，煮 8 分 45 秒。取出後泡冰水剝殼。

• 紅蔥去皮細切，用橄欖油炸成油蔥。瀝乾油。麵包盡量切薄，放入烤箱烤 3 分鐘。

• 剩下的一顆蛋黃和芥末醬、蘋果醋拌在一起。加入花生油後用打蛋器打成美乃滋，調味。把煮好的蛋切成兩半，蓋一層美乃滋，再放上麵包片、油蔥、豌豆，最後撒一些紅椒粉。

....

各有各的蛋

每個人都有自己的食譜、特有的故事，而且，每個季節都有變化。豌豆可以用南瓜和南瓜籽取代，料理前稍微烘烤過即可。

夏蟬鳴叫時，也可以用龍蒿葉和蒔蘿做出綠意昂然的美乃滋。總之這是一道胸懷坦蕩的小菜。

餐酒搭配

№22

CHAMPAGNE
香檳
特乾（EXTRA-BRUT）
AOC 1936年

◆

49°02' 30.9"
北緯

3°57' 36.4"
東經

極乾型香檳，經典酒吧的傑出之選
品種：夏多內（*chardonnay*）

當大眾料理至臻於美的境地時，便可輕易與非凡之物撮合，從而使非凡之物變得平易近人。雞蛋與香檳，多麼甜蜜的結合，輕柔與鮮明，甜美與活力，雖然瘋狂卻也理所當然。

白丘（côte des Blancs）位於埃佩爾奈（Épernay）以南，為夏多內葡萄盛產之地，是酒吧「今日特選香檳」的發源地。為搭配我們的雞蛋，而選用此款含糖量極少（不超過 6 公克餘留量）的特乾型香檳，無非是為了挑逗味蕾、明心見性。

待煮雞蛋籃
今日鮮蛋

蛋蛋來襲，想跟上流行，那得好好選蛋才行……戴好眼
鏡，別像個糊塗蛋，仔細在雞蛋挑骨頭啦！

法國的蛋上會印著一串數字，第一個數字代表蛋的產地：

0 指的是有機的放養雞蛋，1 指的是戶外養殖雞蛋（這種雞的空間比
放養雞小，所以不能稱為放養）。如果上面寫的是 2 或 3，就直接跳
過吧！這種雞蛋都是養在擁擠的棚子地面，或是擠在格子籠裡的雞
生的。妥善養雞、蛋也妥貼，接下來就只剩煮蛋的方法了。

水波蛋
（POCHÉ）

—

烹煮時間：
把蛋放進滾燙且有渦流的醋水
中 3 分鐘（馬上取出降溫）。

與凱撒沙拉一起享用。

水煮蛋
（DUR）

—

烹煮時間：
滾水中煮 8 分鐘 45 秒
（馬上取出降溫）

搭配一大匙美乃滋享用。

半熟水煮蛋
（MOLLET）

—

烹煮時間：
滾水中煮 5 分鐘 45 秒
（馬上取出降溫）

與扁豆沙拉或奶油蘑菇湯一起享用。

法式溏心蛋
（À LA COQUE）

—

烹煮時間：
滾水中煮 3 分鐘

與麵包條和半鹽奶油一起享用。

TCHIN-TCHIN 時光！　№ 24

FLEURIE
弗勒莉
永不褪色的光彩
AOC 1936 年

SAINT-PÉRAY
聖佩賴
阿爾代什的無瑕酒
AOC 1936年

V s

4° 41' 50.842"
東經

46° 11' 33.526"
北緯

4° 50' 30.851"
東經

44° 56' 41.338"
北緯

薄酒萊酒中最雅緻的酒款
品種：加美（*gamay*）

相當低調的酒
品種：胡珊（*roussanne*）、馬珊（*marsanne*）

弗勒莉（fleurie）產自薄酒萊以北的十個產區之一，用加美葡萄將酒臻於完善。這個位置被三個著名產區環繞，擁有得天獨厚的東南方位，延伸至聖母教堂（chapelle de la Madone）腳下，掌理著栽植於海拔 400 公尺的葡萄。該原產地命名區包含十三個型態分明的葡萄栽植風土，鼻子聞到的花香包含紫羅蘭及紅色水果，入口時呈現渾然細緻的感觸並夾帶豐富的輕盈感，在味蕾上留下美妙濃郁的絲滑感觸。某些產地的葡萄栽植於花崗岩土中，酒氣更加濃郁，強勁程度令人驚異。雞蛋的蛋黃油脂會成為滋味的傳導媒介，彼此都能相得益彰。

位於隆河谷地（Vallée du Rhône）北方的阿爾代什丘陵是聖佩賴酒的發祥地。克魯梭（Crussol）城堡俯瞰著這片綿延 98 公頃的葡萄產地，這裡栽植的胡薩訥與馬爾薩訥葡萄釀製出這款酒。這款以單一品種或混種釀製而成的酒，發展出可明顯辨識的紫羅蘭、杏桃、蜂蜜、荔枝、木梨及香料香氣，幾世紀以來皆採用香檳釀製法以產出高品質的氣泡。「女士們，我有話對妳們說，我要歌頌聖佩賴，它被稱為女性之酒，這是要告訴諸位它有多完美，它散發的紫羅蘭芬芳，造就其可口的滋味 [22]。」

---

[22] 注：引自 18-19 世紀法國歌手狄梭杰〔Désaugiers〕創作歌曲《Le voyageur de Saint-Péray》〔聖佩賴的旅人〕。

圖片請見下一頁 👉

6 人份

水煮
蛋凍

準備時間：20 分鐘
烹調時間：6 分鐘
靜置時間：12 小時

◆

極鮮蛋 6 顆
生火腿 2 片
5 公釐的西班牙臘腸 1 片

紅蘿蔔 1 條
油漬嫩朝鮮薊 2 顆
蒜頭 1 瓣
蝦夷蔥 6 株
凍醬 300 毫升

◆

- 把蛋放進滾燙的鹽水裡煮 6 分鐘，取出後泡冷水降溫，小心剝開蛋殼。紅蘿蔔削皮切成小塊。朝鮮薊和辣腸也切小塊，生火腿每片切成 3 條。

- 蒜頭剝皮切碎。加熱融化凍醬，加入蒜蓉、紅蘿蔔、朝鮮薊和切碎的蝦夷蔥。

- 取 6 個容器，在底部鋪上一層凍醬和蔬菜，放到冰箱讓凍醬變固態。把蛋放在中央，外圍擺一圈生火腿，再用凍醬補滿，加入一點辣腸。最後置於冷藏 12 小時。

圖片請見下一頁 👉

6 人份

魔鬼
蛋

準備時間：15 分鐘
烹調時間：9 分鐘

極鮮蛋 12 顆 + 蛋黃 1 顆
法式芥末醬 1 湯匙
酒醋 1 茶匙
松子 50 克
葡萄籽油 300 毫升
龍蒿 3 株
鹽、粗磨胡椒

◆

- 把 12 顆蛋放進滾燙的鹽水裡煮 9 分鐘，取出後泡冷水降溫。剝去蛋殼後沿長邊切成兩半，取出蛋黃備用。

- 把生蛋黃、芥末醬和酒醋攪打成美乃滋。持續攪拌，加入葡萄籽油，再和 3/4 的蛋黃一起拌勻。做好後放進擠花袋中，擠回空心的蛋白，再加 1 匙龍蒿、一點胡椒、剩下的熟蛋黃和松子。

6 人份

紅酒燉
蛋

準備時間：10 分鐘
烹調時間：50 分鐘

極鮮蛋 6 顆
燻五花肉 150 克
蘑菇 150 克
珍珠洋蔥 150 克
蒜頭 2 瓣
麵粉 1 湯匙
奶油 50 克
高級紅酒 600 毫升
糖 1 茶匙
青蔥 2 根

◆

- 五花肉切成細條狀。洋蔥和蒜頭去皮。蒜頭和蘑菇一起切成薄片。把這些食材和奶油一起翻炒幾分鐘。加入麵粉、糖，倒入紅酒，小火燉煮 45 分鐘，調味。收汁後的醬應該變得濃稠。用稍微冒泡的熱醋水煮蛋 4 分鐘。取一個陶瓷盅盛裝一點紅酒醬，撒一點碎青蔥。

圖片請見下一頁 ☞

6 人份

涼拌
根芹菜

準備時間：25 分鐘
烹調時間：10 分鐘

根芹菜 1 顆
一顆檸檬份量的原汁
皺葉巴西里 6 株
蛋黃 1 個
梅爾福（Melfor®）芥末 1 湯匙
醋 1 茶匙
葡萄籽油 250 毫升
橄欖油 1 湯匙
杏仁 80 克
鹽、胡椒

◆

- 將杏仁放入烤箱中，以 200℃ 烤 10 分鐘上色。根芹菜削皮後銼成絲，加入檸檬汁。
- 用生蛋黃、芥末醬、油和酒醋做出美乃滋，調味。細切巴西里。
- 把所有食材拌在一起，享用前加上烤過的杏仁。

·································

看似過時實則時髦的前菜

這道涼拌根芹菜看似古老，卻能輕鬆變身為非凡佳餚。

可以加上鮭魚卵或烏魚子為它添加一點海味，如果口袋夠深，也可以加上魚子醬。還有煙燻鴨胸、肥豬肉丁和肉乾也都很搭，很適合一起上桌。

6 人份

醋味
韭蔥

準備時間：20 分鐘
烹調時間：20 分鐘

有機大韭蔥 6 根
水煮蛋 2 顆
季末蕃茄 2 顆
青蔥 3 根
西洋芹 1 根
龍蒿芥末 1 茶匙
胡桃油 3 湯匙
鹽、胡椒

◆

- 烤箱預熱至 190℃。韭蔥從蔥白上方 5 公分處切開。將洗乾淨的蔥白刷上一層胡桃油後放入烤箱 20 分鐘。取出放在室溫中放涼。
- 把西洋芹的莖部、青蔥和蕃茄切成小塊。用叉子把蛋壓碎，與芥末和胡桃油拌勻，調味。
- 翻開韭蔥的第一層葉子，填入做好的龍蒿芥末油醋醬。裝盤上桌。

6 人份

蕃茄
沙拉

準備時間：15 分鐘

◆

完全成熟且在土地上生長（非攀藤）的蕃茄 1 公斤
橄欖油 150 毫升
美味巴薩米克酒醋 2 湯匙
帶葉小洋蔥 3 顆
羅勒 1 束
鹽之花，粗磨胡椒

- 摘除蕃茄蒂頭，上方劃開幾刀。放入滾水中幾秒，取出後馬上降溫。撕開外皮，切成圓片、小瓣和大瓣各種大小。
- 加入油、醋、一點鹽之花和粗粒胡椒調味。洋蔥切絲。上桌時也準備一根長棍，用來抹掉盤底剩下的蕃茄風味醋。

大盤小菜

蕃茄沙拉是一道很有高度的菜，產季很短，不可能一整年都看到。

蕃茄的風味需要靠陽光蘊育，因此只有在春季暖風吹拂、夏季熱氣蒸騰和秋季暖陽照耀後才有可能長成美味蕃茄。

餐酒搭配

CÔTES de
PROVENCE
普羅旺斯丘
粉紅酒

AOC 1937年

◆

47°19' 0.001"
北緯

5°1' 0.001"
東經

熟練葡萄栽植者辛勤工作的成果
品種：仙梭（*cinsault*）、格那希（*grenache*）

太陽在高點上演奏，這是大規模南北遷徙的時節，也是粉紅酒的時節。但這酒不是普通的粉紅酒，是心中哼唱著蟬鳴的酒，是正嗅聞著聖博姆（Saint-Baume）山巒並感受著聖維克多（Sainte-Victoire）山氣息的酒，是受親和的密斯脫拉風（mistral）吹拂，正表現出其原生風土的酒。普羅旺斯粉紅酒每年生產超過 1.5 億瓶，佔普羅旺斯丘「區」73.5％的量。它主要以仙梭與格那希加上若干次要的品種釀製而成。黑葡萄皮的色素賦予這款酒單純的色澤。此釀酒技術包括直接壓榨葡萄形成淡色的粉紅酒，或者浸漬葡萄皮形成色澤較濃豔的粉紅酒。這款成為地中海代名詞的酒，藉助熟練葡萄栽植者的辛勤工作而佔有一席之地，如今已被認為是陽光和煦的戶外餐桌上必備的佳釀。

6 人份

蕃茄
冷湯

準備時間：20 分鐘
烹調時間：2 小時
靜置時間：1 晚

◆

蕃茄 1.5 公斤
無花果乾 200 克
黃金葡萄乾 150 克
洋蔥 3 顆

肉桂粉 1 湯匙
芫荽籽 1 湯匙
咖哩粉 1 湯匙
薄荷葉 8 片
帶葉小洋蔥 1 顆
瑞可塔乳酪 250 克
橄欖油 100 毫升 +100 毫升
鹽、胡椒

◆

• 洋蔥剝皮後和蕃茄一起切成薄片，無花果乾剁碎。

• 用 100 毫升的橄欖油開小火翻炒洋蔥 10 分鐘，加入蕃茄、無花果、葡萄乾和所有香料，再用小火燉煮 2 小時。調味後放入冰箱冷藏一晚。

• 小洋蔥切成薄片，薄荷切碎，兩者和油、瑞可塔乳酪一起拌勻，調味。搭配 1 匙瑞可塔乳酪享用。

圖片請見下一頁 ☞

6 人份

涼拌
蘿蔔絲

準備時間：15 分鐘

紅蘿蔔 800 克
黃金葡萄乾 80 克
去籽塔加斯卡橄欖（olives taggiasche）80 克
蝦夷蔥 6 株

一顆檸檬份量的原汁
楓糖 1 湯匙
橄欖油 150 毫升
壽司醋 3 湯匙
鹽、胡椒

◆

• 蘿蔔削皮後銼成絲。細切蝦夷蔥。將檸檬汁、楓糖、油和醋拌成油醋醬。所有食材拌在一起後調味。

圖片請見下一頁 ☞

6 人份

綠蘆筍
沙拉

準備時間：10 分鐘
烹調時間：5 分鐘

綠蘆筍 24 根
熟成蕃茄 2 顆
茴香球莖 1 小顆
水煮蛋 3 顆
櫛瓜 1 小根
紅蔥 1 顆

帶梗酸豆 80 克
法式白火腿片 1 片（厚）
皺葉巴西里 6 株
橄欖油 150 毫升
蘋果醋 2 湯匙

◆

• 切掉蘆筍的老梗，削掉皮，放進沸騰的鹽水裡煮 5 分鐘。取出後冰鎮降溫，瀝掉水份。蕃茄切丁，茴香和櫛瓜切成薄片。紅蔥細切，火腿片切成丁，巴西里剁碎。水煮蛋壓碎。把所有食材和油、醋一起拌勻，調味後鋪在蘆筍上。

圖片請見下一頁 ☞

6 人份

野生
蘆筍

準備時間：10 分鐘
烹調時間：15 分鐘

野生蘆筍 3 束
蛋 6 顆
洋蔥 4 顆
杏仁 30 克
榛果 30 克
花生 30 克
蜂蜜 1 湯匙
橄欖油 100 毫升 +100 毫升
鹽之花

◆

- 滾水煮蛋 6 分鐘，取出後馬上降溫，小心剝去外殼。

- 蘆筍放進沸騰的鹽水裡燙 1 分鐘，取出降溫，瀝乾。洋蔥去皮切成薄片，用橄欖油開大火炒 2 分鐘。把所有堅果放入鍋裡，加入蜂蜜，小火炒 5 分鐘，直到聞出焦糖味。

- 用剩下的橄欖油炒一下蘆筍 1 分鐘。搭配半熟水煮蛋和堅果洋蔥醬一起享用。

蘆筍躲貓貓

春天已悄悄探出頭，喚醒了我們對美食的渴望與對健康飲食的要求。略帶涼意的陽光邀請我們出門散步，尚未收起的靴子再次派上用場，用來踏遍蘆筍最愛的沙質土地。

採摘蘆筍的季節開始了。眼睛得放亮才能看見躲在灌木叢裡的它們，有點像秋季尋找菇類，每個人都有自己的秘境，沒有外人可以踏足。

野生蘆筍的特點在於不需要削皮，生吃或用橄欖油炒過都很美味，而且不花一毛錢。

6 人份

豬油
蘆筍

準備時間：20 分鐘
烹調時間：25 分鐘

白蘆筍 24 根
燻五花肉 12 片
洋蔥 4 顆
莫城（Meaux）芥末 4 湯匙
麵粉 1 湯匙
奶油 50 克
麝香葡萄酒 200 毫升
鮮奶油 400 毫升
鹽

◆

- 切掉蘆筍的老梗，削掉皮，放進沸騰的鹽水裡煮 15 分鐘，取出後冰鎮降溫。

- 洋蔥去皮切成薄片。把五花肉放在平底鍋裡煎過，拿出來後，把奶油、洋蔥放進同一個鍋子裡，用大火翻炒 5 分鐘上色。加入麵粉，刮一下黏在鍋底的濃稠汁液，倒入麝香葡萄酒融和香氣，再加入鮮奶油，小火煮 5 分鐘。

- 加入芥末、鹽，再將蘆筍放進醬裡加熱，最後放上五花肉片。

📖 圖片請見上一頁

6 人份

蘆筍
佐慕斯琳醬

準備時間：15 分鐘
烹調時間：15 分鐘

白蘆筍 24 根
蛋 2 顆
法式芥末醬 1 湯匙
葡萄籽油 200 毫升
一顆檸檬份量的原汁
蝦夷蔥 6 株
橄欖油 1 湯匙
鹽、胡椒

◆

- 切掉蘆筍的老梗，削掉皮，放進沸騰的鹽水裡煮 15 分鐘，取出後冰鎮降溫。

- 分開蛋黃和蛋白。蛋黃和芥末、檸檬汁、葡萄籽油一起，用打蛋器打成美乃滋。細切蝦夷蔥。

- 蛋白硬式打發，仔細切拌混入美乃滋，加入蝦夷蔥，調味。

- 在蘆筍上蓋一層醬，再淋一絲橄欖油。

6 人份

菠菜
沙拉

準備時間：15 分鐘
烹調時間：20 分鐘

紅洋蔥 6 個
嫩菠菜 3 把
芝麻 3 湯匙
奶油 80 克
紅糖 2 湯匙
薑粉 1 茶匙
鹽、胡椒

◆

- 從頂部剝開紅洋蔥的皮，保留底座的部分。切成四瓣後放進平底鍋。加入奶油、糖、薑粉，蓋上一層水，再蓋一層防沾烤紙，在中間戳出一個洞，小火煮 20 分鐘，直到水份完全蒸發再小心地將洋蔥翻面。撒上芝麻，調味。

- 把常溫的洋蔥和嫩菠菜拌勻享用。

願菠菜神力與你同在[23]

讓我們來看看菠菜的歷史。一般對於菠菜的看法都認為它是最能補鐵的食材，可是事實上並非如此。大力水手卜派吃了菠菜後就能擁有神力，這個形象也讓人忘了它真正的營養價值。

菠菜最早來自伊朗，主要作為胃痛時的敷泥。它對人體器官有很多好處：熱量低，富含維他命 K、B9 和 C（前提是要生吃）。嫩菠菜可以做成沙拉，也可以加奶油炒，為這道菜「加油」！

---

[23] 注：這是《星際大戰》的梗——「願原力與你同在」。

圖片見下一頁

6 人份

吉康菜橄欖
沙拉

準備時間：10 分鐘

吉康菜 6 大個
濃稠鮮奶油 200 克
紅蔥 1 顆
綠皮檸檬 2 顆
去籽塔加斯卡橄欖（olives taggiasche）80 克
橄欖油 100 毫升
煙燻紅椒粉 1 茶匙
鹽、胡椒

◆

• 取用 2 個檸檬的皮屑和汁。紅蔥剝皮後細切。

• 把橄欖油、鮮奶油、紅蔥和檸檬汁一起拌勻，調味。

• 摘下吉康菜的葉片，一片一片放到盤子裡。淋上剛才做好的檸檬醬，放幾顆橄欖，再撒上檸檬皮屑和紅椒粉。

紮實、新鮮、輕盈

吉康菜是所有的蔬菜中熱量最低的，主要是水和纖維，所以才有那麼紮實的口感，也帶來滿滿的飽足感。正因如此，吃吉康菜時，允許自己多加一點鮮奶油也不會有太大的罪惡感。

6 人份

醋味
朝鮮薊

準備時間：10 分鐘
烹調時間：30 分鐘

朝鮮薊 6 個
帶葉小洋蔥 4 顆
莫城（Meaux）芥末 2 湯匙
橄欖油 200 毫升
去籽塔加斯卡橄欖（olives taggiasche）80 克
鹽之花

◆

• 用沸騰的鹽水煮朝鮮薊 30 分鐘，直到變軟。把所有食材切碎，拌入芥末和油。

• 在朝鮮薊上淋一些做好的酒醋。

開胃小菜的好伙伴

經常被嫌棄的朝鮮薊其實是很棒的開胃小菜，可以成為客廳矮桌上最無負擔且最有創意的小吃。

圖片請見上一頁

6 人份

油香紫色
朝鮮薊

準備時間：20 分鐘
烹調時間：15 分鐘

紫色朝鮮薊 18 個
燻五花肉 12 片
一顆檸檬份量的原汁
羅勒 1 束
紅蔥 3 顆
橄欖油 150 毫升
鹽之花

◆

- 切掉朝鮮薊的莖，只留下離葉心 3 公分的長度，切掉外層的葉子，直到剩下中心米白色的軟葉。再切掉頭部約 1 公分的葉子。轉向，用削皮刀削去底部較粗的表皮。沿長邊切開。把朝鮮薊泡進冰檸檬水中備用。

- 紅蔥剝皮後切成薄片。用橄欖油開大火翻炒 5 分鐘，加入五花肉和朝鮮薊，小火續炒 10 分鐘。用鹽之花調味後再撒上幾片羅勒葉。

6 人份

胭脂
洛克福

準備時間：15 分鐘

紅色吉康菜 6 個
史密斯青蘋果 2 顆
洛克福乳酪（roquefort）150 克
帶葉小洋蔥 2 顆
蔓越莓乾 2 湯匙
一顆檸檬份量的原汁
楓糖 1 湯匙
橄欖油 150 毫升
鹽、胡椒

◆

- 把 5 個吉康菜切成小塊，最後一個剝開成一片一片。小洋蔥切片。把楓糖、檸檬汁和橄欖油拌在一起。蘋果切成丁。把小塊吉康菜、蘋果、油醋、小洋蔥、蔓越莓乾拌在一起，撒上乳酪。把胭脂色的吉康菜葉擺在沙拉盆裡，淋上一絲橄欖油，再把剛才拌好的沙拉放在中間，調味。

苦味的平衡

紅色吉康菜是一種味道較苦的品種，加了楓糖後可以調整口味。光是紅色吉康菜也有很多品種，每一種的口感和形狀都不太一樣，做出來的沙拉變成天然畫作，帶來令人驚豔的味覺體驗。

圖片請見下一頁 ✍

6 人份

塔布豆
沙拉

準備時間：15 分鐘
浸泡時間：24 小時
烹調時間：1 小時 10 分鐘

乾燥的塔布豆 350 公克
洋蔥 1 顆（插 6 個丁香）
帶骨風乾火腿 1 隻（300 克）
榛果 50 克
西洋芹 1 根
綜合香草 1 束
白色小洋蔥 3 個
榛果油 4 湯匙
葡萄籽油 2 湯匙
葡萄酒醋 2 湯匙
鹽、胡椒

◆

- 把塔布豆放在一大盆水裡浸泡一晚，直至體積漲成兩倍。

- 用水清洗塔布豆，開小火和西洋芹、插了丁香的洋蔥、香草束、風乾火腿一起燉煮 1 小時。確認熟度，加鹽調味後繼續泡在鍋子裡。沖洗豆子，調味。洋蔥切絲，火腿切成條狀，榛果進烤箱用 200℃ 烘烤10 分鐘。

- 把油和醋一起拌成油醋，加入塔布豆裡調味，再加上火腿、榛果和洋蔥。

6 人份

馬鈴薯
沙拉

準備時間：20 分鐘
烹調時間：25 分鐘

稚幼馬鈴薯[24] 1 公斤
豌豆 500 克
紅洋蔥 1 個
新鮮五花肉 200 克
菜籽油 4 湯匙
蘋果醋 2 湯匙
鹽、胡椒

◆

- 用大量的鹽水煮馬鈴薯 20 分鐘。請注意馬鈴薯的大小會影響水煮的時間，可以用一把刀子插入馬鈴薯確認，要保持一點緊實度，停火後馬上降溫，削皮。剝出豌豆，用鹽水煮 1 分鐘，取出降溫。紅蔥剝皮後切片。

- 把五花肉切成細條狀。

- 用橄欖油炸五花肉，再往鍋裡倒蘋果醋融和香氣，最後把所有的食材放進熱油裡拌一拌，調味。

不一樣的馬鈴薯

法國有兩種受原產地名保護（AOC）的稚幼馬鈴薯：雷島（ile de Ré）和胡西永（Roussillon）。這種馬鈴薯的皮很薄，肉質入口即化……吃下肚後甜在心。

---

[24] 注：長出來 90 天就採收的小馬鈴薯，通常帶皮一起吃。

圖片請見上一頁

6 人份

四季豆
沙拉

準備時間：15 分鐘
烹調時間：20 分鐘

極嫩四季豆 1 公斤
鹽漬鯷魚 18 條
紅蔥 3 顆
青蔥 2 根
帕瑪森乳酪 100 克
橄欖油 150 毫升
一顆檸檬份量的原汁
鹽、胡椒

◆

- 除去豆莢兩邊的筋絲，用大量的水煮 10 分鐘，不要煮過頭。取出後冰鎮降溫。

- 煮四季豆時，剝掉紅蔥的皮，用橄欖油開小火翻炒 10 分鐘軟化。

- 把炒好的紅蔥倒在四季豆上，加入鯷魚、檸檬汁、蔥花和帕瑪森乳酪薄片。稍微調味即可，因為鯷魚本身就有鹹度了。

6 人份

香草扁豆
沙拉

準備時間：15 分鐘
烹調時間：25 分鐘

普伊綠扁豆（lentilles vertes du Puy）400 克
洋蔥 2 顆
櫛瓜 2 小根
吃剩的長棍麵包
橄欖油 100 毫升
蒜頭 3 瓣
莫城（Meaux）芥末 1 湯匙
胡桃油 2 湯匙
葡萄籽油 2 湯匙
Viandox® 肉汁調醬 2 湯匙
薄荷葉 8 片
皺葉巴西里 4 株
龍蒿 3 株
鹽、胡椒

◆

- 用一大鍋水煮扁豆和 2 個洋蔥 20 分鐘，煮完的口感應該還有點紮實偏脆。洗淨扁豆。

- 烤箱預熱 200℃。把麵包切成小塊。蒜蓉和麵包一起混拌後加入橄欖油，確實拌勻，再放進烤箱烤 5 分鐘上色。

- 把油、芥末、肉汁調醬一起拌成油醋。倒入扁豆中調味，再加上切碎的香草、切成小塊的櫛瓜、烤過的麵包塊。

    請注意：煮扁豆的水不可以加鹽，否則扁豆的皮會變硬，沒有辦法均勻受熱。

6 人份

骨髓

準備時間：10 分鐘
烹調時間：15 分鐘

◆

側邊切開的骨髓 6 根
厚片西班牙臘腸 6 片
蝦夷蔥 6 株
鹽之花

・ 骨頭用電鍋蒸 10 分鐘。將西班牙臘腸切成小塊，蝦夷蔥切碎。把這兩種食材放在骨頭上，用烤箱烤 5 分鐘，與烤麵包一起享用。

隨和的骨髓！

骨髓可以隨心所欲搭配許多食材享用，可以嘗試檸檬、酸豆、蒜味巴西里醬、松子、榛果、薑……骨髓是種很好相處的食材，不妨試一試。

先好好了解一下今日主角。要嘛食髓知味，要嘛味如雞肋，沒有模糊的空間，有的人愛之惜之，有的人則碰都不碰。

餐酒搭配

№ 26

SAINT ROMAIN
聖侯曼

AOC 1947年

◆

45° 47' 7.57"
北緯

71° 5' 34.883"
西經

造就頂級酒款的小原產地命名區
品種：夏多內（*chardonnay*）

聖侯曼（Saint-Romain）酒發祥於伯恩（Beaune）丘的陡坡上。這片產區綿延超過 150 公頃，葡萄樹栽植於海拔 200 至 400 公尺間，以所在的村莊作為葡萄栽植的標誌。聖侯曼的白酒佔這個產區 60%的產量。

這款酒無疑由夏多內品種釀製而成，具有礦物質感、年輕，以及隨著陳年會更加圓潤、甜美的特性。酒標上通常會顯示酒的葡萄栽植風土，指的是產地的特徵……

正是這些風土特性使葡萄栽植者得釀製出獨樹一格的酒。佩里耶園（La Perrière）、城堡下（Sous le Château）、岩底下（Sous Roche）、普伊朗治（Pouillange）……等稱號等同於葡萄生長地的額外指示，如陽光照射方位、土壤類型與具體位置。

圖片請見下一頁 👉

6 人份

羔羊

腦

準備時間：20 分鐘
烹調時間：15 分鐘

羔羊腦 6 個
麵粉 4 湯匙
蛋 3 顆
乾麵包片（biscottes）3 片 [25]
帶葉小洋蔥 4 顆
醋漬酸豆 2 湯匙
酒醋 100 毫升
一顆檸檬份量的原汁
奶油 150 克
炸油
鹽、胡椒

◆

- 削去羊腦表面的薄膜，盡量取出血管，以醋水清洗後擦乾。

- 把蛋打散，乾麵包片也壓碎。羊腦依序沾裹麵粉、蛋液和乾麵包粉後放進冰箱冷藏備用。

- 小洋蔥切片，用奶油開小火翻炒 10 分鐘。加入酸豆和檸檬。把羊腦放進熱油中炸 5 分鐘，調味，淋上一點檸檬奶油醬。

---

6 人份

豬腳

準備時間：15 分鐘
烹調時間：4 小時

豬腳 6 隻
洋蔥 3 顆
紅蘿蔔 3 條
綜合香草 1 束
乾麵包片 3 片
法式芥末醬 2 湯匙
粗粒鹽

格里畢許醬（gribiche）

蛋黃 1 個
法式芥末醬 1 湯匙
葡萄酒醋 1 湯匙
葡萄籽油 200 毫升
酸黃瓜 1 湯匙（切碎）
酸豆 1 湯匙
紅蔥 1 顆
龍蒿 6 株
鹽、胡椒

◆

- 豬腳兩兩相對綁好。洋蔥、紅蘿蔔去皮後切成薄片。將豬腳放進燉鍋裡，加入洋蔥、紅蘿蔔和香草束。加入三倍的水，放粗粒鹽，蓋上鍋蓋，用小火燉煮至少 4 個小時，要把豬腳煮到軟爛。

- 烤箱預熱 200℃。把豬腳上的水份瀝掉，刷一層芥末，裹上壓碎的乾麵包粉。烘烤 10 分鐘。

- 用生蛋黃、芥末醬、油和酒醋打成美乃滋。調味後加入碎紅蔥、碎龍蒿、酸豆和酸黃瓜。把做好的格里畢許醬淋在豬腳上，搭配美味沙拉一起上桌。

---

[25] 注：biscottes 是一種在超市可以買到的烤乾吐司，通常會在早餐時搭配奶油或果醬。

圖片請見上一頁

6 人份
小牛蹄
沙拉

準備時間：30 分鐘
烹調時間：4 小時
靜置時間：1 小時

煮過且對切的小牛蹄 2 隻
2 顆洋蔥插上 4 個丁香
紅蘿蔔 4 條
蒜頭 4 瓣
綜合香草 1 束
白葡萄酒 300 毫升
莫城（Meaux）芥末 2 湯匙
葡萄酒醋 2 湯匙
橄欖油 3 湯匙
葵花油 1 湯匙
龍蒿 4 株
鹽、胡椒

◆

- 蒜頭、紅蔥剝皮切片。用白酒和水（2 倍）蓋過小牛蹄、紅蘿蔔、插了丁香的洋蔥、香草束、蒜頭，加一點鹽後蓋上鍋蓋，開小火煮 4 個小時。關火後放置 1 個小時，降到常溫。
- 去掉小牛蹄的骨頭後，肉切大塊，跟醋一起拌一拌。摘下龍蒿葉，和芥末、油一起拌勻。所有食材拌在一起，調味。

里昂小酒館（BOUCHON）的經典菜餚

小牛蹄沙拉是里昂的經典菜餚，經常出現在里昂小酒館的菜單上。

跟其他小酒館的料理一樣，小牛蹄沙拉一開始也是窮人在吃的，用的是肉舖裡最賣不掉的部位。這是一道能讓你吃飽吃好的菜，吃下小牛蹄，就能讓你踏歌而行，雀躍不已。

6 人份
自製豬鼻肉
沙拉

準備時間：20 分鐘
烹調時間：4 小時
靜置時間：24 小時

豬耳朵 4 付
豬鼻 2 個
洋蔥 2 顆
蒜頭 4 瓣
紅蘿蔔 2 條
帶葉小洋蔥 2 顆
酸黃瓜 2 湯匙
葵花籽 2 湯匙
新鮮百里香 1 株
法式芥末醬 1 湯匙
葡萄酒醋 1 湯匙
葵花油 4 湯匙
鹽、胡椒

◆

- 蒜頭、洋蔥、紅蘿蔔去皮切片。裝一大鍋水，將豬耳朵、豬鼻、蒜頭、洋蔥、紅蘿蔔都放進去，開小火煮 4 小時。瀝乾水份後放進一個醬糜模型裡，確實壓牢，放進冰箱冷藏 24 小時。
- 烤箱預熱 200℃。將葵花籽放進烤箱烘烤 5 分鐘。小洋蔥切片，酸黃花切塊，摘下百里香的葉子。把醋、油、芥末一起拌成油醋。把醬糜裡的肉切成片，和所有食材拌在一起，調味。

圖片見下一頁 ☞

6 人份

烤砂囊

準備時間：15 分鐘
烹調時間：20 分鐘

油封砂囊 300 克
紅椒 2 個
青椒 1 個
紅洋蔥 2 個
薄荷葉 10 片
橄欖油 100 毫升
波特白酒 150 毫升
鹽、胡椒

◆

- 洋蔥剝皮後切片。青椒、紅椒切成長條狀。全部放進鍋裡，用橄欖油開大火翻炒 5 分鐘。加入油封砂囊，連油一起煮 5 分鐘。加入薄荷葉、波特白酒，小火續煮 10 分鐘。調味後趁熱享用。

硬邦邦的砂囊

禽類動物的砂囊是一塊堅硬而強壯的肌肉，作用本是磨碎食物（例如種子）。

飛禽會吞食小石子，儲存在砂囊中，幫助磨碎種子。吞下去的石子在完全磨損後會自然排出。因此，煎炒過的砂囊是沒辦法下肚的，它需要用油封的方式長時間烹煮，才能充份軟化。

6 人份

家禽肝
和菠菜

準備時間：10 分鐘
烹調時間：15 分鐘

禽類的肝 800 克
嫩菠菜 4 把
紅蔥 6 顆
奶油 50 克
雞高湯 200 毫升
白蘭地 50 毫升
鹽之花

◆

- 先確認膽囊已摘除後，把肝對切。紅蔥去皮後切片，用奶油開小火翻炒 10 分鐘上色。加入肝，大火翻炒 5 分鐘上色，肉應該略帶粉紅。用白蘭地炙燒，加入雞湯融和鍋底香氣。

- 把嫩菠菜擺進沙拉盆裡，放入紅蔥肝，把鍋裡的汁倒入盆中（這些熱汁會軟化燙煮菠菜），用鹽之花調味。

👉 圖片請見上一頁

6 人份

蘑菇
蝸牛

準備時間：10 分鐘
烹調時間：20 分鐘

布根地蝸牛 5 打
深褐色蘑菇[26] 300 克
蒜頭 4 瓣
帶葉小洋蔥 3 顆
茴香酒 50 毫升
白葡萄酒 150 毫升
鮮奶油 400 毫升
奶油 50 克
麵粉 1 湯匙
鹽、胡椒

◆

- 菇洗淨後切片。蒜頭和小洋蔥去皮後切片。全部放進鍋裡，用奶油開小火炒 10 分鐘。加入蝸牛後，用茴香酒炙燒，再加入麵粉，小火炒 5 分鐘上色。

- 加入白葡萄酒融和鍋底香氣，再加入鮮奶油，開小火煮 5 分鐘，煮成一鍋穠稠的醬，調味。

6 人份

帶殼
蝸牛

準備時間：5 分鐘

蝸牛 6 打
半鹽奶油 250 克
巴西里半束
蒜頭 3 瓣
紅蔥 2 顆
胡椒

◆

- 紅蔥、蒜頭去皮後切碎，巴西里也是，切碎後與常溫奶油一起混合，再加入紅蔥和胡椒。每個殼裡放回一隻蝸牛（蝸牛要先挖出來煮過），再用剛才做好的奶油填滿，放進冰箱保鮮。把蝸牛放在烤盤上，以 200℃ 烘烤 5 分鐘。取出後馬上享用。別忘了準備一些美味麵包，用來把蒜頭奶油刮乾淨。

撿拾季開始

布根地蝸牛除了繁殖季（4 月 1 日至 6 月 30 日）外，一整年都可以「收成」。要 4 公分以上的蝸牛才能取來料理。蝸牛抓來後要放在一個封閉且鋪了草的箱子裡絕食 10 天。

如果鋪的是香草，那麼蝸牛就會有不一樣的味道。絕食結束後，要把蝸牛清洗乾淨，然後放到一個裝了醋的桶子裡，加一點鹽，讓蝸牛排出黏液。再清洗一次，然後放在加了香草的高湯裡燉煮 1 小時 30 分鐘，就可以拿來烹飪了。

---

[26] 注：在台灣也叫波特菇。

6 人份

東布DOMBES 風味
青蛙

準備時間：10 分鐘
烹調時間：10 分鐘

◆

青蛙腿 30 支
奶油 100 克
蒜頭 8 瓣
巴西里 1 束
麵粉 100 克
鹽之花、胡椒

• 用吸水力強的餐巾紙把蛙腿吸乾。裹上一層麵粉。融化奶油，煮到冒泡時，加入蛙腿，把一邊煎成金黃色後翻面，加入蒜頭和巴西里，再煎 5 至 7 分鐘，直到兩邊都呈金黃色。趁熱上桌。

選購青蛙

新鮮的青蛙今日已變成稀有且昂貴的食材，但品質不錯且價格合理的冷凍青蛙就相對容易找到了。解凍青蛙的方法是把牠們泡在常溫的牛奶中，然後放在冰箱裡逐漸退冰。

解凍後的青蛙要用紙巾完全吸乾水份，接著就可以烹煮出一道美味佳餚了。

餐酒搭配

№27

MUSCADET
蜜思卡得
相當清新
AOC 1937年

◆

47° 13' 6.136"
北緯

1° 33' 13.036"
西經

正風行的「小酒」
品種：布根地香瓜（*melon de Bourgogne*）

蜜思卡得是大西洋羅亞爾省（Loire-Atlantique）的一個葡萄栽植區，這裡生產的白酒釀自單一布根地香瓜品種。正如其名所示，它源於布根地地區，但為了尋找更有利的風土離鄉背井。蜜思卡得葡萄栽植區劃分為數個 AOC 區，包括蜜思卡得 - 塞夫爾與曼恩（muscadet-sèvre-et-maine）、蜜思卡得 - 格朗略丘（muscadet-côtes-de-grandlieu）及蜜思卡得 - 羅亞爾丘陵地（muscadet-coteaux-de-la-loire）。幸賴一代接一代自我要求嚴格的葡萄栽植者，以及新釀酒技術的使用（橡木桶陳釀、浸漬、引發冒泡的酒泥陳釀……等），蜜思卡得才能再現風華。

圖片請見下一頁 ☞

6 人份

茴香燻
鰻魚

準備時間：10 分鐘
靜置時間：1 小時
烹調時間：15 分鐘

燻鰻魚 300 克
茴香球莖 1 顆
扁莢菜豆 200 克
未經化學加工處理的綠皮檸檬 2 個
糖 3 湯匙
壽司醋 3 湯匙
芫荽 6 根
鹽、胡椒

◆

• 茴香球莖切片後泡在冰水裡 1 小時。用鹽水煮扁莢菜豆 15 分鐘，取出後冰鎮，再切成小圓筒塊狀。

• 把糖、米醋、檸檬皮屑和檸檬汁拌成油醋。把所有的蔬菜和油醋拌勻，調味，把鰻魚一條一條擺好，再撒上芫荽碎葉。

6 人份

黑線鱈生魚HADDOCK
沙拉

準備時間：15 分鐘

黑線鱈魚排 500 克
史密斯青蘋果 2 顆
鹽角草 150 克
羊萵苣 1 把
蛋黃 1 個
法式芥末醬 1 湯匙
橄欖油 200 毫升
塔巴斯科辣椒醬（Tabasco®）1 絲
一顆檸檬份量的原汁
胡椒

◆

• 將鱈魚的皮去掉，切成小塊。蘋果也切成同樣大小。鹽角草切碎。

• 把蛋黃、檸檬汁、芥末與塔巴斯科醬拌在一起，加入橄欖油後用打蛋器確實拌勻。接著放入所有食材，再加上胡椒，與未調味的羊萵苣一起享用。

船長特選

haddock 是一種經過鹽漬、煙燻的鱈魚製品，有的會染色。只經過煙燻處理的白色黑線鱈保留了原始的顏色，經過染色的則會變成橘色。

這種魚的魚肉透明結實，適合各種烹飪方式。生食時，可以用來點綴夏季的沙拉；稍微用牛奶煮過的則可以搭配蒸好的馬鈴薯；用奶油煎過後也很百搭，足以驚豔你的味蕾。

圖片請見上一頁

6 人份

北歐鹽漬
鮭魚

準備時間：20 分鐘
醃製時間：12 小時

鮭魚排 800 克
粗鹽 4 湯匙
紅糖 4 湯匙
粗磨胡椒 2 湯匙
瑞可塔乳酪 150 克
芫荽 6 根
紅蔥 1 顆
蜂蜜 1 湯匙
史密斯青蘋果 1 顆
橄欖油 3 湯匙

◆

- 在魚肉那一面蓋一層鹽巴、胡椒和糖。擺在盤子裡，用保鮮膜封好後放進冰箱冷藏 12 個小時。

- 隔天用大量的水洗淨魚排，重覆 3 至 4 次，再用紙巾吸乾水份。紅蔥剝皮後細切。將瑞可塔乳酪和 3 湯匙的橄欖油、紅蔥、蜂蜜拌在一起，調味。將一半的芫荽和剩下的橄欖油放進調理機裡打碎。蘋果切成長條狀。

- 鮭魚切成 5 公釐厚的片狀，擺進盤子裡，撒一點芫荽、乳酪和蘋果，再淋上芫荽油。

6 人份

虜獲你心
章魚

準備時間：20 分鐘
烹調時間：2 小時

冷凍章魚 1 隻（2 公斤）
紅椒 3 個
蒜頭 3 瓣
紅蔥 2 顆
小蕃茄 200 克
帶葉小洋蔥 1 顆
橄欖油 200 毫升
鹽角草 1 把
綜合香草 1 束
鹽、胡椒

◆

- 章魚先用一大鍋鹽水和香草束開小火煮 2 個小時，關火後放在常溫處降溫。

切掉紅椒的蒂頭，每個紅椒裡放 1 顆蒜頭和剝了皮的紅蔥。烘烤 20 分鐘，紅椒外皮此時應該開始變黑了。把所有的食材放進料理機，加 100 毫升的橄欖油打碎，用濾網濾過，調味。

- 順著章魚的觸手切開，開大火用橄欖油煎 5 分鐘。將蕃茄對切，小洋蔥則切成薄片。

- 將紅椒泥放在盤子中央，放上一根觸手，再用小蕃茄、碎洋蔥、鹽角草點綴，最後淋上橄欖油。

6 人份

不黑心
烏賊

準備時間：20 分鐘
烹調時間：10 分鐘

烏賊白肉 800 克
洋蔥 3 顆
蒜頭 3 瓣
奶油 50 克
蒔蘿 1 束
白葡萄酒 100 毫升
鹽、胡椒

◆

• 烏賊切成長條狀。蒜頭、洋蔥剝皮切成薄片後開大
火用奶油翻炒 5 分鐘。加入烏賊，大火快炒幾分鐘，
倒入白酒融和香氣，繼續收汁直到沒有湯。加入碎
蒔蘿，調味，立即享用。

小心近墨者黑！

傳統的釣烏賊方法是用蝦餌垂釣，釣烏賊的時間不分
晝夜，特別是在春季，當烏賊靠近海岸時最好釣。

烏賊為了自衛和隱藏在海底會噴出著名的墨汁，因此
釣到後要小心處理。烏賊的處理方式是要從頭部取出
軟骨，去除囊袋上的皮，還有眼睛和觸手上的吸盤。

接著就可以根據時令決定如何料理了：生食，或是切
成小片煎幾分鐘，或用簡單的高湯煮半小時左右。

6 人份

螃蟹
蛋糕

準備時間：20 分鐘
靜置時間：1 小時
烹調時間：15 分鐘

蟹肉罐頭 300 克
蛋 2 顆
麵粉 200 克
第戎芥末 1 湯匙
青蔥 4 根
薑粉 1 茶匙
肉豆蔻粉 1 茶匙
煙燻紅椒粉 1 茶匙
巴西里 1 束
蒜頭 1 瓣
鮮奶油 100 毫升
檸檬 3 顆
葵花油 200 毫升
鹽、胡椒

◆

• 切蔥花。將蟹肉裡的水擠出（用力擠，不要客氣）
後和蔥花拌在一起，加入麵粉、香料和蛋，調味。
把麵團捏成大漢堡的型狀，做 6 個，放進冰箱冷藏 1
個小時。

• 蒜頭剝皮後切碎，加入鮮奶油中，煮滾。將巴西里
放進攪拌器裡，倒入滾燙的奶油，一起打碎，調味，
用細孔篩網過濾。

• 用不沾鍋將蟹肉蛋糕煎成金黃色，每一面大約 5 分
鐘。裝盤後和半顆檸檬、巴西里奶油醬一起上桌。

6 人份

油浸鯡魚

配馬鈴薯

準備時間：20 分鐘
靜置時間：幾天
烹調時間：20 分鐘

◆

燻鯡魚 1 公斤
紅蘿蔔 4 條
甜洋蔥 6 顆
芫荽籽 1 湯匙
薄荷 1 根
稚幼馬鈴薯 400 克
葡萄籽油 1 公升
龍蒿 1 束

- 去掉紅蘿蔔與洋蔥的皮，切薄片。將燻鯡魚切成菱形。用一個擀麵棍稍微壓碎芫荽籽。
- 將洋蔥、紅蘿蔔、鯡魚和龍蒿葉放在一個盤子裡，倒入葡萄籽油。冷藏數日。用一鍋泡了薄荷葉的滾水煮馬鈴薯 20 分鐘。放涼後上桌。

魔法燻鯡魚

燻鯡魚一般可以冷藏保存 3 個星期。這是一道瑞士刀式的前菜，隨時準備好應付各種突如其來的飯局。當然還是建議購買有紅標（Label Rouge）認證的高品質燻鯡魚。這個認證代表無可挑剔的品質。

鯡魚從北大西洋捕獲後會立即加工，並在 72 小時內急凍。魚貨從船上卸貨後會浸泡在傳統的鹵水中鹽漬，然後在稱為「coresses」的大型木製燒烤箱中燻製 24 小時。

№28

CERDON
瑟冬

AOC 1936年

◆

46° 05' 00"
北緯

49° 02' 30.9"
東經

低調的氣泡酒

品種：加美（*gamay*）、普薩（*poulsard*）

歡迎來到安（Ain）省的布傑（Bugey）產區，此產區自 1994 年起榮獲 AOC，瑟冬即是在侏羅山脈（massif du Jura）嶺南部的此產區所生產。取省道 D1084 直抵瑟冬，在村莊入口處左轉上省道 D11，便可欣賞眺望著村莊的丘陵地上所栽植的葡萄。這款低酒精濃度氣泡酒釀自加美與普薩紅葡萄。它以祖傳方式釀製而成，無添加糖或酵母，完全採自然發酵，呈現出美麗的粉紅色澤。水果風味與多樣的香氣可和緩大蒜的強烈氣味，氣泡彷如浮出表面的蛙鳴，有助於消化當日蛙類健腿特餐。

6 人份

魟魚醬糜

準備時間：15 分鐘
靜置時間：6 小時
烹調時間：25 分鐘

極鮮魟魚（胸鰭）1 公斤
扁莢菜豆 400 克
洋蔥 3 顆
橄欖油 100 毫升
帶葉小洋蔥 2 顆
酸豆 1 湯匙
鹽之花、胡椒

◆

- 滾水煮魟魚 5 至 7 分鐘，將魚皮和表面黏膜清掉，用一把叉子取下魚肉。小洋蔥切成薄片後和魚肉混拌，再加上酸豆，調整鹹度後放進醬糜模型裡確實壓牢，冷藏 6 小時備用。

- 洋蔥去皮後切薄片，開大火用橄欖油翻炒 5 分鐘。開大火，用一鍋沸騰的鹽水煮菜豆 15 分鐘，立即取出降溫，切細後和洋蔥拌在一起。

- 取出醬糜，搭配常溫洋蔥和菜豆享用。

6 人份

炸魚丸

準備時間：20 分鐘
烹調時間：20 分鐘

魚肉 400 克（鮭魚、去鹽鱈魚，或其他魚肉）
蛋 4 顆
麵粉 300 克
泡打粉 1 包
鮮奶油 200 毫升
牛奶 300 毫升
蒜頭 6 瓣
蝦夷蔥 1 株
埃斯佩萊特（Espelette）辣椒 1 茶匙
市售塔塔醬 3 湯匙
炸油
鹽、胡椒

◆

- 用一鍋牛奶加水和 6 顆去皮蒜頭小火煮魚 15 分鐘。

- 細切蝦夷蔥。將魚肉、蒜頭、麵粉、泡打粉、蛋、辣椒、蝦夷蔥和鮮奶油放進攪拌器裡，裝上攪拌勾拌到麵團無顆粒為止，調味。熱油鍋，用 2 隻湯匙把麵團做成魚丸狀，炸 5 分鐘。

- 趁熱搭配塔塔醬或辣醬享用。

6 人份

魚湯

準備時間：30 分鐘
烹調時間：1 小時

◆

岩礁魚類 1 公斤
韭蔥的蔥白部分 2 個
熟成蕃茄 4 顆
濃縮蕃茄糊 3 湯匙
洋蔥 3 顆
蒜頭 4 瓣 +1 瓣
茴香球莖 1 顆
馬鈴薯 2 顆
月桂葉 2 片
番紅花 1 份 +1 撮
蛋黃 1 個

法式芥末醬 1 湯匙
酒醋 1 茶匙
葡萄籽油 150 毫升
橄欖油 100 毫升
康堤乳酪絲 200 克
烤長棍麵包 18 片
鹽、胡椒

◆

• 切掉魚頭，清空內藏，刮除魚鱗。4 瓣蒜頭和所有洋蔥去皮切片。所有蔬菜切丁後放進一個燉鍋裡，先用橄欖油炒過後加入魚，加水蓋過所有食材，水位高度要比食材高 1/3。加入番紅花、濃縮蕃茄糊、月桂葉，調味。加蓋用小火煮 1 小時。全部打碎後用細孔篩網過濾，必要時可以調整味覺。

• 剩下的 1 顆蒜頭切成蒜蓉。把蛋黃、芥末、醋、蒜蓉和番紅花拌在一起，慢慢加入油，一邊用打蛋器攪拌，最後調味。

• 配幾片長棍麵包和番紅花蛋黃醬（la rouille）、康堤乳酪絲一起享用。

餐酒搭配

PALETTE
巴雷特
金黃色澤
AOC 1937年

◆

43° 30' 25.24"
北緯

5° 29' 26.43"
東經

葡萄品種的大熔爐
品種：以克雷耶特（*clairette*）為主

巴雷特的產區位於普羅旺斯艾克斯（Aix-en-Provence）東南的一塊圓形台地上。這是一個僅有 45 公頃的小型「區」。聖維克多（Sainte Victoire）山迎著西風與海洋氣流，坐鎮看管著產區的氣候型態。此區的石灰岩石土壤為盛產提供理想的條件。這裡利於栽植多種葡萄品種，但克雷耶特品種至少佔 50% 的產量。巴雷特白酒呈現淡黃色澤，加上綠色與金色的反光，賞味時可嗅出刺槐、椴樹、白色水果及原木的香氣。口感濃厚且極為圓潤，尾韻則帶有地中海常綠矮灌叢氣息。這是一款適合陳年的酒，可搭配口味剛烈的料理，如濃縮魚湯、番紅花蛋黃醬、濃縮葡萄酒……只此一款，別無可搭！

6 人份

小牛
與鮪魚

準備時間：前一晚 15 分鐘
烹調時間：15 分鐘
靜置時間：24 小時

◆

已處理過（適合烹煮）的小牛排 900 克
紅洋蔥 2 個
紅糖 60 克
醋 100 毫升
紅蔥 2 顆
蒜頭 4 瓣
深褐色蘑菇 6 個
油漬鮪魚 150 克（鮪魚腹為佳）
羅勒 1 束

橄欖油 200 毫升 +100 毫升
奶油 60 克
帶梗酸豆 2 湯匙
帕瑪森乳酪 80 克 +50 克
松子 2 湯匙
鹽之花、胡椒

◆

- 提前一天將紅洋蔥切片。把醋和糖放在鍋裡煮滾，再加入洋蔥，用水蓋過食材，再次煮至沸騰，大約 5 分鐘後停火，放涼，再放入冰箱冷藏。

- 紅蔥和蒜頭剝皮後切碎。用奶油開大火煎小牛排和紅蔥、蒜頭，大約 10 分鐘，每一面都要煎到上色，關火後再靜置 5 分鐘。取出小牛排後，將鮪魚放入鍋中吸汁，最後將所有鍋內的食材和 200 毫升的橄欖油一起攪碎，調味。

- 將羅勒、松子、50 克的帕瑪森乳酪和 100 毫升的橄欖油攪打成醬。用削皮刀把剩下的乳酪削成薄片。蘑菇洗淨後切成薄片。小牛排切片，加入洋蔥和鮪魚醬、酸豆、帕瑪森乳酪和羅勒，調味。

餐酒搭配

№30

ANJOU
安茹

AOC 1936年

◆

47° 28' 42.308"
北緯

0° 33' 47.398"
西經

細緻與強韌的合理組合
品種：卡本內弗朗（*cabernet franc*）、
卡本內蘇維濃（*cabernet sauvignon*）

一款清新的羅亞爾紅酒，宛如清晨亞麻床單底下的鬧鐘般，絕對可以在這些高水準的前菜中扮演征服者的角色。安茹酒由卡本內弗朗與卡本內蘇維濃兩個具代表性的品種所釀製而成，是一種連結細緻與強韌的合理組合。另外兩個葡萄品種分別是黑果若（grolleau noir）與歐尼斯比諾（pineau d'aunis），比重可達 10%，它們在安茹酒的構成中以煉金術士之姿增添柔順風味。這些酒極為細緻，具有鮮明的色澤並帶紫色反光。它們散發黑醋栗與紫羅蘭的香氣，並留下絲綢般低調的單寧口感。

圖片請見下一頁 ☞

6 人份

西班牙臘腸煮
淡菜

準備時間：15 分鐘
烹調時間：10 分鐘

淡菜 2.5 公斤
重辣西班牙臘腸 150 克
蒜頭 8 瓣
韭蔥 1 根（只取蔥白）
紅蔥 4 顆
糖漬檸檬 1 顆
奶油 150 克
白酒 200 毫升

◆

- 蒜頭、紅蔥剝皮細切。臘腸和糖漬檸檬皮切成小塊。蔥白切片。

- 將蒜頭、紅蔥、檸檬、蔥白和臘腸放進一個大燉鍋裡，倒入白酒蓋過，煮到完全蒸發。接著加入奶油和淡菜。蓋上鍋蓋，開大火續煮 5 分鐘，持續攪拌。煮好後趁熱享用。

廚房裡的享樂主義

這道菜成功的要訣就是慎選淡菜。一定要買沒有開口的新鮮淡菜，發現有點開口的淡菜時，可以稍微壓一下，如果馬上闔起，那就沒問題了。否則請不要購買。

木樁養殖的淡菜是法國品質最好的淡菜，盛產季是 7 月至 11 月，這種淡菜很小，但肉質豐滿、味道濃郁。另外還有布齊蓋（Bouzigues）產的淡菜，體積較大，海味較鮮明。

西班牙的淡菜外殼很大，可是肉很小且無味，一定要慎選。

6 人份

生蠔配
骨髓

準備時間：15 分鐘
烹調時間：15 分鐘

側邊切開的骨髓 6 根
2 號特選生蠔 18 顆
蒜頭 3 瓣
蝦夷蔥 6 株
奶油 60 克
鹽、胡椒

◆

- 撬開生蠔，取出備用。骨髓蒸 15 分鐘，或是用 200℃的蒸氣烤箱烤 15 分鐘。蒜頭去皮後和蝦夷蔥一起打碎。製作榛果奶油，再加入蒜頭和蝦夷蔥，接著開大火，放入生蠔煮 1 分鐘。每根骨髓放 3 顆生蠔，調味。

圖片請見上一頁

6 人份

聖賈克扇貝
配五花肉

準備時間：15 分鐘
烹調時間：15 分鐘

聖賈克扇貝 24 個
燻五花肉 4 片
蒜頭 6 瓣
紅蔥 2 顆
蕃茄 4 顆
白花椰菜半顆
橄欖油 100 毫升
茴香酒 50 毫升
白葡萄酒 100 毫升
扁葉巴西里 3 株
奶油 50 克
鹽、胡椒

◆

- 蕃茄切小塊，白花椰菜切小朵。紅蔥和蒜頭去皮後切碎。

- 用橄欖油翻炒所有的蔬菜，大火 5 分鐘。倒入茴香酒炙燒，再加入白酒煮 5 分鐘。接著加入切碎的巴西里，調味。

- 取另一個鍋子，用奶油將切成大塊的五花肉煎成金黃色，接著加入扇貝，每一面各煎 2 分鐘。

- 將剛才做好的蕃茄醬汁放在一個盤子裡，放入扇貝和五花肉，再淋上剛才煎肉的奶油醬，上桌。

6 人份

燻鰻魚
配血腸

準備時間：45 分鐘
烹調時間：20 分鐘

燻鰻魚 300 克
黑血腸 400 克
紅椒 3 個
蒜頭 2 瓣
紅蔥 1 顆
橄欖油 100 毫升
芫荽 1 束
美乃滋 5 湯匙
鹽、胡椒

◆

- 烤箱預熱 200℃，在紅椒上淋一條橄欖油，放入去皮的紅蔥和整顆洋蔥，大約烤 20 分鐘，直到紅椒表面顏色變深。切掉紅椒蒂頭，全部攪碎，調味後用篩子濾過。

- 芫荽攪碎後加入美乃滋裡。剝開血腸的皮，切片。將紅椒醬放進一個盤子裡，加上血腸和 1 湯匙的芫荽美乃滋。最後蓋上一層鰻魚，淋一點橄欖油。

身為一尾鰻魚

鰻魚是一種神秘的魚類，幾乎可以視為可怕的海蛇傳奇。可是在過度捕撈後，鰻魚現在已是面臨威脅的物種之一，因此捕撈鰻魚的法規非常嚴格。鰻魚的體長可達到 1.5 公尺，重量可達 3 公斤。

鰻魚生活在淡水中，卻是在海洋中繁殖：鰻魚的幼苗會隨著洋流漂流，往海岸移動，然後轉變成幼鰻（civelles）——約 6 公分長的幼魚。

接著，鰻魚會在河口處生長，生命長達 20 年。由於每公斤鰻魚的價格可高達 1000 歐元，幼鰻的走私情況嚴重，也有許多黑市交易。

本日特餐

黑板菜單聲量大
今日焦點高聲唱

◆

　　無論是一個人還是一群人，無管是穿著正式或衣衫襤褸，無論是來談事情或簽約，人們來到小酒館，就是為了尋找舒適感。小酒館的任務就是為來到這裡的享樂主義者提供愉悅的心情。

　　在小酒館用餐，意味著要放鬆皮帶，接受那些賦予食物風味的油脂，接受飲下 12.5 度酒精後帶著泛紅的臉頰坐計程車回家，還意味著把當天的命運交給黑板菜單和它的故事。

　　黑板菜單是廚師的心情寫照，是季節的模樣，也是老闆的心意。就像我們期待的星座運勢，試著讓黑板菜單引導我們決定當日的菜餚，那是大自然最美好之物的即時展現。

　　黑板菜單是小酒館的頭條新聞，吸引人們的眼球，激發他們的食慾，就像一個用粉筆書寫的展示櫥窗，隨時會根據廚師的美食創意而更改內容。

◆

6 人份

土魯斯香腸

佐馬鈴薯泥

準備時間：15 分鐘
烹調時間：45 分鐘

土魯斯香腸 6 根
黃皮洋蔥 2 個
葡萄籽油 2 湯匙
白酒 200 毫升
奶油 50 克
比提傑（bintje）馬鈴薯 1 公斤
半鹽奶油 100 克
鮮奶油 300 毫升
肉豆蔻粉 1 撮
鹽、胡椒

- 烤箱預熱至 180℃。馬鈴薯削皮後用鹽水煮 30 分鐘，打成泥。小火慢慢加熱鮮奶油、奶油和肉豆蔻，最後加入馬鈴薯泥。調味。

- 洋蔥去皮切片，和香腸一起用油煎幾分鐘上色。接著放在烤盤上，入爐烘烤 15 分鐘。

- 先取出香腸。把白酒倒入烤盤內融和盤底的香氣，再加入一點奶油，用打蛋器拌勻。

- 香腸和馬鈴薯泥裝盤，淋上烤洋蔥汁，上桌。

....

土魯斯製造？

雖然名字寫的是土魯斯，但其實土魯斯香腸在法國各地都有製作。這種香腸是用豬瘦肉與肥肉加上脂肪，經過調味後切成粗塊，然後灌在直徑約 3 公分的豬腸衣裡製成。土魯斯香腸有很多種，建議選擇那些手工製作且不含添加劑的。

餐酒搭配

CAHORS
卡奧
多種香料香氣
AOC 1971年

◆

44° 26′ 51.083″
北緯

1° 26′ 31.16″
東經

平衡而紮實的酒
葡萄品種：馬爾貝克（*malbec*）

這款來自西南部的酒釀自馬爾貝克葡萄。馬爾貝克的風土由東至西橫互凱爾西（Quercy）高原（Causses）的山麓小丘，洛特（Lot）河谷蜿蜒其中。這片已存在數世紀的產區曾於中世紀盡現輝煌，當時生產的酒口感紮實且呈黑色色澤，熱銷整個歐洲，無耐 1876 年肆虐的根瘤蚜害將整個產區摧毀殆盡。直至 1960 年起經過勉力振興才得以重生。入鼻帶有黑色成熟水果的香氣，並散發出果醬、香料、樹底植被及松露香氣。這款酒通常需要陳年數年，方能達到完美的平衡，成為一款受鑒賞者喜愛的酒。

馬鈴薯四天王

給馬鈴薯愛好者的烹調小指南：

<u>En salade</u> **沙拉**：豐特萊美人（Belle de Fontenay）、育空黃金（Yukon Gold）、尼可拉（Nicola）、
Linzer Delikatess、夏洛特（Charlotte）、哈特（Ratte）

<u>À la vapeur</u> **蒸**：豐特萊美人、育空黃金、Linzer Delikatess、夏洛特、尼可拉、哈特

<u>En papillote</u> **鋁箔紙包烤**：Estima、阿加塔（Agata）、育空黃金、尼可拉、蒙娜麗莎（Monalisa）、
瑪儂（Manon）、歐巴馬（Obama）

<u>En purée</u> **馬鈴薯泥**：尼可拉、育空黃金、Estima

<u>En soupe</u> **煮湯**：尼可拉、Estima、瑪儂

<u>Mijotées</u> **燉**：豐特萊美人、育空黃色、夏洛特、哈特、Estima、阿加塔、尼可拉、蒙娜麗莎

<u>Rissolées</u> **炒**：育空黃金、Linzer Delikatess、豐特萊美人、尼可拉、夏洛特、哈特、瑪儂

<u>Farcies</u> **塞餡焗烤**：阿加塔、育空黃金、尼可拉、蒙娜麗莎

<u>Au four</u> **烘烤**：豐特萊美人、育空黃金、尼可拉、夏洛特、哈特

①
侯斯瓦勒
（ROSEVAL）
—
首次培育成功：
1950 年－法國
蒸、烤、炒、焗烤

②
BF15
—
首次培育成功：
1947年－法國
蒸、烤、炒、焗烤

③
阿格麗亞
（AGRIA）
—
首次培育成功：
1985 年－德國
薯條、鋁箔紙包烤

④
比提傑
（BINTJE）
—
首次培育成功：
1904 年－荷蘭
馬鈴薯泥、湯、薯
條、鋁箔紙包烤

TCHIN-TCHIN 時光！

VACQUEYRAS
瓦給哈斯
醇厚豐滿
AOC 1938年

Vs

CÔTES- D'AUVERGNE
歐維涅丘
栽植於高處的加美葡萄
AOC 1940年

4° 58' 57.68"
東經

44° 8' 18.467"
北緯

3° 2' 19.478"
東經

45° 52' 18.8"
北緯

沐浴在陽光下的酒

葡萄品種：格那希（*Grenache*）、馬珊（*Marsanne*）、胡珊（*Roussanne*）、維歐尼耶（*Viognier*）、布布蘭克（*Bourboulenc*）、克雷耶特（*Clairette*）

瓦給哈斯（Vacqueyras）位於隆河谷地以南，正是普羅旺斯氣息開始瀰漫的起點。這座村莊由乾燥的岩石所砌成，被瓦薩戴爾（Vassadel）城堡的城牆所圍繞，狹窄巷弄穿梭其間。村莊周圍便是產區，為蒙米拉伊山巒（dentelles de Montmirail）所環繞。這裡栽植的白葡萄品種包括格那希、馬珊、胡珊、維歐尼耶、布布蘭克和克雷耶特。釀製出的酒口感豐富、醇厚，外觀帶有純黃色澤、入鼻時散發刺槐與金雀花氣味，適合搭配豐盛的菜餚，尤其是有鮮奶油入菜的菜，是餐桌上成熟味蕾的良伴。

源自高海拔的酒

葡萄品種：加美（*Gamay*）

儘管這些葡萄栽植於歐維涅（Auvergne）地區內介於海拔 300 至 500 公尺間的火山丘陵地，但沒錯，它們仍屬於羅亞爾河的產區。歐維涅紅酒釀自加美葡萄。這裡原先是一個鮮為人知的產地，但在年輕的葡萄栽植者進駐後，打造了新的聲望。這款紅酒帶有純紫色澤，入鼻散發成熟櫻桃的香氣，單寧含量高。根據產地風土的差異，這些酒可能更濃厚、更強勁，尤其是產自馬達格（Madargues）丘陵地或布德（Boudes）丘陵地的酒。這款酒展現了這個地區的風土，搭配馬鈴薯享用，真是再好不過！

6 人份

庫斯庫斯

（北非辣羊肉香腸）

準備時間：20 分鐘
烹調時間：1 小時

◆

北非辣羊肉香腸 12 根
洋蔥 3 顆
蒜頭 3 瓣
紅蘿蔔 3 條
櫛瓜 3 條
蕃茄 3 顆
熟鷹嘴豆 200 克
北非小米 300 克
松子 2 湯匙
羅勒 1 束

薑粉 1 茶匙
摩洛哥香料（ras el-hanout）2 湯匙
肉桂粉 1 茶匙
濃縮蕃茄糊 2 湯匙
橙花露 2 湯匙
哈里薩辣醬（harissa）1 湯匙
葡萄籽油 2 湯匙
橄欖油 3 湯匙
鹽、胡椒

◆

- 洋蔥、蒜頭去皮後稍微切碎。削去紅蘿蔔的皮。把所有的蔬菜切成大塊後，開大火用橄欖油翻炒 10 分鐘。加入所有的香料、濃縮蕃茄糊和比蔬菜多出一倍的水，小火燉煮 1 小時。調味後加入鷹嘴豆和哈里薩辣醬。

- 松子放進烤箱，用 200℃ 烤 5 分鐘上色。取與北非小米等量的水，水中加入橙花露和葡萄籽油。水煮滾後倒進北非小米裡，蓋上鍋蓋 5 分鐘，調味後用叉子稍微撥開結塊的部分。煎香腸。把北非小米裝進碗裡，再裝入蔬菜、湯汁和香腸。撒上一點松子和羅勒葉。

餐酒搭配

TAVEL
塔維
香氣豐富並帶果香
AOC 1937年

◆

44° 00' 43"
北緯

4° 42' 02"
東經

特殊的粉紅酒

葡萄品種：黑格那希（*grenache noir*）、
仙梭（*cinsault*）、希哈（*syrah*）、
慕維得爾（*mourvèdre*）

沿著陽光公路（route du Soleil）[27] 南下，在亞維農橋（Pont d'Avignon）與加爾水道橋（Pont du Gard）之間即是塔維爾領地。這塊產區是唯一只釀製粉紅酒的產地，所有產酒皆經得起陳年存放。有多個葡萄品種獲准在此種植，以黑格那希與仙梭品種葡萄為主，賦予此豐富的口感，再輔以希哈與慕維得爾兩種葡萄釀製。這款酒以放血法（Saignée）釀製，葡萄在本身的重量下壓榨，流出的果汁藉由果皮的色素而上色。此款酒外觀呈現純粉紅，甚至是較深的色澤，入鼻時散發富含紅色水果的繁複香氣，帶有杏仁與香料的香調，入口時產生難以匹配的強勁口感。此款餐酒適合成熟的味蕾與調味豐富的菜餚。

---

[27] 注：指的是法國國道 7 號，從里昂一路往普羅旺斯南下，為法國人夏季至南方渡假時必經之路，因此也稱為陽光公路。

6 人份

香腸
布里歐麵包

準備時間：30 分鐘
烹調時間：30 分鐘

熟的風乾香腸 1 根
麵粉 300 克
速發乾酵母 1 包
蛋 4 顆 +1 顆蛋黃
鮮奶油 200 毫升
鹽 8 克
粗磨胡椒 2 湯匙
波特紅酒 100 毫升
小牛高湯 100 毫升
鮮奶油 300 毫升

◆

- 鮮奶油加熱到 25℃，倒入酵母粉溶解。把蛋和鮮奶油、酵母攪拌均勻後，加入過篩的麵粉和鹽，攪打成一個滑順的麵團。在模具中放入一半的布里歐麵團，放入香腸，再覆蓋剩下的麵團，最後用一點麵團做出十字形圖案作為裝飾，放置在室溫下發酵。發酵完成後，在表面塗上一層蛋黃，200℃烘烤30分鐘。

- 用平底鍋炒一下胡椒，倒入波特紅酒融和香氣。接著加入小牛高湯，收汁，加鮮奶油，調味。搭配香腸布里歐麵包一起享用。

6 人份

里昂
香腸

準備時間：20 分鐘
烹調時間：30 分鐘

開心果風乾香腸 1 大根（自製請見下方食譜）
BF15 馬鈴薯 1 公斤
新鮮白乳酪 200 克
紅蔥 1 顆
龍蒿 6 株
鹽之花、胡椒

◆

- 馬鈴薯削皮。香腸用滾水煮 10 分鐘，加入馬鈴薯後再煮 20 分鐘。剝掉紅蔥的皮後細切，龍蒿剁碎，全部加入白乳酪裡拌勻，調味。將香腸和馬鈴薯切片，與香草白乳酪一起享用。

水煮風乾香腸

「直徑 5 公分的水煮風乾香腸，由豬瘦肉和油脂剁成大、小不一的碎塊做成，可以加上開心果、松露……」

◆

豬肩肉 800 克
豬五花 700 克
鹽 18 克
粗磨胡椒 4 克
肉豆蔻粉 2 克
蒜頭 2 瓣
自由選擇：開心果 50 克、松露 1 顆、乾燥牛肝菌 50 克
豬腸衣（50/60 公釐）

圖片請見下一頁 ☞

6 人份

奶油
燉麵

準備時間：20 分鐘
烹調時間：40 分鐘

燻香腸 6 條（自製請見下方食譜）
紅蔥 3 顆
彎管麵 350 克
鮮奶油 200 毫升
長時熟成康堤乳酪 100 克
鹽、胡椒

◆

- 紅蔥剝皮後切片。取一大鍋鹽水煮香腸和紅蔥，約 30 分鐘後取出。用同一鍋水煮麵，煮到硬度恰好（al dente）（時間根據包裝上的建議）。留下 2 湯勺的熱水，其餘倒掉，瀝乾麵。

- 將剛才留下的熱水加熱，倒入鮮奶油，收汁。香腸切成圓片，放入熱奶油中加熱。上桌前刨一些康堤乳酪。

燻香腸

「直徑約 3 公分的香腸，用豬瘦肉和油脂製成，以山毛櫸木煙燻……」

◆

豬肩胛肉 600 克
豬五花 300 克
豬背脂 100 克
鹽 12 克
胡椒 2 克
小茴香 2 克
豬腸衣

---

6 人份

白血腸
佐馬鈴薯泥

準備時間：10 分鐘
烹調時間：45 分鐘

白血腸 6 條（自製請見下方食譜）
馬鈴薯 1 公斤
半鹽奶油 200 克
奶油 50 克
鮮奶油 300 毫升
青蔥 2 根
杏仁 50 克
鹽、胡椒

◆

- 馬鈴薯削皮後切成大塊，水煮 30 分鐘。壓碎馬鈴薯，與半鹽奶油和鮮奶油拌勻，做成奶香馬鈴薯泥。加入蔥花，調味。

- 杏仁放進烤箱，以 200℃烤 6 分鐘上色後稍微壓碎。用奶油煎白血腸，將兩面都煎成金黃色。放進烤箱用 180℃烤 10 分鐘。把白血腸放進馬鈴薯泥裡盤成一圈，撒一些杏仁。

白血腸

「直徑約 3 公分的水煮香腸。這種香腸是禽類胸肉加豬五花肉，用 3 公釐的出料片絞碎，拌入牛奶做成。可以加入松露或肥肝……」

◆

豬五花肉 400 克
禽類胸肉 200 克
蒜頭 3 瓣
全脂牛奶 1 公升
鹽 12 克
蛋 3 顆
牛腸衣

圖片請見上一頁

6 人份

黑血腸
佐蘋果

準備時間：20 分鐘
烹調時間：25 分鐘

黑血腸 1 公斤（自製請見下方食譜）
史密斯青蘋果 3 顆
青蔥 3 根
圖盧熱（Toulouges）洋蔥，或塞文山脈洋蔥 2 個
奶油 50 克
鹽、胡椒

◆

• 蘋果削皮後切成四等份。洋蔥削皮切片，青蔥也一樣。用奶油小火煎蘋果、洋蔥和蔥花 10 分鐘。加入切成 6 等份的血腸，用小火煎 15 分鐘，調味。

......

黑血腸

「粗大的豬血腸，拌入洋蔥、鮮奶油和香料……」

◆

豬血 500 克
鮮奶油 150 克
豬背脂 300 克
炒軟的洋蔥 300 克
鹽 18 克
四香粉 2 克
豬腸衣（35 公釐）

6 人份

酒香
薩博代香腸

準備時間：15 分鐘
烹調時間：2 小時

薩博代香腸 2 大條（自製請見下方食譜）
蘑菇 500 克
洋蔥 3 顆
蒜頭 4 瓣
燻五花肉 200 克
薄酒萊 750 毫升
小牛高湯 400 毫升
麵粉 1 湯匙
奶油 50 克
鹽、胡椒

◆

• 洋蔥切末，五花肉切成小條，蘑菇切片。

• 烤箱預熱至 120℃。取一個燉鍋，放入所有食材，用大火煎 5 分鐘。加入麵粉，煮 5 分鐘，再倒入薄酒萊和小牛高湯。接著把香腸放進去，蓋上鍋蓋，進烤箱烤 2 個小時。烘烤期間確認醬汁高度，如果不足，就再加入一點小牛高湯，調味。

......

薩博代香腸

「直徑約 5 公分的水煮香腸，用豬頭肉放在豬腸衣裡製成。」

◆

豬耳朵 1 付、豬舌 1 根
煮熟放涼的豬皮 300 克
豬頰肉 800 克、豬背脂 200 克
鹽 18 克、粗磨胡椒 2 克
薄酒萊 150 毫升
四香粉 4 克
蒜頭 3 瓣
豬腸衣（50/60 公釐）

6 人份

小牛內臟腸

準備時間：15 分鐘
烹調時間：55 分鐘

◆

小牛內臟腸 6 條（自製請見下方食譜）
BF15 馬鈴薯 6 顆
傳統芥末 3 湯匙
洋蔥 3 顆
濃稠鮮奶油 500 克
白酒 200 毫升
鹽、胡椒

- 洋蔥去皮切碎後放進湯鍋裡，倒入酒，用小火煮 10 分鐘收汁。接著加入芥末和鮮奶油，調味。
- 用大量的鹽水煮削掉皮的馬鈴薯 30 分鐘。烤箱預熱至 180℃。
- 將內臟腸放進一人份的瓷缽裡，再放進半個馬鈴薯，倒入大量芥末鮮奶油後烘烤 15 分鐘。

....

小牛內臟腸

「用小牛的小腸和大腸，加入芥末調味製成的粗香腸……」

◆

小牛小腸大腸 800 克
第戎芥末 10 克
炒軟的洋蔥 200 克
肉豆蔻 1 克
葡萄酒醋 1 湯匙
白蘭地 1 湯匙
牛腸衣

餐酒搭配

SAINT-AMOUR
聖愛園
帶有紅寶石色澤
AOC 1946年

◆

46° 26' 10.759"
北緯

5° 20' 42.914"
東經

情人節的專屬用酒！
葡萄品種：加美

就像提及哈台（Hardy）時一定會有勞萊（Laurel）一樣，每當談到待烹調的血腸、內臟腸、水煮風乾香腸時，總是會一併提及薄酒萊。聖愛園是薄酒萊的十個特級產區之一，是位於最北端也是最小的產區，幾乎只在索恩 - 羅亞爾省生產。與其鄰近的產區相同，這款酒釀自唯一的加美品種葡萄。這是一款情人節的專屬用酒！酒體呈現紅寶石色澤，散發糖漬櫻桃、櫻桃白蘭地及香料的香氣。此外聖愛園酒還有催情作用，如此甚好。

6 人份

里昂
魚糕

準備時間：15 分鐘
烹調時間：35 分鐘

魚糕或雞肉糕 6 大條
蘑菇 200 克
蒜頭 6 瓣
薑 50 克
龍蝦醬 500 毫升
鮮奶油 300 毫升
奶油 50 克
鹽、胡椒

- 蒜頭和薑去皮剁成末，蘑菇切片。

- 取一個燉鍋，用奶油開大火翻炒蘑菇、蒜末和薑末。加入龍蝦醬、鮮奶油，煮 5 分鐘，調整鹹味。烤箱預熱至 180℃。

- 將魚糕放在焗烤盤裡，魚糕在烘烤過程中會脹大，記得保留一些位置。淋上龍蝦醬，烘烤 20 分鐘。

不是所有魚糕都可以

魚糕起源於 1883 年，由一家位於里昂紅十字丘陵（Croix-Rousse）上名為查爾斯．莫哈特（Charles Morateur）的甜點店首創。當時的索恩河（Saône）裡充斥著白斑狗魚，魚糕就是利用這些魚的最佳方式！選擇這道菜，就要愛它的全部。

餐酒搭配

№36

NUITS-SAINT-GEORGES
夜 - 聖喬治
AOC 1936年

◆

42° 53' 40"
北緯

2° 58' 46"
東經

無論紅酒或白酒…皆是出色的酒款
品種：夏多內（*chardonnay*）

夜 - 聖喬治以紅酒聞名於世，但白酒亦同樣出色。這款酒主要採夏多內葡萄釀製，僅佔生產區域的 3.5%，栽植面積為 9.87 公頃，其中 6.6 公頃為一級產區。白酒的酒感醇厚、口感豐富，呈現金黃色澤，整體散發花朵及蜂蜜香氣，適合搭配附有醬汁的魚類、甲殼類海鮮的餐點，此款口感豐富的酒最搭配調味豐富的食物。

6 人份

藍帶
肉排

準備時間：30 分鐘
烹調時間：10 分鐘

◆

薄片小牛肉 6 片（選擇薄一點、寬一點的）
法式白火腿片 3 片
康堤乳酪 100 克
乾掉的長棍麵包半根
第戎芥末 1 湯匙
橄欖油 1 湯匙
奶油 80 克
鹽
一點義大利麵作為澱粉裹肚

- 把小牛肉放在兩張防沾烤紙中間，用擀麵棍敲扁。生火腿切成兩半，康堤乳酪切薄片。將長棍麵包打碎成麵包粉。

- 將半片火腿放在半片小牛肉上，加上乳酪，另一半的小牛肉摺起來蓋上，像錢包一樣。將芥末、橄欖油拌勻，刷在肉上。接著裹一層麵包粉，用奶油煎成金黃色，兩面各 5 分鐘。煎的時候注意只能翻面一次，避免脆麵包皮掉落。調味。

給孩子吃？別找藉口了……

做飯給孩子吃是個多麼正當的藉口，事實上都是為了滿足自己的口腹之慾。藍帶肉排就是個經典的例子，平常不會特地為自己做，可是吃到的時候還是很高興。孩子的食物往往是父母的最愛。吃孩子的食物根本就像一齣戲，天天上演，每個爸爸都會把手伸進孩子的盤子裡，假裝幫他們吃完，實則滿足自己。他們盤子裡的是夢想中的食物：簡單、美味、撫慰人心，而且令人懷念童年時光。別再猶豫了，大膽地做個藍帶肉排吧，選用品質佳的小牛肉和乳酪，最後驕傲地擁抱「藍帶」[28]。

世界上最多人飲用的碳酸飲料

餐酒搭配

可口可樂[R]

於 1885 年問世

◆

33° 44′ 56.382″
北緯

84° 23′ 16.735″
東經

要感謝（或責怪）約翰·彭伯頓（John Pemberton），可口可樂才能席捲全球市場，成為一種不可或缺的飲料。最初基於治療目的，由酒與可樂果製成，後來由於禁酒令的因素，這款飲料的製作方式改變了，變成了這種具有如此獨特性質的著名蘇打水，使人想起波本威士忌（bourbon）的某些風味。可口可樂經過多年來不斷地演變，至今每年消費量達 3500 億公升，對葡萄栽植者而言，是一個綺麗的夢想……

---

[28] 注：這個藍帶也是法國藍帶─廚藝學校的意思。

6 人份

白醬燉
小牛肉

準備時間：20 分鐘
烹調時間：1小時 50 分鐘

◆

燉煮用的小牛肉 1.5 公斤
洋蔥 3 顆
丁香 2 個
紅蘿蔔 6 條
BF15 馬鈴薯 6 顆
蘑菇 300 克
新鮮豌豆 2 公斤
月桂葉 2 片
蔬菜高湯 1 公升
白葡萄酒 250 毫升
麵粉 1 湯匙

蛋黃 1 個
一顆檸檬份量的原汁
濃稠鮮奶油 250 克
奶油 60 克
鹽、胡椒

◆

- 剝掉洋蔥的皮，其中兩個切片，第三個插入丁香。削掉紅蘿蔔和馬鈴薯的皮，蘑菇切半。取出豌豆。將小牛肉放進深鍋裡，加水覆蓋後煮到沸騰，滾 5 分鐘，用大量清水清洗。

- 取一個燉鍋，將切片的洋蔥放進鍋裡，加入奶油，用小火翻炒 10 分鐘。接著放入小牛肉和麵粉，煮 5 分鐘。倒入白酒和蔬菜高湯，再放月桂葉、紅蘿蔔、蘑菇和插了丁香的洋蔥，調味後開小火燉煮 1 個小時。

- 燉煮期間如果覺得水量不足，可以再加入蔬菜高湯。放入馬鈴薯後再煮 30 分鐘。用刀子測試肉的熟度，應該要燉到軟爛。

- 將蛋黃、檸檬汁和鮮奶油拌在一起。撈出鍋裡所有的食材，將豌豆放進去後再煮到沸騰，關火後倒入準備好的奶油醬，確實拌勻，再把食材放回去，趁熱上桌。

餐酒搭配

№37

MERCUREY
梅克雷
呈現石榴石紅色澤

AOC 1936年

◆

46° 50' 24"
北 緯

4° 43' 11"
東 經

布根地的門戶
葡萄品種：黑皮諾（*pinot noir*）

梅克雷產地以栽植於丘陵地的美麗葡萄為榮。此產地位於沙隆丘（côte châlonnaise），圍繞日魯（Giroux）溪而形成，這條溪曾為周遭的葡萄栽植者帶來許多困擾。面對溪水氾濫，他們決定透過水利工程的建置加以鞏固，保護這片歷經考驗的領地。

由黑皮諾葡萄釀製而成的梅克雷紅酒，是呈現深石榴石暗沉紅色的酒款。它帶有清脆水果的口感，隨著陳年會逐漸變化出更具動物性的香調。梅克雷酒讓初入門者得以用較低的成本嚐得布根地的滋味。

6 人份

卡酥來CASSOULET
豬肉鴨肉鍋

準備時間：45 分鐘
烹調時間：3 小時
靜置時間：1 晚

◆

塔布豆 700 克
洋蔥 6 顆
丁香 4 個
蒜頭 8 瓣
豬皮 200 克
百里香 4 株
月桂葉 4 片
胡椒粒 2 湯匙
豬肋排 1 公斤

燻五花肉 600 克
土魯斯香腸 6 條
油封鴨腿 6 隻
雞湯 2 公升
麵包粉 100 克（用剩餘的乾麵包製作）
鹽

◆

- 先將塔布豆浸泡在大量的水裡一夜。隔天把洋蔥皮剝掉後，其中 5 個切成薄片，最後一個插上丁香。接著把塔布豆放進深鍋裡，倒入兩倍的水，再把插了丁香的洋蔥、一半的百里香和月桂葉放進去，煮滾。小火燉煮 1 個小時，關火後瀝乾。

- 烤箱預熱至 160℃。豬皮切細，取 2 湯匙油封鴨腿的油，放到燉鍋裡小火翻炒洋蔥、壓碎的蒜末、胡椒粒、切成六份的豬肋排、燻五花肉、香腸、剩下的百里香、月桂葉 15 分鐘。倒入塔布豆，用水蓋過食材，蓋上鍋蓋後進烤箱烤 1 小時 30 分鐘。確認塔布豆的熟度，應該要有點軟掉但沒有散開。

- 把所有食材放在一個烤盤子，放上油封鴨腿（皮朝上），再烤 30 分鐘。最後撒上麵包粉，再用 200℃ 烤 5 分鐘。

餐酒搭配

FITOU
菲杜

AOC 1948年

◆

42° 53′ 40″
北緯

2° 58′ 46″
東經

散發南方氣息且讓臉頰泛紅的頂級酒
葡萄品種：卡利濃（*carignan*）、
黑格那希（*grenache noir*）

該向奧德省（Aude）的菲杜人吻頰問候了。菲杜位於科比耶爾山脈（Massif des Corbières）與地中海之間，得益於海與山之間的地理位置及有利的氣候。這兩種風土形成這片產地的特性。這款酒富有海洋氣息，產地東面瀕勒卡特湖（étang de Leucate）畔，一片佈滿礫石且受風吹襲而乾燥的嚴峻地區；西面則有陶許山（mont Tauch）屏障，氣候較為溫和。區以栽植卡利濃（carignan）葡萄為主，且常以黑格那希（grenache noir）葡萄為輔。菲杜是一款暗沉色偏暗黑色澤的酒，隨著陳年而變成琥珀、橙色調。卡利濃葡萄釀製的酒散發出成熟的紅色水果、梅乾、胡椒及香草香氣，且具有較高的單寧含量。

蔬菜燉肉鍋
完美組合

還有什麼菜餚比蔬菜燉肉鍋更容易的呢？只要開小火，放一塊如鞋墊般
硬邦邦的肉，經過幾個小時的燉煮後，就會變成舒適愉悅的美食。

蔬菜
① 香草束
② 馬鈴薯
③ 紅蘿蔔
④ 蕪菁
⑤ 韭蔥

肉類
⑥ 牛肩胛肉
⑦ 牛肋條
⑧ 牛尾

＊別忘了骨髓

HERMITAGE
艾米達吉
隆河之主
AOC 1937年

Vs

MEURSAULT
梅索
布根地之主
AOC 1937年

4° 51' 54.511"
東經

45° 1' 47.554"
北緯

4° 46' 7.486"
東經

46° 58' 41.61"
北緯

值得陳年再喝的酒
葡萄品種：希哈（*syrah*）

艾米達吉產區位於坦（Tain）上方的陡峭丘陵地上，是一塊 137 公頃的珍寶，其中 75% 的面積用來產出紅酒。因此離開里昂（Lyon）時往德龍省（Drôme）端望去，所有的台地上都有栽植葡萄，每一排都以石牆標記。希哈葡萄在這一片獨特的領地上享有獨到的方位。這款酒無論字首「H」是否發音，本身都帶有些許老派的形象。它的濃度極高，入鼻時散發紅色鮮果香氣，呈現出純紅色澤，陳年過程中則散發出皮革與香料的香氣，並在經年累月中呈現出橙色澤。品嚐艾米達吉酒有如品味先人所留下的遺產。

光是名稱就引人遐思
葡萄品種：夏多內（*Chardonnay*）

還有什麼事比得上用一款獨特的酒搭配一道家常菜更好。暢飲一瓶佳釀，讓自己開心。位於伯恩（Beaune）以南的梅索，是葡萄酒之路（route des vins）上的一座市鎮，是通往布根地頂級白酒的門戶，具有廣達 380 公頃的夏多內品種葡萄產地，其中 107 公頃生產獨特的一級白酒。矽石黏土、石灰石及泥灰土壤提供不凡的興旺土地。梅索酒的外觀呈現閃耀的金黃色澤，入鼻時盈滿椴樹、山楂的花香，並帶有奶油、烘焙香調，還有榛果與蜂蜜的香氣，口感豐富、強勁又清新的平衡令人印象深刻。這是一款能在味蕾上留下烙印的酒。

6 人份

蔬菜燉 POT-AU-FEU
牛肉

準備時間：45 分鐘
烹調時間：4 小時

牛肩胛肉 1 公斤
牛尾 1 個
牛五花 1 公斤
骨髓 6 根
紅蘿蔔 6 條
馬鈴薯 6 顆
幼嫩櫛瓜 6 根
白花椰菜 1 顆
綜合香草 1 束
洋蔥 3 顆
丁香 4 個
蒜頭 6 瓣
西洋芹 3 根
奶油 80 克
鹽、胡椒
扁葉巴西里
鹽之花

◆

- 削去所有蔬菜的皮，把櫛瓜切成兩半。把白花椰菜切成小朵。在 1 個洋蔥上插入丁香，其他切成薄片，蒜頭、芹菜和薑也一樣。

- 把洋蔥、蒜頭和芹菜放進一個燉鍋裡，開小火用奶油翻炒 10 分鐘。加水。再取一個深鍋，把水煮沸，放入所有的肉後煮 10 分鐘，取出洗淨。把煮過的肉、插了丁香的洋蔥和香草束放進燉鍋裡，燉煮 3 個小時。肉要煮到軟爛。最後再加入蔬菜燉煮 45 分鐘。

- 把肉切開，撒上一點鹽之花。上桌前再撒一些剁碎的扁葉巴西里。

6 人份

蔬菜燉 POT-AU-FEU
豬肉

準備時間：45 分鐘
烹調時間：3 小時

豬肩胛肉 1 公斤
燻五花肉 800 克
莫爾托香腸 1 條
紅蘿蔔 6 條
馬鈴薯 6 顆
幼嫩櫛瓜 6 根
白花椰菜 1 顆
綜合香草 1 束
洋蔥 3 顆
丁香 4 個
蒜頭 6 瓣
西洋芹 3 根
薑 50 克
奶油 80 克
扁葉巴西里
鹽之花

◆

- 削去所有蔬菜的皮，把櫛瓜切成兩半。把白花椰菜切成小朵。在 1 個洋蔥上插入丁香，其他切成薄片，蒜頭、芹菜和薑也一樣。

- 把洋蔥、蒜頭、薑和芹菜放進一個燉鍋裡，開小火用奶油翻炒 10 分鐘。加水，水位要超過食材 5 公分，加入和插了丁香的洋蔥一起煮過的肉、香草束後，燉煮 2 個小時（莫爾托香腸只煮 45 分鐘便取出）。肉要煮到軟爛。最後再加入蔬菜燉煮 45 分鐘。

- 把肉切開，撒上一點鹽之花。上桌前再撒一些剁碎的扁葉巴西里。

6 人份

亞爾薩斯
酸菜

準備時間：20 分鐘
烹調時間：50 分鐘

◆

煮熟的亞爾薩斯酸菜 1.2 公斤
洋蔥 2 顆
麗絲玲（riesling）600 毫升
豬油 2 湯匙
杜松子 1 湯匙
胡椒粒 1 湯匙
蒙貝利亞（Montbéliard）香腸 6 條

史特拉斯堡香腸 6 條
燻五花肉 6 片
燻豬里肌 6 片
蒜味風乾香腸 1 條
馬鈴薯 6 顆

◆

- 洋蔥剝皮後細切成片，放進燉鍋裡，開小火用豬油翻炒 10 分鐘。烤箱預熱至 160℃。

- 加入壓碎的杜松子、胡椒、酸菜，確實拌勻，再倒入麗絲玲。將風乾香腸切片。把所有的肉類放在酸菜上（史特拉斯堡香腸除外），蓋上鍋蓋，放進烤箱烤 40 分鐘，期間要注意酸菜不要黏鍋。40 分鐘後就可以放入史特拉斯堡香腸，再烤 10 分鐘。

- 等待的時間可以用一大鍋水煮馬鈴薯。

- 把煮好的食材裝進高級盤中，別忘了再來 3 瓶麗絲玲、一些亞爾薩斯聖誕餅乾和格烏茲塔明那白酒……

餐酒搭配

GEWURZ-TRAMINER
格烏茲塔明那

AOC 1972 年

◆

47° 48' 38.527"
北緯

7° 6' 8.575"
東經

極富香氣的葡萄
葡萄品種：格烏茲塔明那（*gewurztraminer*）

我們再次回到阿爾薩斯（Alsace），格烏茲塔明那肯定是此地區的區中最茂盛的一區。這個地區廣泛栽植這種葡萄，佔整個葡萄品種栽植面積的 20%。葡萄栽植於孚日山脈（massif des Vosges）東坡，海拔 200 至 400 公尺的丘陵地上。格烏茲塔明那同時以響亮的名號與優質的產區著稱，需要的是清新口感來平衡本身過高的酸度。而格烏茲塔明那葡萄是世界上最芳香的葡萄之一，入鼻時散發荔枝、芒果及玫瑰香氣。這款酒的尾韻通常帶有甜度，晚摘葡萄釀的酒總是如此，每公升的糖分濃度為 257 公克，若是採貴腐菌方式釀製，每公升糖分濃度甚至會達到 306 公克。這款酒的豐富性使得以駕馭極具特色的菜餚，要知道如何撩撥它，方能了解它的好。

圖片請見下一頁 ☞

6 人份

阿里哥ALIGOT
乳酪馬鈴薯泥

準備時間：30 分鐘
烹調時間：45 分鐘

適合做成泥的馬鈴薯 500 克
蒜頭 4 瓣
新鮮多姆（tomme）乳酪 400 克
鮮奶油 200 毫升
奶油 100 克
鹽、胡椒

◆

• 馬鈴薯削皮後切成大塊。剝掉蒜頭的皮。

• 煮一鍋水，把馬鈴薯和蒜頭放進去煮 30 分鐘。乳酪切成小條狀。把煮好的馬鈴薯和蒜頭打成泥，再放進一個深鍋裡，開小火，加入奶油和鮮奶油，接著再慢慢加入乳酪，記得用一支木製湯勺在馬鈴薯泥裡畫「8」切拌。拌到馬鈴薯泥不再沾黏，拉起時像一條緞帶般絲滑。調味，趁熱享用。

經典的乳酪馬鈴薯泥

乳酪馬鈴薯泥是奧布拉克（Aubrac）地區的一種特色菜餚。奧布拉克區橫跨阿韋龍（Aveyron）、康塔爾（Cantal）和洛澤爾（Lozère）三省。這道菜傳統上是以馬鈴薯、新鮮多姆乳酪、鮮奶油和蒜頭製成。

這道菜當然是小酒館的經典菜餚。19 世紀時從事煤炭運送工作，後來又運送飲料的工人在遷移到巴黎時，把它帶進這座城市。這些工人逐漸開始經營小酒館後，便開始提供這道菜。

6 人份

醃肉菜湯
GARBURE

準備時間：45 分鐘
烹調時間：4 小時 30 分鐘
浸泡時間：1 晚

塔布豆 400 克
生火腿 1 隻
油封鴨肉 6 塊
紅蘿蔔 4 條
蕪菁 4 個
西洋芹 2 根
帶葉小洋蔥 3 顆
埃斯佩萊特（Espelette）辣椒 1 湯匙
濃縮蕃茄糊 2 湯匙
皮奎洛紅辣椒 6 根
蒜頭 6 瓣
月桂葉 2 片
百里香 2 株
洋蔥 1 顆
丁香 4 個
鹽、胡椒

◆

• 先將塔布豆浸泡在大量的水裡一夜。

• 隔天，取一個燉鍋，把火腿、插了丁香的洋蔥、月桂葉、百里香、切成小段的芹菜放進去，開小火煮 1 小時 30 分鐘。

• 蔬菜和辣椒去皮後切成小塊，蒜頭和小洋蔥則切成末。用平底鍋把油封鴨肉煎成金黃色。取出鴨肉，接著用剩下的油開小火翻炒蔬菜 10 分鐘，最後加入辣椒。

• 把蔬菜和塔布豆放進煮火腿的鍋子裡，加上蕃茄糊，文火燉煮 2 小時 30 分鐘，調味。把火腿拿出來，切掉皮，再放回湯汁裡，再加入油封鴨，續煮 15 分鐘。

🏷 圖片請見上一頁

6 人份

扁豆
燉鹹豬肉

準備時間：20 分鐘
烹調時間：5 小時
靜置時間：24 小時

普伊綠扁豆 350 克
蔬菜高湯 1.5 公升
洋蔥 4 顆
丁香 4 個
迷迭香 1 枝
蒜頭 4 瓣
豬油 3 湯匙
龍蒿 6 株
水煮風乾香腸 1 條
豬肩胛肉 900 克
燻五花肉 100 克
鹽、胡椒

◆

- 前一晚先將肩胛肉放在一半的豬油裡，用大火煎 15 分鐘，每一面都要煎到，最後放進 140℃的烤箱裡烤 4 個小時，期間要定時淋上蔬菜高湯。取出放涼後，冷藏備用。

- 隔天將 1 顆洋蔥的皮去掉後插入丁香。剩下的洋蔥剝皮切片，蒜頭也一樣。五花肉切成細條狀。用一鍋冷的蔬菜高湯煮扁豆、插了丁香的洋蔥、迷迭香、切片的香腸、條狀的五花肉，一共煮 20 分鐘（扁豆要保持硬實口感），瀝乾。

- 肩胛肉切成 6 塊，開大火用豬油煎 10 分鐘上色，取出備用。把扁豆放進這個平底鍋裡加熱，加入龍蒿，調味。

6 人份

墨西哥
辣肉醬

準備時間：30 分鐘
烹調時間：40 分鐘

罐頭紅腰豆 800 克
洋蔥 6 顆
蒜頭 6 瓣
紅蘿蔔 3 條
熟成蕃茄 4 顆
濃縮蕃茄糊 2 湯匙
蔬菜高湯 500 毫升
牛後腰脊肉（或稱沙朗或肋眼）400 克
小牛臀肉 400 克
小茴香 1 湯匙
薑粉 1 湯匙
辣椒粉 1 茶匙
芫荽 1 束
一顆檸檬份量的原汁
奶油 80 克
鹽、胡椒

◆

- 洋蔥和蒜頭剝皮後切末。肉類切成約 1 公分的小塊。削掉紅蘿蔔的皮，切成塊狀，蕃茄也一樣。瀝乾紅腰豆後用水洗淨。烤箱預熱至 160℃

- 取一個可以進烤箱的燉鍋，放入奶油，先翻炒洋蔥後，再加入肉類和香料，炒 10 分鐘上色。加入蔬菜、蕃茄糊、切碎的芫荽，接著倒入蔬菜高湯，調味，蓋上鍋蓋後，放入烤箱烘烤 30 分鐘。確認味道，這道菜的口味應該很重。上桌前加入檸檬汁。

簡便辣肉醬

如果不想花時間，可以直接取用絞肉，按同樣的步驟即可完成。當然也可以改用豬肉或羔羊，也會有令人滿意的效果。

6 人份

甘藍 菜肉捲

準備時間：45 分鐘
烹調時間：1 小時

◆

羽衣甘藍 1 顆
香腸肉餡 400 克
燻五花肉 80 克
紅蘿蔔 2 條
紅蔥 3 顆、蒜頭 3 瓣
去皮開心果 50 克
皺葉巴西里 1 株
胡椒粒 1 湯匙
杜松子 1 茶匙

蛋 1 顆
雞湯 500 毫升
鹽

◆

• 剝開甘藍的葉子，把最漂亮的幾葉放進沸騰的鹽水裡煮 5 分鐘，取出後冰鎮降溫。確實瀝乾後，取下中間的葉脈。

• 把燻五花肉切成細條狀。把蒜頭和紅蔥的皮剝掉，開小火跟五花肉一起煎 5 分鐘。紅蘿蔔削皮後切塊。把杜松子壓碎。接著把香腸肉餡、杜松子、胡椒粒、紅蘿蔔、開心果、蛋、巴西里末和鹽巴拌在一起。

• 取兩張保鮮膜，擺成十字，放上 2 至 3 片甘藍葉。把剛才拌好的肉餡放在葉子上，大約佔全部體積的 60%。其他葉子和內餡同樣作法。

• 把葉子蓋起來，利用保鮮膜壓實塑型做成球狀。取一張新的保鮮膜確保菜肉捲都壓緊了。

• 用電鍋蒸菜肉捲，約 30 分鐘。取出後稍微放涼再撕掉保鮮膜。

• 烤箱預熱至 160℃。取一個鑄鐵鍋，把雞湯倒進去，放上菜肉捲，蓋上鍋蓋後放進烤箱烤 30 分鐘。取出後切片享用。

餐酒搭配

GAILLAC
加亞克
強勁
AOC 1970年

◆

43° 54' 6.538"
北緯

1° 53' 47.422"
東經

法國最古老的酒款之一

葡萄品種：布洛可（*braucol*）、塔那（*tannat*）、杜拉斯（*duras*）、希哈（*syrah*）等

加亞克是法國最古老的產區之一，位於奧西塔尼大區（Occitanie），綿延 60 公里橫跨塔恩（Tarn）河兩岸。加亞克產區除了有聖米歇爾修道院（abbaye Saint-Michel）的粉紅砌磚，也栽植包括布洛可、塔那、杜拉斯、希哈、加美在內的多樣葡萄品種及其他次要的葡萄品種。這些葡萄品種分佈於三個不同的風土之上：左岸台地產出最豐富的酒款，右岸丘陵地產出較為細緻的酒款，科爾德高原（plateau cordais）則產出大量的白酒。品嘗加亞克酒，彷彿融入一系列紅色水果和香料之中。這款酒強勁、色澤黝黑，只求陳年以待。

6 人份

莫爾托香腸
配扁豆

準備時間：10 分鐘
烹調時間：1 小時

◆

莫爾托香腸 2 條
普伊綠扁豆 350 克
蒜頭 3 瓣
風乾火腿 4 片
洋蔥 4 顆
迷迭香 2 株
鮮奶油 300 毫升
蔬菜高湯 200 毫升
奶油 50 克 +50 克
麵粉 1 湯匙
鹽、胡椒

- 洋蔥去皮後切片，火腿也切成細條狀。

- 把這兩樣東西放進深鍋裡，開小火用奶油炒 10 分鐘。加入香腸，加水覆蓋，繼續用小火煮 30 分鐘。在香腸上戳幾個洞，加入扁豆、迷迭香，再根據扁豆的品質續煮需要的時間。最後將所有食材瀝乾。

- 蒜頭去皮切末，開小火，用 50 克的奶油翻炒 10 分鐘。加入麵粉，再炒 2 分鐘，接著倒入蔬菜高湯和鮮奶油。把扁豆放進鍋裡一起加熱。最後將香腸切成圓片後就可以享用了。

....

莫爾托香腸

「直徑約 5 公分的水煮香腸，用豬的瘦肉和油脂加上香料製成，特別是小茴香」。

餐酒搭配

№43

BUGEY
布傑
紅酒
AOC 2009年

◆

45° 57' 31"
北緯

5° 20' 37"
西經

重新找回真正身份的葡萄
葡萄品種：加美（*gamay*）、
黑皮諾（*pinot noir*）

比熱產區位於安（Ain）省南部，佔地 470 公頃，生產由單一品種葡萄所釀製的酒。加美品種葡萄釀製出的酒清新、輕盈、易飲；黑皮諾則釀製出細緻、富有活力、帶有紅色水果香氣的葡萄酒，能與某些布根地或蒙德斯（mondeuse）葡萄相媲美，入鼻時散發紫羅蘭和甘草的香氣，帶有柔順且高酸度的單寧。此原產地命名區的栽植環境已朝有機方式轉型，如今 32% 原產地命名區為有機栽植。這個略為隱蔽的原產地命名區葡萄價格仍在合理範圍，使年輕的葡萄栽植者得以進駐，釀製自然酒，並重新賦予葡萄的真正身份。

6 人份

尼斯醃肉
燉菜²⁹

準備時間：10 分鐘
烹調時間：3 小時
靜置時間：24 小時

◆

專門用來做紅酒燉肉的牛肉 1.5 公斤
普羅旺斯丘紅酒 1 瓶
洋蔥 3 顆
蒜頭 6 瓣
紅蘿蔔 3 條
西洋芹 2 根
百里香 3 株
迷迭香 3 株
熟成蕃茄 1 公斤

胡椒粒 1 湯匙
丁香 4 個
白蘭地 100 毫升
橄欖油 150 毫升
蝦夷蔥 6 株
鹽

◆

• 牛肉切成 5 公分大小。蒜頭、紅蘿蔔、洋蔥去皮後切薄片，再拌入牛肉中，加紅酒覆蓋，接著加百里香、迷迭香、胡椒粒、丁香。用白蘭地炙燒後，冷藏 24 至 36 小時……

• 取出牛肉瀝乾。將蕃茄切塊，芹菜切成短棍狀。取一個可以進烤箱的燉鍋，開大火，用橄欖油煎牛肉 15 分鐘上色。加入所有的蔬菜，再添一些先前醃牛肉的醬，加一點鹽，蓋上鍋蓋用 150°C 烤 2 小時。烘烤時如果水份蒸發過快，可以隨時加水。用一把叉子確認牛肉是否已經軟爛，視情況延長烘烤時間（根據肉品不同，最多可能會再需要 1 個小時）。牛肉入口即化時就是完成了。

• 上菜前加入一點蝦夷蔥段裝飾。

餐酒搭配

MINERVOIS
尚密內瓦
圓潤且可口
AOC 1985年

◆

43° 23' 10.252"
北緯

2° 49' 58.022"
西經

像真的糖果般甜滋滋

葡萄品種：希哈（*syrah*）、慕維得爾（*mourvèdre*）、格那希（*grenache*）、卡利濃（*carignan*）

由於尚密內瓦的領地綿延，造就了能生產極多酒款的風土。這塊產地位於法國南端一座盆地，佔地 5000 公頃，自地中海盆地一路向上延伸至海拔 500 公尺的黑山（Montagne Noire）山麓小丘。在此風土上獲准栽植希哈、慕維得爾、格那希、卡利濃等主要葡萄品種，混栽其他次要的葡萄品種。這款酒曾沐浴在充足的陽光下，因而具有良好酒體結構與高含量的單寧，呈現石榴石美麗暗沉的紅色澤且反射出紫羅蘭光。入鼻時散發豐富、爆發、成熟的黑色水果、黑醋栗及藍莓的氣味。入口時濃厚、圓潤及可口的口感，像真的糖果般甜滋滋，敬請暢飲……抱歉，敬請酙酌的飲用。

----

²⁹ 注：法文為 DAUBE，指一種法國南部的傳統燉肉菜餚，通常使用牛肉或羊肉，與紅酒、香草和蔬菜一起慢燉。

圖片請見下一頁 ☞

6 人份

芥末
兔肉

準備時間：20 分鐘
烹調時間：1 小時

兔肉 1 大隻的量
白葡萄酒 1 瓶
嫩菠菜 5 把
紅蔥 3 顆
蒜頭 3 瓣
濃稠鮮奶油 250 克
傳統芥末 3 湯匙
橄欖油 100 毫升
麵粉 1 湯匙
鹽、胡椒

◆

- 兔肉切塊。蒜頭和紅蔥剝皮切細。

- 開小火，用橄欖油炒兔肉、蒜頭和紅蔥 10 分鐘。加入麵粉，再炒 5 分鐘上色，倒入白酒融和鍋底香氣，調味，蓋上鍋蓋後再用小火煮 40 分鐘。

- 將芥末和鮮奶油拌在一起，從鍋裡取出兔肉後，把芥末鮮奶油倒入鍋中，再放入范菜，小火煮 5 分鐘，控制火候，不要沸騰。把煮好的醬汁淋在兔肉上即可享用。

6 人份

蘋果酒
兔肉

準備時間：30 分鐘
烹調時間：1 小時

兔肉 1 大隻的量
幼嫩帶葉紅蘿蔔 1 束
油漬嫩朝鮮薊 2 顆
蒜頭 6 瓣
薑 50 克
乾型蘋果酒 1 瓶
卡爾瓦多斯蘋果白蘭地（calvados）100 毫升
奶油 80 克
一顆檸檬份量的原汁
芫荽 4 根
鹽、胡椒

◆

- 兔肉切塊。刮洗紅蘿蔔表面。洗一下朝鮮薊，泡進冰檸檬水裡保鮮。切掉朝鮮薊外層的葉子，直到葉子顏色較淡的地方。再切掉尖端 1 公分左右，削去尾部的皮。薑去皮切末。

- 開小火，用奶油煎炒兔肉、薑末和一整顆蒜頭 10 分鐘，每一面都要煎成金黃色。倒入卡爾瓦多斯蘋果白蘭地炙燒。再加入紅蘿蔔、朝鮮薊，倒入蘋果酒，調味，開小火煮 50 分鐘。

- 上菜前，加入一點芫荽葉裝飾。

圖片請見上一頁

6 人份

焗烤火腿
吉康菜

準備時間：20 分鐘
烹調時間：45 分鐘
靜置時間：15 分鐘

吉康菜 6 大個
風乾火腿 3 片
法式白火腿 6 片
康堤乳酪 200 克
奶油 50 克 +60 克
牛奶 500 毫升
鮮奶油 500 毫升
麵粉 60 克
橄欖油 100 毫升
碎肉豆蔻 1 茶匙
青蔥 2 根
鹽、胡椒

◆

• 開小火，用橄欖油和 50 克奶油煎吉康菜 15 分鐘，每一面都要煎到。煎好後的吉康菜應該還有一點紮實，放在濾網上瀝乾水份 15 分鐘。

• 風乾火腿切半，另外切 6 大片康堤乳酪（約總量的 2/3）。

• 像開皮夾一樣，從中間打開吉康菜，放入半片風乾火腿和 1 片乳酪，調味，再用白火腿片包裹整個吉康菜，然後放進焗烤盤裡。烤箱預熱至 160℃。

• 開小火把 60 克的奶油融化，加入麵粉，用打蛋器攪拌到質地滑順。倒入一絲牛奶和鮮奶油，加入肉豆蔻，再煮 10 分鐘，加熱期間不斷攪拌，調味。

• 把做好的貝夏梅醬淋在吉康菜上，再放上剩下的乳酪，入爐烘烤 20 分鐘，上菜前放一點蔥末裝飾。

6 人份

蕃茄鑲肉

準備時間：30 分鐘
烹調時間：30 分鐘

蕃茄 12 顆
熟肉 1.2 公斤（小牛肉、豬肉、小羊肉……）
蛋 2 顆
紅蔥 2 顆
蒜頭 3 瓣
吐司 3 片
蝦夷蔥 1 束
鮮奶油 200 毫升
橄欖油 100 毫升
鹽、胡椒

◆

• 切開蕃茄頂端，用湯匙把果肉挖出，取蕃茄汁備用。把肉類絞成粗絞肉。紅蔥和蒜頭去皮切末。吐司撕成小塊後泡入鮮奶油裡，同時把蝦夷蔥切碎。烤箱預熱至 180℃。

• 把所有食材和絞肉拌在一起，加入蛋汁，調味。把做好的內餡放回中空的蕃茄裡。

• 把蕃茄放進烤箱裡，淋上蕃茄汁和一絲橄欖油，烘烤 30 分鐘。

圖片請見上一頁

6 人份

香草
烤雞

準備時間：20 分鐘
烹調時間：1 小時 15 分鐘

紅標土雞 1 隻（1.5 公斤）
香草 1 束（羅勒、芫荽、龍蒿或鼠尾草……任選）
蒜頭 8 瓣
橄欖油 100 毫升
鹽之花

◆

- 從香草束中取出 2 根，加上 1 瓣去皮蒜頭和橄欖油，一起攪打成風味油。把一半的香草葉摘下。烤箱預熱至 150℃。

- 用手指小心將雞皮翻開，把香草葉塞進皮和肉之間。剩下的香草和 7 顆蒜頭放進土雞體內，用牙籤把開口封起來。在雞皮上刷上風味油，調味。進烤箱烤 1 小時，接著將溫度調高到 200℃ 再烤 15 分鐘，烤到外皮酥脆。

- 搭配美味馬鈴薯泥、炒馬鈴薯或多樣蔬菜一起享用。

- -

「CUICUI」小雞[30]

想要一隻完美烤雞，每一磅重需要 25 分鐘的烘烤時間，當然了，這是指品質好的雞肉。烤好的肉要保持一點口感，吃起來才會有嚼勁。

6 人份

油封鴨
佐蒜頭馬鈴薯

準備時間：20 分鐘
烹調時間：40 分鐘

油封鴨腿 6 隻
蒜頭 18 瓣
BF15 馬鈴薯 1.2 公斤
紅蔥 6 顆
巴西里 1 束
鹽、胡椒

◆

- 取油封鴨的油，放進鍋子裡和蒜頭一起加熱 20 分鐘，用小將蒜頭油封，最後蒜頭應該變軟。烤箱預熱至 180℃。

- 馬鈴薯削皮，紅蔥切成一半，一起放入不沾平底鍋中，加入油封蒜頭的油，小火炒 20 分鐘上色，調味。把剁碎的巴西里放到馬鈴薯裡拌一拌。將油封鴨腿放進烤箱烤 10 分鐘。

- 鴨腿搭配馬鈴薯、油封蒜頭和紅蔥一起上桌。

- -

油脂即是美味精華

油封鴨腿的油可以用來炒菜，也可以加入百里香、迷迭香或其他香料漿果，油在吸收香氣後會變得更有風味。

- -

[30] 注：CUICUI 在法文中是鳥叫聲，同時也是「煮」東西的意思。

圖片請見下一頁

6 人份

燉雞

準備時間：30 分鐘
烹調時間：2 小時

母雞 1 大隻
紅蘿蔔 6 條
馬鈴薯 6 顆
西洋芹 4 根
地瓜 2 條
帶葉蕪菁 1 束
洋蔥 3 顆
綜合香草 1 束
丁香 4 個
韭蔥 2 根
鹽、胡椒

◆

- 削去所有蔬菜的皮後切大塊。

- 把整隻母雞放到 Le Creuset 的鑄鐵鍋，加水覆蓋，把水煮沸後撈去表面泡沫。加入韭蔥、插了丁香的洋蔥、香草束，最後調味。開小火煮 1 小時 30 分鐘，再加入紅蘿蔔、馬鈴薯、蕪菁和地瓜，續煮 30 分鐘，直到雞皮與雞肉分離。

- 搭配蔬菜和一碗雞湯享用。

亨利四世的功勞

蔬菜燉雞肉是一道具標誌性的菜餚，法國國王亨利四世曾推崇這道菜，解決在天主教與基督教的宗教戰爭後引發的飢荒。

是他讓這道菜變得普及，成為國家級的要事：「要是上帝讓我活下去，我將確保我的人民都能在鍋裡燉一隻雞。」感謝小亨利的堅持。

6 人份

紫甘藍、西洋梨
燉珠雞

準備時間：30 分鐘
烹調時間：55 分鐘

珠雞 1 隻
紫甘藍 1 顆
洋蔥 3 顆
西洋芹 2 根
comice 西洋梨 3 顆
白葡萄酒 300 毫升
鮮奶油 300 毫升
奶油 80 克
鹽、胡椒

◆

- 將珠雞切成塊。洋蔥去皮切細，紫甘藍也是。削掉梨子的皮，切成四等份。烤箱預熱至 180℃。

- 取一個可以進烤箱的燉鍋，把珠雞放進鍋裡，開大火用奶油煎到兩面成金黃色。拿出雞肉，加入甘藍、洋蔥，炒 5 分鐘。倒入白酒融和香氣，再放上梨子和雞肉，調味，加蓋，入爐烤 30 分鐘。加入鮮奶油再烤 15 分鐘。

- 芹菜切細，上桌前撒在上面裝飾。

圖片請見上一頁

6 人份

檸檬
珠雞

準備時間：20 分鐘
烹調時間：1 小時 5 分鐘

珠雞 1 隻
紅蔥 2 顆
蒜頭 6 瓣
蘑菇 1 公斤
四季豆 1 公斤
奶油 80 克
白橙皮酒 100 毫升
白酒 200 毫升
羅勒 1 束
鹽漬檸檬 2 顆
鹽、胡椒

◆

• 蒜頭、紅蔥去皮切細。去掉四季豆兩邊的筋絲，放到鹽水裡煮 15 分鐘，煮好後的四季豆要有點硬度，馬上降溫。切掉蘑菇蒂頭。烤箱預熱至 160℃。

• 取一個可以進烤箱的燉鍋，把珠雞放進鍋裡，開大火用奶油煎 10 分鐘，直到每一面都變成金黃色。加入蒜頭、紅蔥和蘑菇。最後倒入白橙皮酒融和香氣，再加入白酒、切丁檸檬，調味，加蓋，烘烤 40 分鐘。

• 出爐後把羅勒和四季豆加入湯汁中。

6 人份

巴斯克
燉雞

準備時間：30 分鐘
烹調時間：1 小時 15 分鐘

紅標土雞 1 隻
紅椒 2 個
青椒 2 個
黃椒 2 個
小蕃茄 500 克
洋蔥 2 顆
帶葉小洋蔥 1 顆
蒜頭 6 瓣
乾麵包 6 片
橄欖油 150 毫升
月桂葉 2 片
百里香 3 株
鹽、胡椒

◆

• 把雞肉切塊。小心剔除三種椒的種子和纖維，切細。小蕃茄切成一半。洋蔥和蒜頭去皮切細。烤箱預熱至 180℃。

• 開大火，用橄欖油煎雞肉 10 分鐘，直到表皮變成金黃色。取出雞肉，加入三種椒，和蒜頭、洋蔥、月桂葉、百里香一起，開小火炒 15 分鐘。加入蕃茄，再把雞肉放回鍋裡，維持小火 40 分鐘，調味。

• 把乾麵包切成丁，刷一層橄欖油後放進烤箱 5 分鐘。小洋蔥切片。雞肉搭配麵包丁和小洋蔥一起上桌。

6 人份

奶油雞

準備時間： 20 分鐘
烹調時間： 1 小時 20 分鐘

◆

紅標土雞 1 隻
乾燥牛肝菌 150 克
BF15 馬鈴薯 6 顆
玉米澱粉 1 湯匙
雞高湯 500 毫升
新鮮豌豆 2 公斤
帶葉小洋蔥 2 顆
蒜頭 6 瓣
濃稠鮮奶油 250 克
奶油 50 克
鹽、胡椒

- 把牛肝菌泡進兩倍的水裡，煮到沸騰後繼續煮 10 分鐘。蒜頭去皮切末，小洋蔥切細，上方青蔥的部分放在一旁備用。取出豌豆。把雞肉切塊。馬鈴薯削皮。烤箱預熱至 160℃。

- 取一個可以進烤箱的燉鍋，把雞肉放進鍋裡，開大火用奶油煎 10 分鐘。加入蒜頭、小洋蔥、馬鈴薯。再加入牛肝菌和剛才煮菌菇的水，倒入雞高湯，調味，加蓋，烤 45 分鐘。

- 把玉米澱粉加入鮮奶油裡拌勻，倒入燉鍋中，小火煮 10 分鐘，接著加入豌豆和青蔥，再煮 5 分鐘。

以酒入菜

傳統的奶油雞會使用黃葡萄酒（vin jaune）。我的食譜裡雖然沒有使用，但在沒有人看到的廚房角落裡，我還是會偷偷喝個幾口這款美妙的酒，如果還有剩下，就當作餐酒和雞肉一起享用。

餐酒搭配

№45

VIN JAUNE
黃葡萄酒
樂於發酵
AOC 1936年

◆

46° 54' 10"
北緯

05° 46' 26"
東經

值得等待數十年再品味的酒

葡萄品種： 薩瓦涅（*savagnin*）

黃葡萄酒釀自單一薩瓦涅葡萄。這種葡萄於十月份達到過熟的狀態時採摘。經發酵後留於未完全裝滿的橡木桶中陳釀，這空間並不另外補充添桶（ouillage），以利形成酵母層（voile）。這層由酵母形成的薄膜，會隔絕可能將酒轉化成醋的醋酸菌，並防止酒的氧化。陳釀過程須持續至少6年3個月（法定陳年期），使得此酒款聚集核桃、肉桂、杏仁、烤麵包、咖哩等無與倫比的風味及香氣。

6 人份

乾燥豌豆煮
五花肉

準備時間：20 分鐘
烹調時間：2 小時 15 分鐘

◆

新鮮五花肉 1.5 公斤
燻五花肉 150 克
乾燥豌豆 400 克
洋蔥 2 顆
蒜頭 3 瓣
雞高湯 200 毫升

咖哩粉滿滿 1 湯匙 +1 撮
鮮奶油 200 毫升
巴西里 1 束
奶油 50 克
炸油
鹽、胡椒

◆

- 將新鮮五花肉切成六等份，放入大量鹽水中煮 1 個半小時。烤箱預熱至 180℃。把煮好的五花肉放在一個烤盤裡，烤 20 分鐘。

- 使用同一鍋水煮乾燥豌豆，約煮 30 分鐘，煮好後應該還有一點硬。瀝乾。

- 蒜頭、洋蔥去皮切末，燻五花切成小條狀，全部用奶油開小火翻炒 10 分鐘。加入豌豆、雞高湯、鮮奶油和咖哩粉，調味。最後將五花肉放進豌豆裡加熱，撒上一點咖哩。油炸巴西里 5 分鐘，趁熱享用。

餐酒搭配

№46

MADIRAN
馬第宏
暗沉且酒體充足
AOC 1948 年

◆

43° 32' 58"
北緯

00° 03' 27"
東經

強勁如地方上的男子漢
葡萄品種：塔那（*tannat*）

這塊產地位於熱爾省（Gers）、上庇里牛斯省（Hautes-Pyrénées）及大西洋庇里牛斯省（Pyrénées-Atlantiques），還有對於橄欖球愛好者來說，極具象徵意義的阿杜爾河（Adour）貫穿其中。主要栽植的葡萄品種為塔那，是一個符合該地區形象的堅實葡萄品種，賦予所釀製的酒暗沉、強勁及酒體充足的特性。而位於海洋與山脈間的地理狀態，賦予此原產地命名區極為多樣的風土。這酒款於銷售前，依法規須等待一年，因為有必要讓單寧弱化，更顯絲柔質感。另通常需要五年的裝瓶陳年期，方能全面展現包括覆盆子、杜松子及烤麵包（於木桶中陳釀時期賦予）在內的多樣香氣。這是一個懂得引人盼望的酒款，但當人們選在良辰吉時品味它時，相信我，必定刻骨銘心。

---

31 注：法文為 bas morceaux，意思是低等肉，就是肉舖裡很少人買，價格很低的部位。

圖片請見下一頁 ☞

6 人份

胡桃
豬頰

準備時間：10 分鐘
烹調時間：1 小時 50 分鐘

◆

豬頰肉 1.5 公斤
洋蔥 2 顆
胡桃 100 克
帶葉蕪菁 2 束
豌豆 1 公斤
綠蘆筍 1 束
四季豆 500 克
小牛高湯 600 毫升
奶油 80 克
鹽、胡椒

◆

- 洋蔥剝皮切碎。開大火，用奶油翻炒 10 分鐘上色。加入豬頰肉再炒 10 分鐘，倒入小牛高湯，轉小火煮 1 個半小時，調味。

- 燉煮豬肉期間，可以用一大鍋鹽水煮四季豆 15 分鐘，取出降溫。同樣的，蘆筍煮 5 分鐘、降溫；豌豆 2 分鐘、降溫；蕪菁 5 分鐘、降溫。

- 胡椒放入 200℃的烤箱中烤 5 分鐘上色。將所有蔬菜放進燉豬頰的高湯裡，加入胡桃，趁熱享用。

6 人份

燉牛五花

準備時間：20 分鐘
烹調時間：3 小時 20 分鐘
靜置時間：15 分鐘

牛五花 2 公斤
紅蘿蔔 6 條
紅蔥 6 個
蒜頭 12 瓣
奶油 80 克
小茴香粉 1 湯匙
肉桂粉 1 茶匙
薑粉 1 茶匙
胡椒粒 1 茶匙
蔬菜高湯 600 毫升
鹽

◆

- 紅蘿蔔、紅蔥和蒜頭去皮後稍微切細。把香料抹在牛五花上。烤箱預熱至 160℃。

- 開大火，用奶油煎牛肉，每一面煎 5 分鐘，再放進焗烤盤裡。接著把蔬菜放在烤盤四邊，從高處淋下蔬菜高湯，烘烤 3 個小時。每半個小時把肉翻面，時不時淋一點高湯。最後半小時不加湯，讓它自然蒸發。確認熟度，有必要時可以延長烘烤時間（根據肉質不同，可能延長至 1 小時）。放置 15 分鐘後再上桌。

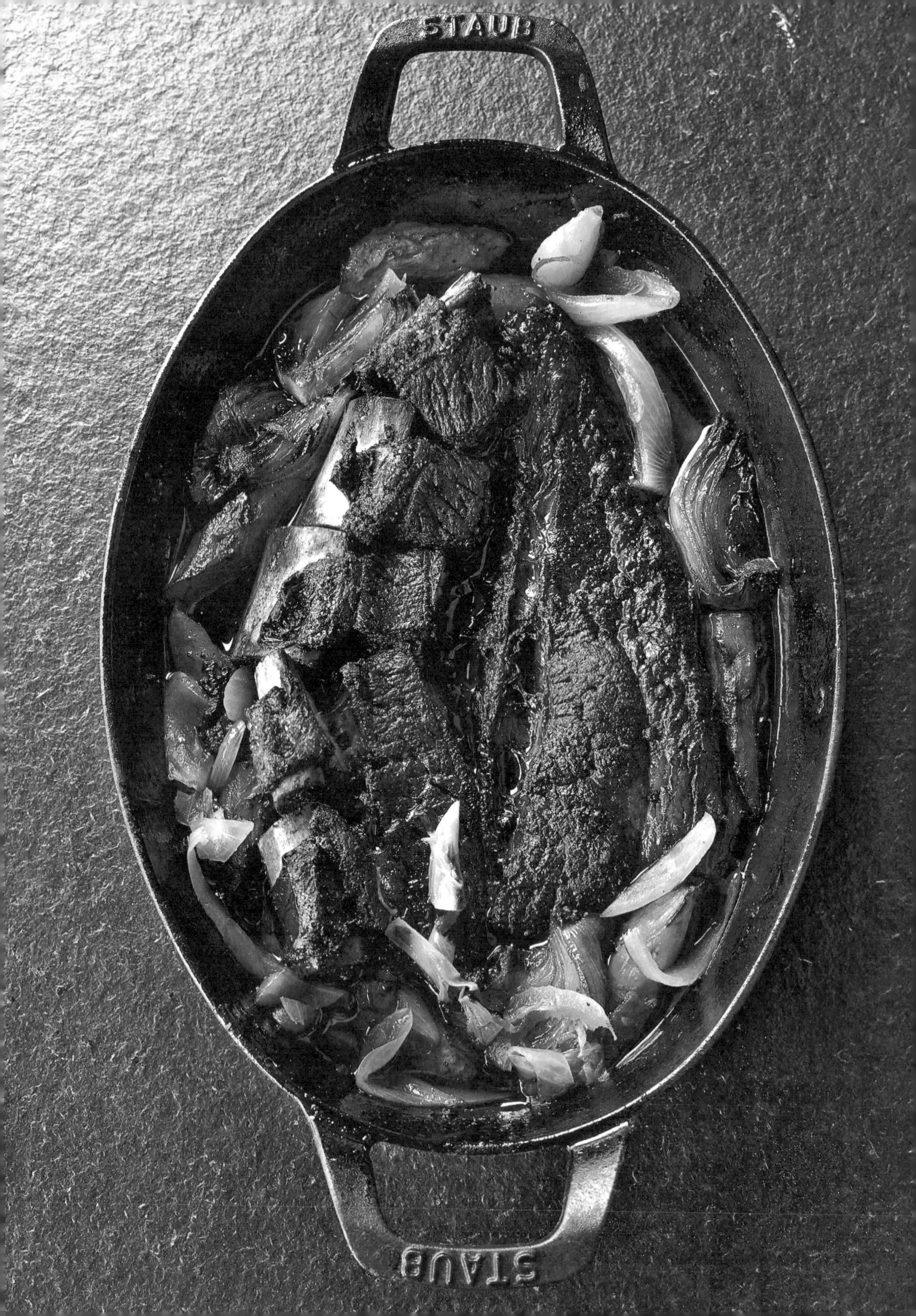
STAUB
STAUB

🏴 圖片請見上一頁

6 人份

燉小牛腱

準備時間：30 分鐘
烹調時間：2 小時 30 分鐘

小牛腱 1 條（1.5 公斤）
洋蔥 3 顆
蒜頭 6 瓣
紅椒 2 個
青椒 2 個
韭蔥 2 根
羅勒 1 束
小牛高湯 300 毫升
白葡萄酒 300 毫升
埃斯佩萊特（Espelette）辣椒 1 湯匙
蜂蜜 1 湯匙
茴香籽 1 湯匙
奶油 80 克
鹽、胡椒

◆

• 蒜頭、洋蔥去皮切碎。小心剔除三種椒的種子和纖維，切細。韭蔥切碎。

• 取一個可以進烤箱的燉鍋，把小牛腱放進去，加入奶油和蜂蜜，大火翻炒 15 分鐘。加入所有的蔬菜、碎羅勒、香料、茴香籽，大火煮 15 分鐘。烤箱預熱至 160℃。

• 淋上白酒和小牛高湯，調味，加蓋後烘烤 2 個小時。

6 人份

焗烤牛肉

蘿蔔泥

準備時間：30 分鐘
烹調時間：1 小時 30 分鐘

煮熟牛尾 1 條（詳見 278 頁）或蔬菜燉肉剩下的肉
紅蘿蔔 1 公斤
地瓜 2 條
濃稠鮮奶油 150 克
洋蔥 4 顆
紅蔥 4 顆
小茴香 2 湯匙
新鮮羊乳酪 150 克
奶油 80 克
鹽、胡椒

◆

• 紅蘿蔔、洋蔥、地瓜削皮切塊，放進大量鹽水中煮 45 分鐘。全部打成泥，加入鮮奶油，調味。

• 把肉絞碎，紅蔥剝皮切碎後放進焗烤盤裡用小火炒 5 分鐘，加入絞肉、小茴香，開小火煮到肉變熱，大約需要 10 分鐘，最後調味。烤箱預熱至 160℃。把地瓜紅蘿蔔泥放進焗烤盤，放上小塊羊乳酪，進烤箱 30 分鐘。

6 人份

笛豆
燉小羊肉

準備時間：15 分鐘
烹調時間：1 小時 45 分鐘
靜置時間：1 晚

◆

去骨小羊肩 1 個
乾燥笛豆 350 克
迷迭香 2 株
紅蔥 4 顆、蒜頭 6 瓣
薄荷葉 10 片
燻五花肉 150 克
蔬菜高湯 1 公升
奶油 80 克

- 提前一晚將笛豆泡在大量的水裡。
- 當天把小羊肉切成 5 公分的塊狀。紅蔥和蒜頭去皮切末。五花肉切成細條狀，薄荷切末。
- 把蒜頭、紅蔥、五花肉和羊肉放進燉鍋裡，加入奶油，用小火煎 15 分鐘。加入薄荷、迷迭香、笛豆，加入蔬菜高湯蓋過食材，加蓋，開小火燉煮 1 小時 30 分鐘，期間記得注意水份蒸發狀況，最後調味。

可以放臭屁的豆料理

如果沒有時間泡笛豆，可以直接購買罐頭，記得烹煮前要確實洗乾淨即可。

小羊肉的煮法跟食譜裡一樣，笛豆則是放到燉羊肉的湯裡加熱 5 分鐘即可。

餐酒搭配

SAINT-ÉMILION
聖愛美濃
甜美
AOC 1936年

◆

44° 53' 29.778"
北緯

0° 9' 15.228"
西經

被列為世界文化遺產的酒
葡萄品種：梅洛（*merlot*）、
卡本內弗朗（*cabernet franc*）、
卡本內蘇維濃（*cabernet sauvignon*）

聖愛美濃村位於利布內（Libournais）自然區內的多爾多涅河（Dordogne）右岸。產區及其八個村落被聯合國教科文組織列為世界文化遺產。這片風土佔有面積達 5,500 公頃，60% 的面積栽植梅洛品種葡萄，其他面積則栽植卡本內弗朗與卡本內蘇維濃品種葡萄。這款酒的外觀呈深紫藍色，入鼻時散發紅醋栗、草莓等水果的前調香氣。開瓶後，則釋放出香料、松木、雪松、可可及烘焙的香調。它展現出美麗的平衡及無與倫比的長韻，陳年後變得甜美，獲致樹下植被、松露的次要香氣，因此有必要在酒窖中將這款酒珍藏個十來瓶，以便追蹤變化。

6 人份

小牛頭

佐格里畢許醬GRIBICHE 或法式酸辣醬RAVIGOTE

準備時間：30 分鐘
烹調時間：3 小時

◆

小牛頭肉捲 1 個
紅蘿蔔 6 條
BF15 馬鈴薯 6 顆
茴香球莖 3 個
小白菜 3 個
綜合香草 1 束
洋蔥 3 個、丁香 6 個
粗鹽 2 湯匙

• 將小牛頭肉捲放進一個深鍋裡，加水覆蓋，再加入 1 湯匙粗鹽，煮到沸騰，滾 5 分鐘後取出清洗。再把肉放進另一鍋水裡，一樣煮到沸騰，加入香草束、插了丁香的洋蔥，燉煮 2 小時。

• 紅蘿蔔和馬鈴薯削皮，茴香球莖和小白菜切半。紅蘿蔔加入小牛頭鍋裡，煮 3 至 4 分鐘，接著加入其他蔬菜，續煮 30 分鐘。

聽，喀啦喀啦……

在席哈克（Jacques Chirac）擔任法國總統期間，小牛頭曾是共和國最受讚譽的菜餚，因為席哈克就是這道菜的愛好者。如果您和客人不太熟，千萬不要輕易嘗試這道菜，否則您的冰箱可能會被它佔聚好幾天。

購買食材時，要選擇顏色偏白的小牛頭肉捲，裡面要塞滿牛舌和牛頰。燉煮的過程中隨時確認熟度：刀子叉入肉捲外皮時一定要馬上刺穿。煮肉的高湯可以盡量以香草增添香氣，肉才能吸收足夠香味。另外一定要選擇品質好的芥末醬搭配，拜託……！

餐酒搭配

№48

GIVRY
吉弗里
帶有紫羅蘭色反光
AOC 1946年

◆

46° 46' 59.052"
北緯

4° 44' 33.587"
東經

亨利四世 HENRI IV 最愛的酒款
葡萄品種：黑皮諾（*pinot noir*）

日夫里是亨利四世國王最愛的酒款，產區位於夏隆丘（côte chalonnaise）的原產地命名區。以紅酒而言，此原產地命名區劃分為佔地 100 公頃的一級產區及佔地 120 公頃的村莊級產區。黑皮諾理所當然是主要使用的葡萄品種，生產的酒在外觀上呈現紫色，並帶有紫羅蘭色的反光。這款酒整體散發紫羅蘭、紅色水果的芳香，並帶有甘草和丁香的香氣印記，年輕期時香氣通常不明顯，單寧含量較高，需經年累月陳年後才能獲致圓潤（有點像我們）的口感。

6 人份

紅酒
燉牛頰肉

準備時間：30 分鐘
烹調時間：3 小時 30 分鐘
靜置時間：15 分鐘

◆

牛頰肉 1.5 公斤
燻五花肉 250 克
紅蘿蔔 6 條
蘑菇 500 克
洋蔥 6 顆、蒜頭 4 瓣
牛高湯 600 毫升
高級紅酒 1 瓶

麵粉 1 湯匙
杜松子 1 湯匙
胡椒粒 1 茶匙
綜合香草 1 束
奶油 100 克
鹽

◆

• 切掉牛頰的皮脂，其餘牛肉切成 5 公分的塊狀。把五花肉切成粗條狀。紅蘿蔔削皮後切斜片。洋蔥和蒜頭去皮切末。蘑菇切半。

• 取一個可以進烤箱的燉鍋，放入奶油，小火翻炒牛肉和豬五花 10 分鐘。取出肉類，加入洋蔥、蒜頭、杜松子和胡椒，再炒 10 分鐘。烤箱預熱至 160℃。

• 把肉放回鍋裡，加入麵粉，煮 5 分鐘。加入紅蘿蔔、蘑菇，倒入牛高湯與紅酒，再放香草束，最後調味，加蓋入烤箱 3 小時。用叉子確認肉是否已軟爛。有必要時可以延長烘烤時間（根據肉質不同，可能延長至 1 小時）。放置 15 分鐘後再上桌。

餐酒搭配

№49

CAIRANNE
凱拉納
帶有水果香氣且可口
AOC 2016年

◆

44° 13' 58.681"
北緯

4° 56' 0.182"
西經

隆河谷地 VALLÉE DU RHÔNE 的新原產地命名區
葡萄品種：黑格那希（*grenache noir*）、希哈（*syrah*）、慕維得爾（*mourvèdre*）

地中海常綠灌木叢回應著陽光，夏蟬成群合鳴，我們置身於沃克呂茲省（Vaucluse）西北部的凱拉訥，這個「差不多是南部」的地方。這裡是隆河谷地（Vallée du Rhône）的全新原產地命名區，一塊位於高處且色彩繽紛的產區，自 1929 年起集葡萄栽植者的共同意願而誕生，旨在讓外界認識凱拉納產酒的品質。這塊葡萄栽植的面積為 877 公頃。紅酒主要由黑格那希，伴隨希哈、慕維得爾等葡萄釀製而成。這款酒濃度極高，混合堅果、皮革及松露的香氣，且經得起陳年，於數年後達致成熟，帶來非凡的美味口感。

圖片請見下一頁 ☞

6 人份

綠咖哩
燉牛尾

準備時間：20 分鐘
烹調時間：4 小時

切段綁線的牛尾 1 個
韭蔥 4 根
帶葉小洋蔥 4 顆
蒜頭 6 瓣
綠咖哩醬 3 湯匙
蔬菜高湯 300 毫升
白葡萄酒 300 毫升
橄欖油 200 毫升
鹽、胡椒

◆

- 將整根韭蔥切碎後洗淨。小洋蔥切半。

- 取一個可以進烤箱的燉鍋，放入橄欖油，開小火炒洋蔥和整顆蒜頭 15 分鐘。把白酒倒入蔬菜高湯裡，加入綠咖哩煮滾 2 分鐘。烤箱預熱至 160℃。

- 把牛尾放在韭蔥、蒜頭、洋蔥上，加入咖哩湯覆蓋，調味，加蓋，入烤箱 3 小時 45 分鐘。骨肉完全分離時就是煮好了。期間記得確認高湯是否足夠，視情況加湯或延長烘烤時間。

無限可能的尾巴

燉牛尾需要很長的時間，可是可以用在很多不同的菜餚裡，建議一次做兩份，一份立即品嚐，另一份剝掉皮後就可以添加在蒲公英沙拉裡，或是用來做馬鈴薯泥焗肉，甚至加入香草做成醬糜，在宴客時當作開胃小點來吃。

6 人份

皇后酥

準備時間：45 分鐘
烹調時間：1 小時

千層酥皮 2 捲
蛋 1 顆
小牛胸腺 800 克
野生蘆筍 1 束
紅蘿蔔 3 條
紅蔥 6 顆
蒜頭 6 瓣
小牛高湯 300 毫升
鮮奶油 300 毫升
波特白酒 100 毫升
奶油 50 克
牛奶 500 毫升
鹽、胡椒

◆

- 用一個玻璃杯或壓模把酥皮切成 12 個直徑 8 公分的圓片。把蛋汁打散，刷在一片圓片上，蓋上另一片圓片後在表面再刷一次。取一個口徑小一點的玻璃杯，在兩個圓片上方壓一個印子。重覆同樣的動作。烤箱預熱至 160℃。

- 把做好的酥皮盒子放在防沾烤紙上，烤 30 分鐘，取出後放在室溫下備用。

- 用一鍋牛奶加水煮小牛胸腺 15 分鐘，刮去表面的膜，切成 5 公分的塊狀。紅蘿蔔削皮後切成圓片狀，紅蔥和蒜頭切碎。

- 把蒜頭、紅蔥和紅蘿蔔放到平底鍋裡，開小火用奶油炒 10 分鐘。加入小牛胸腺，開小火煎 10 分鐘上色。倒入波特白酒融和鍋底香氣，再加入小牛高湯、鮮奶油，調味後煮 10 分鐘。最後加入蘆筍續煮 5 分鐘。

- 從腰處切開酥皮盒子，拿掉下方的酥皮。把酥皮底部放在盤子上，填一些小牛胸腺，然後再把上半部蓋回去。

👉 圖片請見上一頁

6 人份

腰子
與栗子

準備時間：30 分鐘
烹調時間：40 分鐘

小牛腰子 3 個
燻五花肉 200 克
紅蔥 3 顆
蒜頭 4 瓣
青蔥 2 根
真空栗子 300 克
馬德拉酒 200 毫升（madère）
鮮奶油 300 毫升
奶油 50 克 +50 克
鹽、胡椒

◆

- 刮掉腰子表面的皮脂，切成小塊。放入鍋中，開大火，用奶油煎 5 分鐘上色。放在濾網上 15 分鐘。

- 五花肉切成細條狀。紅蔥和蒜頭去皮切末。全部用奶油開小火翻炒 10 分鐘。把瀝乾的腰子放進鍋裡，倒入馬德拉酒融和香氣，再加入鮮奶油、栗子，最後調味。煮 10 分鐘，直到醬汁變濃稠。上桌前撒上蔥花裝飾。

··

咬咬腰子

慎選腰子是這道食譜成功的要素。和其他內臟一樣，腰子要非常新鮮。購買時，可以挑選還裹在油脂裡且顏色很白的腰子。

除去表面皮脂後，腰子應該呈現美麗的淡咖啡色，而且不能有血印、幾乎沒有味道。烹煮前一定要記得除去皮脂，而且一定要確實瀝乾血水。只要烹煮的過程中，醬汁完全覆蓋腰子，就不會出差錯了。

6 人份

自製酥脆
牛肚

準備時間：30 分鐘
烹調時間：5 小時 30 分鐘

漂白洗淨過的牛肚 2 公斤：包含百葉、蜂巢、皺胃
洋蔥 6 顆
蒜頭 8 瓣
紅椒 2 個
紅蘿蔔 4 條
西洋芹 3 根
蕃茄 2 公斤
濃縮蕃茄糊 3 湯匙
鳥眼辣椒 2 條
蘋果酒 1 瓶
茴香酒 100 毫升
橄欖油 200 毫升
龍蒿 1 束
麵包粉 3 湯匙
胡椒粒 1 湯匙
鹽

◆

- 把牛肚各部位切成 5 公分的長方形。紅蘿蔔、蒜頭和洋蔥都去皮後切成小塊。芹菜和蕃茄也切丁。剁除紅椒的種子和纖維後也切小塊。辣椒切末。烤箱預熱至 150℃。

- 取一個可以進烤箱的燉鍋，把牛肚、胡椒和所有蔬菜（蕃茄除外）都放進去，開小火用橄欖油炒 15 分鐘。倒入茴香酒炙燒，再加入蕃茄，再把蘋果酒加進去，加一點鹽。蓋上鍋蓋後放入烤箱 5 個小時。檢查肉的熟度，應該要煮到很嫩，視情況延長烘烤時間。

- 摘下龍蒿葉，放進鍋裡。牛肚裝盤後撒一點麵包粉，再烤 15 分鐘，上桌。

CHAPITRE

◇ V ◇

漁獲上岸

理性的智慧

◆

　　喂喂？還在水裡嗎？是的，小酒館也渴望著水和水裡來的東西。別以為小酒館裡的人瘋瘋癲癲，就會忘記讚美漁夫們的辛勤。漁獲難得，小酒館惜之。

　　惜之愛之，就是尊重它們，遵循海洋上捕撈的季節。海洋一整年都把自己獻給我們，就像春天土裡冒出頭的蔬菜。養殖水產的環境不佳會直接反應在品質上，肉質會像在太陽下融化的奶油一樣鬆軟，毫無味道可言，我們可以直接忽略它們。養殖魚除了形狀上不同外，其他方面都是千篇一律。

　　我們選擇在海底經歷了豐富生活的野生魚，它們在潮流間鍛練出肌肉，各別的特色會在餐盤裡呈現出來。我們避開瀕危的魚類，如果消費者如人類不停索求，牠們就會面臨消失的一天。我們接受沙丁魚，我們選擇鯖魚，我們在適當的季節裡有節制地享用黑鮪魚，一個星期享受一次，就從星期二開始，用心品嚐。

◆

魚鮮

吧檯閒話

水產展示台

野生魚或養殖魚，垂釣或拖網，整條魚或魚排，如果我們希望在選擇最優質的漁獲時也能支持永續漁業，就無法不去思考這些問題。歐洲水域有數百種水產，但這種多樣性並未出現在我們的餐盤上，因為大多數人食用的都是進口的鮭魚、鱈魚或蝦子。

海洋漁類的季節

冬季

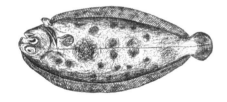

海鱸、白斑狗魚、竹筴魚、康吉鰻、鳥蛤、聖賈克扇貝、長吻椎鯛、黑線鱈、赤色綠鰭魚、鮋魚、生蠔、挪威海螯蝦、青鱈、鯖魚、牙鱈、章魚、沙丁魚、比目魚、條長臀鱈。

春季

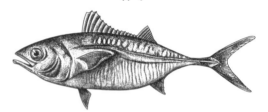

鯖魚、聖賈克扇貝、長吻椎鯛、黑線鱈、鮋魚、螯龍蝦、挪威海螯蝦、青鱈、牙鱈、鮋魚、沙丁魚、長鰭鮪、黃道蟹。

秋季

地中海鯷魚、海鱸、峨螺、魷魚、歐洲無鬚鱈、康吉鰻、聖賈克扇貝、長吻椎鯛、黑線鱈、燻黑線鱈鮋魚、生蠔、挪威海螯蝦、青鱈、鯖魚、牙鱈、淡菜、淺蜊、縱帶羊魚、沙丁魚、條長臀鱈。

夏季

地中海鯷魚、魷魚、鳥蛤、長吻椎鯛、黑線鱈、鮋魚、螯龍蝦、挪威海螯蝦、青鱈、鯖魚、牙鱈、木樁養殖淡菜、紅鯔魚、縱帶羊魚、鮋魚、沙丁魚、條長臀鱈、黃道蟹。

水產養殖

養殖魚類佔總產量的一半，例如大多數的鮭魚就是來自養殖農。雖然歐洲的「養殖場」環境評估還算滿意，但仍有某些形式的水產養殖會對環境帶來負面影響，特別是熱帶地區國家為養蝦而破壞紅樹林生態。從營養的角度來看，養殖魚和捕撈魚沒有差別，但就肉質口感來說……天差地別。

海洋管理委員會認證標章（MSC）
「永續漁業」

這個標章保障了海產的新鮮度，經
MSC認證的產品符合環境、經濟
與社會三方面的責任標準。

紅標
（Label Rouge）

紅標代表已通過法國當局的食安檢查及
監督，可以找到一些鮭魚和鱒魚等產品。

有機水產養殖
（Agriculture Biologique）

這項歐洲標誌代表遵循嚴格規定養
殖的水產：沒有農藥、色素……

確認清單：正確購魚指南

－優先選擇生活在大自然裡的野生魚，而非大多困在擁擠漁籠裡的養殖魚。

－優先選擇當地漁產，沒有經過數千公里的跋涉，絕對比較新鮮。

－注意漁產季節，盡量選擇不同魚種。當季的漁產既便宜又美味。

－優先選擇整條魚而非魚排：全魚價格較低，而且也是唯一保證鮮度的方式
（魚眼清澈透明、表皮緊緻、鱗片光亮等）。

捕撈方式

挖掘捕撈

掛在鋸齒狀金屬架上的囊狀網
具，可以把動底層沉積物過濾
出貝類。這種捕撈方式受到嚴
格控管，避免過度捕撈。

圍網

原理與拖撈相同，只是速度
較慢，網子如囊狀，放在底
層。這種捕撈方式會誤捕其
他魚類並影響海底生態。

垂釣*

把魚鉤或魚餌掛在船上（拖釣）
或掛在桿子上（手釣）。
這種捕魚方式只針對特定魚
種，對環境影響最小。

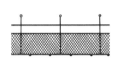

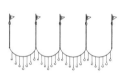

刺網

刺網是漁船放在海底或海
面上的一道網牆。這種捕
撈方式有時會不小心捕到
其他魚種（海豚）。

拖網

這種技巧使用巨大的漏斗狀
漁網，根據捕撈的魚種有所
不同（衍桿式拖網：比目
魚、蝦子；底拖網：大西
洋鱈、青鱈、牙鱈；中層
拖網：鯖魚、海鱸……）

陷阱網具（漁籠）*

放置在海床或漂流在海水中有
誘餌的誘捕器，主要用來捕撈
貝類：黃道蟹、螯龍蝦……這
種捕撈方式對環境很友善。

延繩釣

這種捕撈方式是把許多裝了
魚餌的釣鉤（可達12000個）
放在一條釣線上，放置在海
底或海面。這種作法有時
會不小心捕到其他魚種。

*對環境影響最小的捕撈法

圖片請見下一頁 ☞

6 人份

脆皮
鱈魚

準備時間：20 分鐘
烹調時間：1 小時
靜置時間：1 小時

◆

鱈魚排 6 片
茄子 3 條
甜椒 6 根
奶油萵苣 3 顆
羅勒 1 束
半鹽奶油 150 克
乾麵包 100 克
蒜頭 8 瓣
橄欖油 200 毫升
鹽、胡椒

◆

- 取 1 顆蒜頭剝皮，和 2/3 的羅勒、乾麵包、奶油一起攪打成泥，調味。把打好的泥放在兩張防沾烤紙中間，厚度約 2mm，放入冰箱冷藏 1 小時。烤箱預熱至 180℃。

- 茄子切半，刻畫出格子狀的紋路，奶油萵苣切半。把剩下的羅勒和 100 毫升的橄欖油、1 顆去皮的蒜頭放入調理機打成青醬，厚塗在茄子上。每個茄子上都再加 1 瓣完整的蒜頭，烤 30 分鐘。烤完的茄子應該很軟嫩。

- 把甜椒和奶油萵苣放進鍋裡，加入剩下的青醬一起用小火炒 10 分鐘，調味。

- 清蒸鱈魚 7 至 8 分鐘，取出。把剛才做好的羅勒泥切成鱈魚排的大小，放在每一片魚肉上，開啟炙烤模式烤 5 分鐘。與所有的蔬菜一起享用。

6 人份

憤怒
牙鱈

準備時間：15 分鐘
烹調時間：20 分鐘

牙鱈 6 條
麵粉 150 克
哈特馬鈴薯 1 公斤
蛋黃 2 顆
蒔蘿 1 束
梅爾福醋 *1 湯匙
魚露 1 湯匙
酸豆 1 湯匙
葡萄籽油 200 毫升
橄欖油 100 毫升 +1 湯匙
蝦夷蔥 1 株
炸油
鹽、胡椒

◆

- 刷洗馬鈴薯外皮，放進鹽水煮 15 分鐘。牙鱈沾滿麵粉，然後將魚尾塞到魚嘴裡，用牙籤固定。

- 將蛋黃、醋和魚露拌在一起，加入所有的油，用打蛋器拌成美乃滋。蝦夷蔥和酸豆切末，加入美乃滋裡。

- 炸油加熱至 180℃，將牙鱈放進油裡炸 3 分鐘。取出炸好的魚，放在可以保溫的地方，調味。

- 把美乃滋淋在馬鈴薯上，裝盤。摘下蒔蘿的葉子放上，淋一湯匙橄欖油。炸魚和馬鈴薯沙拉一起享用。

髮如鱈

牙鱈的法文 merlan 也用來暗稱理髮師。16 世紀時，這個指的是指做假髮的人，因為他們圍裙上總是沾滿白色的粉末，就像牙鱈的肚子。

圖片請見上一頁

6 人份

牙鱈
佐柯爾貝醬 COLBERT

準備時間：45 分鐘
烹調時間：30 分鐘

牙鱈 6 條
白麵包粉 200 克
奶油 125 克
檸檬 4 顆
扁莢菜豆 500 克
帶葉小洋蔥 3 顆
扁葉巴西里 6 株
龍蒿 6 株
炸油
鹽、胡椒

◆

- 把鱈魚擺平，背朝上，從頭到尾沿著中間的魚骨切一個開口。切掉魚頭，清空內臟，去掉黑色的皮，清洗乾淨後瀝乾。

- 把菜豆放進一大鍋鹽水中煮 15 分鐘，取出後降溫，切成段。小洋蔥去皮切細。香草切末後拌入奶油，再加 1 顆檸檬的檸檬汁，調味。把小洋蔥放進平底鍋，加奶油，開大火炒 10 分鐘，加入菜豆後再炒 5 分鐘。

- 炸油加熱到 160℃。鱈魚裹上一層厚厚的麵包粉後炸 5 分鐘，調味。

- 將炒好的菜豆放在魚肉上，搭配一瓣檸檬上桌。

6 人份

普羅旺斯蒜泥醬
大冷盤

準備時間：20 分鐘
烹調時間：30 分鐘
靜置時間：1 小時

大西洋鱈魚排 6 片
粗鹽 200 克
煮熟的章魚觸手 6 根
煮熟的峨螺 600 克
去皮的帶葉紅蘿蔔 6 根
白花椰菜半顆
切成大塊的櫛瓜 3 條
野生蘆筍或綠蘆筍 2 束
新鮮豌豆 1 公斤
蛋 8 顆
蒜頭 2 瓣
茴香酒 1 湯匙
葡萄籽油 200 毫升
橄欖油 100 毫升
法式芥末醬 1 湯匙
葡萄酒醋 1 湯匙
羅勒、雪維草、芫荽共 3 束
鹽、胡椒

◆

- 把粗鹽撒在鱈魚上，放進冰箱 1 小時。時間到後，取出洗淨。

- 取出豌豆。煮一鍋鹽水，把紅蘿蔔放進去煮 20 分鐘、白花椰菜 10 分鐘、櫛瓜 5 分鐘、蘆筍 2 分鐘、豌豆 1 分鐘，煮好後的蔬菜都要降溫。把 6 顆蛋放進鹽水裡煮 8 分鐘 45 秒，剝殼後切半。再把 2/3 的香草和去皮的蒜頭切碎。

- 把芥末、2 顆蛋黃、茴香酒和醋拌在一起，做成美乃滋。再用打蛋器拌入兩種油和剛才切碎的香草和蒜頭。用 80℃ 清蒸鱈魚 10 分鐘，加入章魚和峨螺後再蒸 5 分鐘，最後把蔬菜放進蒸鍋裡再加熱 3 分鐘。全部一起趁熱上桌。

6 人份

磨坊風味
比目魚

準備時間：10 分鐘
烹調時間：15 分鐘

◆

比目魚 2 大條（400 克）
奶油 60 克
橄欖油 100 毫升
麵粉 50 克
蒜頭 4 瓣
八角 6 顆

一顆檸檬份量的原汁
鹽、胡椒
這道菜可以搭配任何你喜歡的配菜一起吃，
不過單吃也是很美味的。

◆

- 用刀子在比目魚尾部 1 公分左右的地方切一刀，慢慢地往頭部的方向將黑色的魚皮撕開，可以用一條擦拭巾抓住一小塊皮，方便撕開。白色那一面的皮也用一樣的方式處理。清空比目魚內臟，清洗乾淨用把水吸乾。

- 把橄欖油倒入一個不沾鍋裡，加入蒜頭和八角。比目魚沾裹了麵粉後，腹部朝上放入鍋中煎 5 分鐘。翻面，放入奶油，轉小火煎 5 至 8 分鐘，期間要不斷澆融化的奶油，此時的奶油應該已經呈榛果色。

- 調味後淋上一點檸檬汁就可以享用了。

餐酒搭配

CHASSAGNE-MONTRACHET
夏山 - 蒙哈榭
AOC 1937年

◆

46° 56' 16.77"
北 緯
4° 43' 46.42"
東 經

三個特級產區與一座村落
葡萄品種：夏多內（*chardonnay*）

我們來到科多爾省（Côte-d'Or）內的伯恩（Beaune）丘原產地命名區。此區栽植 216 公頃的夏多內品種葡萄，其中 118 公頃屬於一級園。夏山 - 蒙哈榭村落周圍有三個特級園：蒙哈榭（Montrachet）、巴塔 - 蒙哈榭（Bâtard-Montrachet）和克里奧 - 巴塔（Criots-Bâtard）。人們如享用瓊漿玉液般品味這幾款卓越的釀酒，是一生當中至少要品味一次的珍品。一如其近鄰普里尼 - 蒙哈榭（Puligny-Montrachet），夏山 - 蒙哈榭無疑是生產特級白酒的原產地命名區。夏多內品種葡萄在此區覓得良棲，並得以在全世界展露風采。它對懂得鑑賞的愛好者而言是不可或缺的明星。此款酒口感極為豐富，外觀呈現金黃色澤，並帶有綠色反光，散發出馬鞭草和榛果的香氣。此酒款開瓶後，會顯現出奶油香調的特性，並伴隨烘焙的尾韻。此款酒經得起陳年，濃縮後散發出蜂蜜及成熟白色水果的風滋味。這是一款令人無法忽視的酒款，其柔順醇厚與甜美口感會持續在口齒間留香。

6 人份

紅蔥
鮪魚肚

準備時間：5 分鐘
烹調時間：5 分鐘

鮪魚腹肉罐頭 2 罐
紅洋蔥 2 個
羅勒葉 8 片
煮熟的哈特馬鈴薯幾個
橄欖油
鹽之花、胡椒

◆

- 快，有客人來訪。開胃小菜準備好了吧？老王夫婦快到了嗎？只要 5 分鐘就可以把空蕩的桌子變成一場味覺盛宴。

- 洋蔥去皮切碎。把鮪魚腹肉放在鋪了洋蔥的盤子上，淋上一點橄欖油，再加一點馬鈴薯，用保鮮膜封好，放進微波爐 2 分鐘。上桌前撒一點碎羅勒裝飾……完成！

偽鮪魚

為保護自然資源，黑鮪魚的捕撈有極其嚴格的規定，需要特別的許可證，有環標的漁船才能捕撈黑鮪魚（每艘船一個環標）。這種鮪魚美味至極，價格當然也很高貴。

有時市場上會有仿冒品，標註「thon rouge」[32]，其實指的是紅色的魚，而非所謂黑鮪魚。這種行為當然是完全犯法的。

不過鮪魚的品種的確很多，其他鮪魚沒有那麼美味，但濫捕的情形也沒有那麼嚴重。常見的價格平民的鮪魚有暱稱「germon」的長鰭鮪、暱稱「albacore」的黃鰭鮪、暱稱「obèse」的大目鮪。

6 人份

鮪魚
佐蘋果奶油萵苣

準備時間：15 分鐘
烹調時間：30 分鐘

鮪魚排 6 塊
奶油萵苣 6 顆
新鮮豌豆 1 公斤
史密斯青蘋果 2 顆
一顆檸檬份量的原汁
無添加蘋果汁 400 毫升
奶油 80 克
橄欖油 100 毫升
鹽、胡椒

◆

- 取出豌豆。把蘋果切成細條狀，倒入檸檬汁。用橄欖油小火煎奶油萵苣 10 分鐘，每一面都要煎到。

- 與此同時，將蘋果汁倒入鍋中收到剩 2/3 的汁，加入小塊冰奶油，同時用打蛋器攪拌，再把豌豆放進去。

- 把鮪魚排放進煎萵苣的鍋子裡，像煎牛排一樣煎一下，熟度按個人喜好決定，最後調味即可。搭配煮好的蘋果汁、豌豆和調味過的蘋果條一起享用。

---

[32] 注：黑鮪魚的法文直譯是「紅鮪魚」。

圖片請見下一頁 ☞

6 人份

炭黑奶油
鱒魚

準備時間：15 分鐘
烹調時間：10 分鐘

褐鱒 6 條
麵粉 100 克
杏仁片 150 克
巴西里 1 束
奶油 150 克
蘋果醋 2 湯匙
鹽、胡椒

◆

• 清空鱒魚內臟，清洗乾淨後擦乾。摘下巴西里的葉子。鱒魚裹上麵粉並調味。

• 小火融化奶油。奶油開始冒泡時加入杏仁片和巴西里，持續加熱 2 分鐘，關火。接著將鱒魚放進鍋裡，開小火煎 5 分鐘，翻面再煎 5 分鐘。等待奶油變成褐色，但也不要加熱過頭，就可以把醋倒進鍋裡，然後關火。

• 搭配杏仁、巴西里一起上桌。也別忘了準備麵包把盤底的醬汁刮乾淨。

6 人份

奶油白醬
魟魚胸鰭

準備時間：15 分鐘
烹調時間：10 分鐘

魟魚胸鰭 6 片
奶油 180 克
紅蔥 2 顆
白酒 200 毫升
一顆檸檬份量的原汁
青蔥 2 根
帶梗酸豆 80 克
鹽、胡椒

◆

• 紅蔥去皮後切碎。將白酒和檸檬放進深鍋裡，開小火，跟紅蔥一起煮到液體全部蒸發。維持小滾，慢慢加入切成小塊的奶油，同時用打蛋器拌勻，調味。

• 將魟魚放入一大鍋鹽水中煮 8 分鐘。取出後把表面膠狀黏膜和魚肉上的皮刮掉。將剛才準備好的白醬淋在魚肉上，撒一點蔥花和酸豆。與傳統的蒸馬鈴薯一起享用。

西琳的食譜

西琳（Cyrine）是 Général 小酒館的二廚。她的溫柔就像全速推進的推土機一樣強而有力，她的才華與敏銳的觀察力相輔相成，她和所有可愛的人一樣慷慨，和美麗的原石一樣珍貴，是一支夢幻團隊的粘合劑，也是廚房裡日日可見的笑容。感謝西琳。

圖片請見下一頁 ☞

6 人份

油漬
鮭魚

準備時間：15 分鐘
烹調時間：20 分鐘
靜置時間：1 晚

紅標鮭魚排 6 塊
帶葉小洋蔥 4 顆
龍蒿 2 束
蒜頭 3 瓣
橄欖油 1 公升
鳥眼辣椒 1 條
粗磨胡椒 1 茶匙
黃瓜 1 條
酸豆 2 湯匙
希臘優格 1 盒
鹽之花

◆

- 前一晚把洋蔥、去皮的蒜頭和龍蒿放入橄欖油裡，一起加熱 5 分鐘。將鮭魚放在烤盤上，淋上煮好的橄欖油，放涼後冷藏一晚。

- 當天將鮭魚放進 60℃的烤箱裡烤 20 分鐘。削掉黃瓜的皮後切成小塊，加鹽，放在濾網上 15 分鐘。把所有放在橄欖油裡的香草、蒜頭、小洋蔥和辣椒剁碎，拌入優格裡。加入酸豆和黃瓜，用鹽之花和粗磨胡椒調味。

- 將微溫的鮭魚放在一個盤子裡，和優格一起享用。

6 人份

鹽焗
鯛魚

準備時間：15 分鐘
烹調時間：30 分鐘

長吻椎鯛 1 隻（1.5 公斤）
粗鹽 2 公斤
蛋白 2 顆
迷迭香 3 株
茴香籽 2 湯匙
檸檬 2 顆
龍蒿 1 束

◆

- 摘下迷迭香的葉子。削檸檬皮屑。把一個檸檬切片，以及 1/3 的龍蒿，一起填入魚裡。把蛋白和粗粒鹽、迷迭香、茴香籽、檸檬皮屑拌勻。烤箱預熱至 200℃。

- 在烤盤上放一張防沾烤紙，放一層鹽和 1/3 的龍蒿，放上鯛魚，再放最後 1/3 的龍蒿，用鹽蓋上，稍微整型成魚的形狀。放入烤箱 30 分鐘。出爐後放置 5 分鐘再敲開鹽層。

- -

沾醬

蕃茄 3 顆　　　　　小茴香 1 湯匙
甜椒 1 根　　　　　芫荽半束
帶葉小洋蔥 4 顆　　橄欖油 200 毫升
蒜頭 2 瓣　　　　　鹽、胡椒
一顆檸檬份量的原汁

◆

- 用鹽水煮蕃茄 1 分鐘，把皮拿掉。蒜頭、小羊蔥、辣椒、芫荽都切碎後和蕃茄拌在一起，調味。

6 人份

醃製
生鯛魚

準備時間：15 分鐘
烹調時間：5 分鐘
醃製時間：5 分鐘

◆

金頭鯛 1 隻（1.5 公斤）
黃檸檬 3 顆
鹽角草 1 把
長棍麵包 3 片
橄欖油 100 毫升
芝麻 1 湯匙
鹽之花、胡椒

- 將麵包切成丁，和橄欖油一起用小火煎 5 分鐘。

- 刮除鯛魚的鱗片，清空內臟。挑起魚肉，用一個鑷子取出魚骨頭。小心地把魚肉削片，從心的部位削到尾部。

- 削出檸檬皮屑，剝掉果皮，取出果肉，最後把中心部位榨成汁。

- 將鯛魚片放在盤子裡，加上幾撮鹽角草，撒一些麵包丁、檸檬果肉和芝麻，調味，等待 5 分鐘後即可享用。

小心錯別字

法文中有 dorade 和 daurade 兩種鯛魚，前一種是長吻椎鯛，肉質較粗糙；後一種是金頭鯛，這種鯛魚就是極品……因為它是野生鯛魚！和所有的養殖魚一樣，長吻椎鯛品質上沒有野生魚好，肉質鬆軟，味道平淡。

餐酒搭配

POUILLY-FUMÉ
普伊 - 芙美
散發礦物香調及巧妙香氣
AOC 1937年

◆

47° 14' 42.641"
北緯

2° 59' 37.324"
西經

散發打火石香氣的酒
葡萄品種：蘇維濃（*sauvignon*）

這一款產自涅夫勒省（Nièvre）的普伊 - 芙美白酒，是由栽植於羅亞爾河畔普依（Pouilly-sur-Loire）周圍 1320 公頃土地上的蘇維濃葡萄所釀製而成。與另一款名稱相近的酒有所不同，普伊 - 芙美非常活潑且清澈透明，散發特殊打火石香氣。其「芙美」（fumé）之名既得自「白芙美」（Blanc Fumé）葡萄（即蘇維濃的別名），亦來自於其散發燧石的巧妙芳香[33]。這款酒就只有它的色澤會讓消費者感到迷惑，但無論是其醇厚或清新的特性，都能使人辨識出這款酒的身份和它的風土。

---

[33] 注：fumé 有煙燻之意。

圖片請見下一頁 ☞

6 人份

檸檬
羊魚

準備時間：15 分鐘
烹調時間：50 分鐘

縱帶羊魚 6 大條
塞文山脈甜洋蔥 6 個
紅蘿蔔 8 條
糖漬檸檬 2 顆
蒜頭 4 瓣
楓糖 3 湯匙
檸檬 2 顆
奶油 80 克
橄欖油 150 毫升
鹽、胡椒

◆

• 紅蘿蔔削皮後切成小丁。洋蔥剝皮後切細。把紅蘿蔔放進一大鍋鹽水裡，和糖漬檸檬、去皮蒜頭、1/3 的洋蔥一起煮 30 分鐘。煮好後把水倒掉，和奶油一起攪打成泥，再加入楓糖和鹽巴調味。

• 把剩下的洋蔥和橄欖油一起開小火翻炒 10 分鐘。用同一個鍋子煎羊魚，每一面煎 5 分鐘。最後和 1/4 的檸檬和紅蘿蔔泥一起享用。

....

飽滿的羊魚

注意了，這件事有點複雜，純粹主義者認為料理羊魚時不用清空內臟，要整隻下去煮。您可以自由選擇，要清不清隨便您。

6 人份

極品
鯖魚

準備時間：45 分鐘
靜置時間：30 分鐘
烹調時間：30 分鐘

鯖魚 6 條　　　　　醋 100 毫升
帶葉紅蘿蔔 3 條　　一顆柳丁份量的原汁
濃稠鮮奶油 100 克　一顆檸檬份量的原汁
小茴香粉 1 茶匙　　粗鹽 4 湯匙
紅蔥 2 顆　　　　　紅糖 2 湯匙 +4 湯匙
蒔蘿 3 束　　　　　橄欖油 100 毫升
乾燥枸杞 2 湯匙　　鹽、胡椒

◆

• 把枸杞泡到醋裡，加入 2 湯匙的紅糖和 100 毫升的水，煮沸後放涼。切掉紅蘿蔔的葉子，把葉子放入沸騰的鹽水裡煮 1 分鐘，取出後降溫，用力壓出水份。接著放入調理機中攪打，加入鮮奶油，加鹽調味後用篩子濾過。削去紅蘿蔔的皮後切成塊，放入沸騰的鹽水中和去皮的紅蔥一起煮 30 分鐘，再和柳丁汁、檸檬汁、小茴香一起打成泥，調味。

• 將 4 湯匙的糖和粗鹽拌在一起，再與挑掉魚骨的鯖魚混拌，靜置 30 分鐘，清洗乾淨，擦乾。拿掉魚皮，魚肉削片。

• 將生魚片放在盤子裡，淋上紅蘿蔔葉奶油醬，再放入蘿蔔泥、枸杞、蒔蘿葉，最後淋一點橄欖油，調味。

路卡的食譜

路卡，Général 小酒館的主廚，我的左臂右膀，加上他自己的，我們就有四隻手了。他擁有那個年紀該有的狂熱，讓每一個故事變得獨一無二，身上的紋身賦予廚房不一樣的靈魂。他的目光善於洞察也善於表達，能用寥寥數語表達自己，還有著勇者的直率，就像偉大的孟德斯（Mendes）。感謝路卡！

6 人份

烤江鱈

準備時間：20 分鐘
烹調時間：40 分鐘

◆

江鱈排 1.2 公斤
扁莢菜豆 300 克
白腰豆 300 克
紅椒 2 個
鹽角草 1 把
菠菜 500 克
雪維草 1 束
橄欖油 100 毫升
鮮奶油 100 毫升
牛奶 500 毫升
鹽、胡椒

- 把所有的豆類放進煮沸的鹽水裡煮 15 分鐘，取出後馬上降溫。把豆類都切段。紅椒切成三份，取出種子和白色纖維，淋上一點橄欖油後放入 200℃的烤箱裡烤 10 分鐘，調味。

- 魚肉切段，放入牛奶裡煮 10 分鐘。瀝掉牛奶後擦乾，再和橄欖油一起開大火煎 5 分鐘。調味後把豆類放在魚肉周圍加熱。

- 將菠菜和雪維草放入沸騰的鹽水裡煮 1 分鐘，取出後馬上冰鎮降溫。確實瀝乾水份，加熱 100 毫升的鮮奶油後一起攪打成醬，最後調味。將奶油青醬放在盤子裡，放上魚肉、豆類、烤過的紅椒和鹽角草。

· ·

綠意無法常存

請注意，奶油青醬無法久放，加熱後就會變色，所以最好一次用完。

餐酒搭配

SAINT-VÉRAN
聖維宏
結構完整
AOC 1971年

◆

46° 15' 8.87"
北緯

4° 44' 5.15"
西經

**來自聖維宏 SAINT-VÉRAND，
但名字少個「D」的酒**
葡萄品種：夏多內（*chardonnay*）

我們再次來到布根地（Bourgogne）索恩 - 羅亞爾省（Saône-et-Loire）的馬貢內（Mâconnais）區南部的 Saint-Vérand 夏多內葡萄栽植地。聖維宏酒與其 750 公頃的葡萄栽植風土（產區）息息相關，這符合布根地的常態。產自北部的酒款價位親民且相對年輕；產自南部的酒款則需要更多時間來陳釀。這款酒呈現明亮的淡黃色澤，散發桃、梨、杏仁、榛果、肉桂，甚至蜂蜜的香氣。它入口時，帶有能喚醒感官的鮮明口感，而其中味會帶出醇厚的口感，使整體變得柔順，形成一款結構完整的酒。

6 人份

漁夫
烏賊

準備時間：30 分鐘
烹調時間：1小時

◆

烏賊白肉 2 公斤
洋蔥 4 顆
蒜頭 6 瓣
BF15 馬鈴薯 1 公斤
白葡萄酒 300 毫升
蛋黃 1 個

番紅花 2 撮
煙燻紅椒粉 1 茶匙
一顆檸檬份量的原汁
法式芥末醬 1 湯匙
葡萄籽油 100 毫升
橄欖油 100 毫升 +100 毫升
鹽、胡椒

◆

- 烏賊切成 1 公分寬的條狀。洋蔥和蒜頭去皮切末。

- 將烏賊條放進 100 毫升的橄欖油裡，開大火煎 10 分鐘。加入洋蔥、蒜頭、白酒、番紅花，轉小火煮 30 分鐘。

- 馬鈴薯削皮後切成小塊，加入烏賊鍋中再煮 20 分鐘。把生蛋黃、芥末醬和檸檬汁攪打成美乃滋，慢慢把油加進去。

- 把美乃滋和烏賊拌在一起，調味後再撒上紅椒粉。

餐酒搭配

CHÂTEAUNEUF-DU-PAPE
教皇新堡白酒
口感豐厚且圓潤

AOC 1936年

◆

47° 19' 0.001"
北緯

5° 1' 0.001"
西經

出色的風土釀製出色的酒
葡萄品種：18 個獲准栽植的葡萄品種

教皇新堡原產地命名區位於沃克呂茲省（Vaucluse）。而獲准栽植於這個產區的葡萄品種不少於 18 個。該地區受地中海氣候影響，密斯托拉風（mistral）吹拂著此地所栽植的葡萄，淨化了果實。此地陽光充足，白天聚集的熱量於夜間釋放。季節性的降雨也提供了必要的濕度。這產區的白酒僅佔總產量的 6%，呈現淡黃色澤，入鼻時帶有十足花香，並散發葡萄藤、忍冬、乾果及異國水果的香氣。這款酒具有豐厚及持久的圓潤口感，愈陳年酒況會愈好，並且會逐漸積蓄出蜂蠟的香氣。這是一款紮實的酒，可以搭配辛香菜餚，它面對重口味時也能堅守自己的風味，絕不示弱。

6 人份

蝦夷蔥奶油
魴魚

準備時間： 10 分鐘
烹調時間： 30 分鐘

◆

魴魚 1 條（1.2 公斤）
紅蔥 2 顆
蝦夷蔥 10 株
奶油 80 克
一顆檸檬份量的原汁
橄欖油 100 毫升
鹽之花

- 烤箱預熱至 180℃。將魴魚放在加了防沾烤紙的烤盤上，淋上一點橄欖油，用鹽之花調味。放入烤箱 30 分鐘。
- 紅蔥去皮切碎，和切碎的蝦夷蔥、奶油、檸檬汁一起拌勻，放在室溫下備用。魴魚從烤箱裡拿出來後就把魚肉分開，淋上蝦夷蔥奶油，趁熱享用。

....

阿門

魴魚的法文名字是 Saint-Pierre，得名於同名的聖人，從側身上的黑色圓圈就能認出牠。傳說耶穌命令聖彼得從一條魚的口中挖出金幣，在抓住魚後被魚的背鰭刺傷了，又讓魚跑了。但他拇指上的傷口卻留下了痕跡。

雖然其貌不揚，但魴魚的肉質堪稱極品。牠和所有高級的魚類一樣，味道細膩，只要稍微料理一下就可以品嚐到牠的所有優點。

餐酒搭配

No.54

QUINCY
坎西
屬於乾型且帶活潑特性
AOC 1936年

◆

4° 5' 23.81"
北緯

2° 24' 7.995"
西經

略帶綠色反光的酒
葡萄品種：蘇維濃（*sauvignon*）

坎西產區位於中央 - 羅亞爾河（Centre-Loire），生產的乾型白酒，釀自栽植於謝爾河（Cher）畔的蘇維濃葡萄。坎西呈現淡色外觀及些許綠色反光，它帶有乾型與活潑的特性，入鼻時展現黃楊、白花的香氣，入口時則融合香料、蜂蜜及礦物香調等較為繁複的口感，賦予其和諧的結構。坎西酒是真正的小酒館用酒，是其中一款可以伴您清晨初閱謝爾（Cher）省級報刊《貝裡共和黨人報》（Le Berry Républicain）的酒。它是一款能讓您通體舒暢的歡樂酒，笑一個，您品飲的可是坎西酒哩！

👉 圖片請見上一頁

6 人份

墨魚
配思佩爾特小麥

準備時間：20 分鐘
烹調時間：1 小時 35 分鐘

墨魚（烏賊）肉 2 公斤
思佩爾特小麥 300 克
洋蔥 3 顆
蒜頭 6 瓣
白酒 200 毫升
漁高湯 500 毫升
墨魚的墨 1 湯匙（市面上很容易找到）
鮮奶油 200 毫升
橄欖油 200 毫升
鹽、胡椒

◆

- 把墨魚肉切成 1 公分寬的條狀。洋蔥和蒜頭去皮切末。

- 將墨魚條放進 100 毫升的橄欖油裡，開大火煎 10 分鐘。加入洋蔥、蒜頭、白酒，蓋上鍋蓋，用小火煮 45 分鐘。加入鮮奶油和墨汁，開蓋用小火煮 10 分鐘。

- 將思佩爾特小麥和 100 毫升的橄欖油放進鍋裡翻炒，慢慢倒入漁高湯，用煮燉飯的方式煮 30 分鐘。調味後和墨魚拌在一起。

---

6 人份

海鮮
燉飯

準備時間：20 分鐘
烹調時間：1小時

義大利黃金黑米（venere nero）350 克
挪威海螯蝦 12 隻
淡菜 1 公斤
淺蜊 1 公斤
洋蔥 3 顆
蒜頭 4 瓣
薑 50 克
重辣西班牙臘腸 150 克
白葡萄酒 150 毫升
橄欖油 200 毫升
龍蝦醬 1 公升
2 顆檸檬份量的原汁
未經化學加工處理的檸檬 2 個
扁葉巴西里 6 株
鹽、胡椒

◆

- 將螯蝦放進一大鍋鹽水裡煮 1 分鐘，馬上取出降溫。

- 將洋蔥、薑和蒜頭的皮去掉後切碎。切掉臘腸的皮再切成丁。

- 把所有的食材放進鍋子裡，開大火，與橄欖油炒 10 分鐘。加入黑米，讓它吸水澎脹。倒入白酒煮 10 分鐘。接著加入龍蝦醬，用小火煮 30 分鐘。放入淡菜、淺蜊、螯蝦（這道菜瞬間升級），再煮 10 分鐘，記得注意補充水份（必要時可以加水），調味。加入檸檬汁、切片檸檬，撒一點碎巴西里。

....

絕非「飯飯」之輩

海洋提供了如此豐富的水產，加入竹蟶、魷魚、蝦子、大蝦或在慶祝孩子考上大學時加個螯蝦……都能煮出美味的米飯。

6 人份

甘藍燻黑線鱈
佐酸模醬

準備時間：10 分鐘
烹調時間：45 分鐘

◆

燻黑線鱈 1 公斤
甘藍菜 1 顆
洋蔥 4 顆
酸模 6 片
鮮奶油 300 毫升
奶油 80 克
杏仁 50 克
黃金葡萄乾 50 克
鹽、胡椒

- 將甘藍菜切成小塊，放進沸騰的鹽水裡煮 20 分鐘，取出降溫瀝乾。洋蔥剝皮後細切。

- 將洋蔥放進鍋子裡，加入奶油，用小火翻炒 5 分鐘，加入甘藍菜和杏仁再煮 15 分鐘。燻黑線鱈去掉魚皮和魚骨後放進沸騰的鮮奶油裡，和葡萄乾一起煮 5 分鐘，加入酸模後再煮 1 分鐘，調味。

- 取出魚肉，把酸模奶油醬淋在甘藍上拌勻，放上魚肉，趁熱享用。

甘藍萬歲

很難想像如黑線鱈這樣油脂豐富的魚可以搭配蔬菜。甘藍菜擁有所有好蔬菜的特質，富有纖維和抗氧化劑，能刺激腸道蠕動，快速帶來飽足感，而且一公斤只要幾歐。只是它太常被遺忘了，下次記得想到它。

餐酒搭配

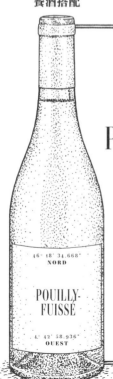

POUILLY-FUISSÉ
普依-富塞
口感豐富且平衡

AOC 1936年

◆

46° 18′ 34.668″
北緯

4° 42′ 58.936″
西經

馬貢內 MÂCONNAIS 自然區之王
葡萄品種：夏多內（chardonnay）

布根地產區酒對決羅亞爾河產區酒，夏多內葡萄對決蘇維濃葡萄。多麼絕美的風土之爭及葡萄品種之爭，但其實是每個人各自的情感之爭。我們可以感覺到魚鰭在盤中擺動，必須要迅速做出選擇，因為這實在令人渴望。758 公頃的普依-富塞產地，栽植夏多內葡萄，它位於馬貢內自然區，分佈於索魯特（Solutré）岩與韋爾日松（Vergisson）岩之間，是我們文明的搖籃。這款酒被視為該地區的酒王，它呈現出清澈透明的色澤，散發杏仁、榛果、柑橘、桃、奶油及烤麵包的香氣。普伊菲塞酒生性口感豐富，具有中肯且平衡的亮麗表現，介於帶酸與柔順之間。至於其外觀色澤，則是金黃中帶有翡翠色反光。

肉舖嚴選

對的時間吃對的肉

◆

　　選擇當日肉類並完美呈現在盤中也是小酒館職人的工作之一。小酒館的菜單上當然有個重要的位置是留給動物蛋白的，而且輕忽不得。半隻豬 2.2 歐元的特價肉品就別想了，儘管從某個角度來想，如果好好處理，我們還能賺一筆呢……

　　為了滿足餐桌上的口腹之慾而犧牲自己的動物值得我們尊敬，值得處理他的人給予關注。因此，我們會注意動物的品種、飼養方式、屠宰年齡。如果這三個條件都受到重視，我們就可以安心購買、開心烹飪了。我們知道自己的選擇，並為它負責。

　　肉販要能以真心對待，細心聆聽、理解需求，他是牧場到餐盤之間的橋樑。他手中握有魔法師的寶物，能將 600 公斤的動物轉化成盤中的 200 克。耐心等待肉品成熟，讓它慢慢產生變化，以便在入口的那一刻完美呈現，就像一瓶在對的時間享用的好酒。肉販必須保證這樣的品質，聽他的，讓他發揮他的專長，吟唱他的歌曲。

◆

週日肉食

p.326

用牛肋排同樂會配聖艾斯臺夫或特哈斯 - 拉爾札克

牛肋排與 4 種沾醬

韃靼牛肉配薯條

紅蔥後腰脊肉配蒙泰利

酥脆小牛肋排

炙烤小牛肉

煙燻牛肩肉

牛肉捲

季節菇類三劍客配貝傑拉克或聖朱里安

英式烤牛肉配薯條

肋眼牛排

四小時豬肩胛肉配羅第丘

大里肌

鴨胸

完美臀肉

酥脆五花肉

小羊腿配波雅克

羅勒風味小羊肋排配玻美侯

牛肋排同樂會

牛肋排是法國料理中的經典，烹飪時需特別用心。首先是用無水奶油，開大火把表面煎成金黃色，接著進烤箱，根據厚度調整烘烤時間，完成後稍微靜置再撒上鹽之花和胡椒。這樣就可以大快朵頤了！一塊1.5公斤的肋排大約需要用180℃烤20分鐘。至於選擇什麼品種的牛，就看個人喜好了。

沙雷爾斯牛
（SALER）

歐維涅

霜降肉紋、肉汁飽滿、
難忘的滋味

金黃阿基坦牛
（BLONDE D'AQUITAINE）

布根地

口感鮮嫩、肉汁飽滿

奧布拉克牛
（AUBRAC）

塞文高原
（Plateaux cévenols）

口感細緻、霜降肉紋、
難忘的滋味滿、難忘的滋味

夏洛來牛
（CHAROLAISE）

西南部

口感鮮嫩、油脂細緻、
滋味巧妙

利穆贊牛
（LIMOUSINE）

中央高原北部

一點霜降肉紋、滋味巧妙

TCHIN-TCHIN 時光！

SAINT ESTÈPHE
聖艾斯臺夫
老當益壯的酒

AOC 1936年

◆

TERRASSES DU LARZAC
特哈斯-拉爾札克
口感清新且強勁

AOC 2014年

◆

Vs

0° 46' 1.099"
西經

45° 15' 47.47"
北緯

3° 35' 12.293"
東經

43° 41' 3.743"
北緯

一款具有五項分級的酒
葡萄品種：梅洛（*merlot*）、
卡本內蘇維濃（*cabernet sauvignon*）

聖埃斯泰夫位於波爾多左岸及梅多克（Médoc）自然區北部。此原產地命名區綿延 1230 公頃，俯瞰加隆河（Garonne），上面栽植最具象徵性的葡萄：梅洛與卡本內蘇維濃。此產地有五個產區納入 1855 年波爾多葡萄酒分級制度（classement des vins de 1855）的規範：高斯愛斯圖尼爾堡酒莊二級酒莊（Château Cos d'Estournel），玫瑰山堡二級酒莊（Château Montrose），卡隆塞居堡三級酒莊（Château Calon Ségur），拉豐侯雪四級酒莊（Château Lafon Rochet）及寇斯拉玻酒堡五級酒莊（Château Cos Labory）。這幾款都是可陳放且結構上富有活力的酒，愈陳年愈柔順。

香氣極為繁複卻易飲的酒
葡萄品種：格那希（*grenache*）、希哈（*syrah*）、
慕維得爾（*mourvèdre*）、仙梭（*cinsault*）、
卡利濃（*carignan*）

我們來到蒙彼利埃（Montpellier）以北，在拉爾札克台地上，這是一個廣達 2000 公頃的新近原產地命名區。所生產的紅酒以格那希、希哈、慕維得爾、仙梭、卡利濃等葡萄釀製。這款酒使用至少三個品種混釀，且陳釀期最短十二個月，享有獨特的氣候環境：產區位於高原上，日間接收陽光熱量，夜裡因山間空氣而呈現清涼狀態。葡萄逐漸成熟後，達到清新與強勁口感的平衡。

1.5公斤的牛肋排

牛肋排
與4種沾醬

準備時間：30 分鐘
烹調時間：30 分鐘

伯那西醬
BÉARNAISE

蛋黃 2 顆　　　　　　奶油 150 克
紅蔥 1 顆　　　　　　白葡萄酒 100 毫升
龍蒿 3 株　　　　　　鹽、胡椒

◆

• 紅蔥去皮後切碎。摘下龍蒿的葉子後切碎。將白酒倒入深鍋中，加入紅蔥與龍蒿，開大火收乾水份，約 5 分鐘。將奶油放進鍋裡融化，加入蛋黃拌打，一邊用溫度計確認溫度。想做出卡士達醬的質感的話，溫度不能超過 80℃。最後調味。

胡椒醬

粗磨胡椒 1 茶匙　　　鮮奶油 200 毫升
洋蔥 1 顆　　　　　　奶油 20 克
白蘭地 40 毫升　　　鹽
小牛高湯 150 毫升

◆

• 洋蔥去皮後切碎。放進鍋裡用奶油翻炒，直到變成金黃色。加入胡椒，再用白蘭地炙燒。倒入小牛高湯，開火收乾一半的水份。最後倒入鮮奶油，繼續收乾水份，直到醬汁變得濃稠，調味。

蒙布里松圓桶乳酪醬
FOURME DE MONTBRISON

紅蔥 2 顆　　　　　　鮮奶油 200 毫升
蒙布里松圓桶乳酪 150 克　　去殼榛果 50 克
（或其他高品質的藍乳酪）　　奶油 20 克
雞高湯 150 毫升　　　鹽、胡椒

◆

• 用炒鍋開大火乾炒榛果，直到榛果的表皮變成褐色。這層表皮應該會自己脫落。紅蔥去皮後切片，用奶油開小火翻炒 10 分鐘上色。倒入雞高湯，再加入小塊乳酪拌勻，收乾水份。倒入鮮奶油，調味。最後加入炒過的榛果，上桌前壓碎。

鯷魚醬

蒜頭 4 瓣　　　　　　帶葉小洋蔥 2 顆
鯷魚 150 克　　　　　橄欖油 200 毫升
酸豆的花 50 克

◆

• 蒜頭削皮切碎，加入橄欖油，開大火翻炒 5 分鐘。把所有食材切碎，全部拌勻。因為鯷魚已經很鹹了，用另一個容器裝鹽之花即可。

1.5 公斤的牛肋排

韃靼牛肉
配薯條

準備時間：30 分鐘
烹調時間：10 分鐘

韃靼牛肉

肋眼牛排 1 公斤
長時熟成康堤乳酪 150 克
帶葉小洋蔥 2 顆
蒜頭 4 瓣
酸模 3 片
法式芥末醬 2 湯匙
橄欖油 100 毫升 +2 湯匙
榛果油 100 毫升
普羅旺斯綜合香草 1 湯匙
小茴香 1 茶匙
莎弗拉（Savora®）醬 2 湯匙
榛果 50 克
一顆檸檬份量的原汁
鄉村麵包 2 片
鹽、胡椒

◆

- 烤箱預熱至 200℃。蒜頭去皮切碎，和切丁的麵包拌在一起，加入 2 湯匙的橄欖油、普羅旺斯綜合香草，放進烤箱 5 分鐘。

- 榛果也用 200℃烤 5 分鐘烤香，取出後稍微壓碎。

- 將肋眼肉切成小塊。小洋蔥切片。用削皮刀將乳酪刨成薄片。酸模切碎。將芥末、檸檬汁、莎弗拉醬拌在一起，用打蛋器攪打，一邊加入橄欖油和小茴香。把小塊肉和做好的美乃滋拌在一起，加入小洋蔥，調味。

- 把拌好的肉擺到盤子上，絕對不要放進模具裡……因為我不喜歡！撒上麵包丁、榛果、乳酪和酸模。

還有……薯條

比提傑（bintje）馬鈴薯 2 公斤
甜洋蔥 3 顆……也可以不要
炸油

◆

- 削掉馬鈴薯的皮（也可以不削）。切成想要的大小。用水洗過後，拿一條布擦乾，再用紙巾吸乾水，這個步驟能確保薯條酥脆。洋蔥去皮切碎。把炸油加熱到 160℃

- 把確實擦乾的馬鈴薯放入油鍋炸 7 分鐘，取出放置 10 分鐘。如果要配洋蔥，就把洋蔥放進油鍋，用 170℃炸 5 分鐘，調味。

不只有薯條

因為薯條太過美味，以至於我們都忘了還有其他切馬鈴薯的方法也很棒！

乾草薯條：把馬鈴薯切成跟乾草一樣的大小，洗淨、擦乾、油炸。

格子薯條：用切片器把馬鈴薯切成像小鬆餅般大小，洗淨、擦乾、油炸。

舒芙蕾薯條：把馬鈴薯切成薄片，用蛋白把兩片黏在一起，用 180℃油炸。

火柴薯條：把馬鈴薯切成跟火柴一樣大小的薯條，洗淨、擦乾、油炸。

6 人份

紅蔥
後腰脊肉

準備時間：20 分鐘
烹調時間：15 分鐘

◆

厚度足夠的後腰脊肉 1 公斤
紅蔥 6 顆
小牛高湯 150 毫升
白蘭地 50 毫升
奶油 80 克 +50 克
鹽之花，粗磨胡椒
薯條、薯條、薯條……

- 將肉從冰箱取出，常溫放置 1 小時，用刀子在肉上劃出格子。撒上胡椒。紅蔥剝皮後細切。

- 開大火煮 80 克的奶油 5 分鐘，奶油會冒出很多泡泡，在牛肉上撒鹽，根據肉片的厚度和喜歡的熟度，每一面用大火煎 3 至 4 分鐘。將牛肉放在盤子上，蓋一層鋁箔紙保溫。

- 將紅蔥放進同一個鍋子裡，開大火炒 5 分鐘。倒入白蘭地炙燒，再倒入小牛高湯和煎牛肉時流出的汁液。放入 50 克冰奶油，用打蛋器和紅蔥一起攪打，調味。

- 把牛肉切片，淋上紅蔥醬汁，和薯條、好多的薯條一起上桌。

餐酒搭配

MONTHÉLIE
蒙泰利
優雅且具備女性特質
AOC 1937年

◆

46° 59′ 32.957″
北緯

4° 45′ 56.232″
東經

具有卓越的成本效益值

葡萄品種：黑皮諾（ *pinot noir* ）

在蒙特利，黑皮諾與夏多內葡萄總是相伴而生，而黑皮諾在該產區的佔地 130 公頃栽植面積中佔 85%。蒙泰利是一處低調的產地，位於大名鼎鼎的梅索（meursault）和渥爾內（Volnay）產區之間。知名度雖然較低，亦較無代表性，卻提供了顯著的成本效益值。即使蒙泰利所栽植的葡萄與一些光鮮的著名品種為鄰，這些葡萄卻總是保持平靜，不常出現在伯恩丘（côte de Beaune）產區的宣傳頭版裡。至於產區的村落本身則充滿歷史情懷且風景如畫，吸引對酒極為渴望的遊客。這個產區所釀製的紅酒渾然細緻，蘊含絲柔般的單寧，且帶有小紅果的香調。這是一個既優雅又具備女性特質的罕見酒款。

圖片請見下一頁

6 人份

酥脆
小牛肋排

準備時間：20 分鐘
靜置時間：20 分鐘
烹調時間：45 分鐘

小牛肋排 2 塊（各 600 克）
哈特馬鈴薯 1.5 公斤
紅蔥 3 顆
羅勒 1 束
蒜頭 2 瓣
蒜頭 1 整顆
新鮮百里香 1 株
月桂葉 2 片
奶油 80 克 +50 克
橄欖油 100 毫升 +100 毫升
乾麵包片 2 片
鹽、胡椒

◆

- 剝掉蒜頭的皮。把一半的羅勒和乾麵包片、蒜頭和 50 克的奶油用攪拌器拌在一起，調味。把做好的抹醬放在兩張防沾烤紙中間，壓成 2 個跟小牛肋排一樣大小的長方形。冷藏 20 分鐘。

- 把馬鈴薯放進一大鍋鹽水中煮 10 分鐘。降溫後切成一半。紅蔥剝皮後細切。把蒜頭的頭部切掉。烤箱預熱至 180℃。

- 開大火煮 80 克的奶油 5 分鐘，把調味過的小牛肋排、月桂葉、百里香和整顆蒜頭放進鍋裡，加入 100 毫升的橄欖油，兩面各煎 5 分鐘，讓表皮變成金黃色，期間時不時取鍋裡的油淋在肉上。把所有的食材都擺到烤盤裡。進烤箱 10 分鐘。時間到時，把烤箱關掉，打開烤箱的門。

- 取一個平底鍋，開大火，用橄欖油炒馬鈴薯和紅蔥，最後加入羅勒，調味。把炒馬鈴薯放到剛才的烤盤裡，拌一拌，把冰箱裡成塊的抹醬放到小牛肋排上，開啟烤箱炙烤功能 200℃烤 3 分鐘。

6 人份

炙烤
小牛肉

準備時間：30 分鐘
烹調時間：3 小時 30 分鐘

炙烤用的小牛肉（取用頸肉）1 塊（1.2 公斤）
甜洋蔥 4 顆
奶油 80 克 +50 克
蒜頭 6 瓣
迷迭香 2 株
月桂葉 3 片
白葡萄酒 300 毫升 +100 毫升
煙燻紅椒粉 2 湯匙
豌豆 1 公斤
四季豆 300 克
蘆筍 1 束
櫛瓜 3 小根
荷蘭豆 200 克
鹽、胡椒

◆

- 洋蔥去皮切片。烤箱預熱至 150℃。

- 把 80 克的奶油和紅椒粉放進燉鍋裡，開大火煮 5 分鐘。加入小牛頸肉，煎 10 分鐘上色，時不時翻面。把整瓣蒜頭、月桂葉、迷迭香放進鍋裡，調味，再倒入 300 毫升的白酒。蓋上鍋蓋，放入烤箱 3 個小時。記得確認鍋內水份（必要時可添加水）。剩下 15 分鐘時放入洋蔥。

- 將 2/3 的豌豆取出，其他的則留在豆莢裡。把四季豆和荷蘭豆放進一大鍋鹽水裡煮 15 分鐘。剩下 2 分鐘時，加入蘆筍和豌豆，煮好後馬上降溫。櫛瓜切薄片。

- 把燉鍋拿出來，取出小牛肉後放在另一個地方保溫。往鍋裡倒 100 毫升（有必要的話）的白酒融合香氣。再放入 50 克的奶油，拌勻，然後把所有的蔬菜放進烤小牛肉剩下的肉汁加熱，調味。把肉切開，趁熱享用。

🏴 圖片請見上一頁

6 人份

煙燻
牛肩肉

準備時間：15 分鐘
靜置時間：15 分鐘
烹調時間：50 分鐘

牛肩肉 1 塊（1 公斤）
白葡萄酒 100 毫升
蒜頭 3 瓣
比提傑（bintje）馬鈴薯 1 公斤
全脂牛奶 200 毫升
鮮奶油 200 毫升 +200 毫升
奶油 80 克 +80 克
豌豆 1 公斤
羅勒 1 束
安貝圓桶乳酪（fourme d'Ambert）80 克
炸油
鹽、胡椒

◆

- 把奶油和一整瓣未剝皮的蒜頭放進燉鍋裡，加入肩肉，開大火煎 10 分鐘，肉的表皮要呈金黃色。倒入白酒，蓋上鍋蓋，轉小火燉煮，燉煮期間時不時把肉翻面。關火後靜置 15 分鐘。

- 馬鈴薯削皮後切成小塊，放入沸騰的鹽水裡煮 30 分鐘，加入牛奶、200 毫升的鮮奶油和奶油，壓成泥，調味。把豌豆從豆莢中取出，放入沸騰的鹽水裡煮 2 分鐘，降溫後拌入馬鈴薯泥。把炸油加熱到 180℃，炸羅勒葉 2 分鐘。

- 把 200 毫升的鮮奶油加熱後加入乳酪，小火煮 5 分鐘。

- 在每個盤子上裝一些奶油豌豆馬鈴薯泥，放上一片肩肉，淋上乳酪奶油醬後再放幾片炸羅勒葉。

6 人份

牛肉捲

準備時間：30 分鐘
烹調時間：4 小時

去骨小牛腩 1.5 公斤
蒜頭 4 瓣
橄欖油 100 毫升 +100 毫升
乾麵包片 3 片
紅蔥 3 顆
咖哩粉 2 湯匙
薑 50 克
鹽、胡椒

◆

- 烤箱預熱至 200℃。把所有蔬菜的皮削掉。蔬菜和麵包片、咖哩粉和 100 毫升的橄欖油一起攪碎，調味。

- 把攪好的抹醬塗在牛腩內側，捲起來綁緊。取 100 毫升的橄欖油刷在肉捲表面，調味，放入烤箱 30 分鐘。接著把烤箱降到 120℃，再烤 3 個小時 30 分鐘。用刀子測試熟度，如果可以順利叉進肉裡就完成了。

讚不絕口

牛腩可以做涼拌吃，搭配酸黃瓜，簡直是天堂美味……或者切片後煎一下，酥脆的表皮真是享受。

季節菇類三劍客

菇類盛產的季節到了，當你決定要寫一本書，那可就不能開玩笑了，
看到任何菇類都得拍照。四月是「孢子」繁衍的季節，金黃色的羊肚
菌是這個季節的特色；牛肝菌與雞油菌會在六月開始生長，標誌著
夏季的到來；最後，秋季如珍貴的聖杯，裝滿盛產的菇類。

波特菇

①

學名：**Agaricus brunnescens**
看起來很像白色的蘑菇，但味道
比較特別，而且口感比較紮實。

秀珍菇

②

學名：**Pleurotus**
口感緊實卻柔軟，咬起來脆脆的，
味道清新，帶有一點榛果味。

雞油菌

③

學名：**Cantharellus cibarius**
味道鮮美、質樸，口感緊實、果
味濃郁。新鮮的雞油菌有胡椒
味，煮過後就會慢慢消失。

除此之外，還有許多野生菌菇可以輕易辨認：

牛肝菌、白色雨傘菇、管狀雞油菌、松乳菇、紫丁香蘑、四孢蘑菇、黑喇叭菌、
羊肚菌、橙蓋鵝膏菌、卷緣齒菌、香杏麗蘑。

TCHIN-TCHIN 時光！

BERGERAC
貝傑拉克
口感中肯且雅緻
AOC 1936年

Vs

SAINT-JULIEN
聖朱里安
口感強烈且結構完整
AOC 1936年

0° 29' 0.211"
東經　　44° 51' 13.702"
北緯

0° 44' 26.916"
西經　　45° 9' 51.97"
北緯

一款能夠嚐到鮮採滋味的完美酒款
葡萄品種：馬爾貝克（*malbec*）、
卡本內弗朗（*cabernet franc*）、
卡本內蘇維濃（*cabernet sauvignon*）、梅洛（*merlot*）

這款酒產自多爾多涅（Dordogne）省貝傑拉克區，涵蓋毗鄰的九十個市鎮，計有馬爾貝克、卡本內弗朗、卡本內蘇維濃、梅洛等葡萄，均栽植於3916公頃的範圍內。有若干古老的葡萄品種，如費爾塞瓦杜（fer savadou）與梅西勒（mérille）仍被善加利用。這款混釀在釀製前需深思熟慮。領地的多樣性使每位葡萄栽植者都能釀製出適合自己的酒。貝傑拉克酒呈現明亮的石榴石紅色澤，散發出黑醋栗、紫羅蘭的香氣，陳年後則帶有樹下植被的香調，也蘊含渾然細緻的單寧。

梅多克 MÉDOC 自然區內最小的原產地命名區
葡萄品種：卡本內蘇維濃（*cabernet sauvignon*）、
卡本內弗朗（*cabernet franc*）、梅洛（*merlot*）

聖朱里安原產地命名區位於波雅克（Pauillac）與瑪歌（Margaux）之間。910公頃的範圍內栽植卡本內蘇維濃、卡本內弗朗、梅洛等葡萄。這個地區泥灰、砂礫及石礫的土壤尤利於葡萄的繁榮生長。這款酒具有罕見的強烈特性，適合在酒窖中陳年數十寒冬。這片小產地有十一個產區納入1855年波爾多葡萄酒分級制度（classement des vins de 1855）的規範，其中包括五個二級莊園：里維拉斯卡莊園（雄獅酒莊，Château Léoville Las Cases）、杜庫布卡優莊園（Château Ducru Beaucaillou）、金玫瑰酒莊（Château Gruaud Larose）、李維巴頓莊園（Château Léoville Barton）、李維玻荷莊園（Château Léoville Poyferré）。聖朱里安酒入鼻時散發香料、成熟水果及樹下植被的恢弘結構，並帶有豐厚、濃厚及絲滑的口感。

圖片請見上一頁

6 人份

英式
烤牛肉

準備時間：10 分鐘
靜置時間：15 分鐘
烹調時間：20 至 30 分鐘

適合做烤牛肉的肉 1 塊
奶油 80 克
蒜頭 1 整顆
月桂葉 2 片
百里香 3 株

◆

- 這道菜最重要的就是選擇牛肉的部位，其餘的都是小事。要正確選肉，你會需要一個專業的肉販。市面上有許多不同品種的肉類，都在等待著奉獻給你的食慾。不要害怕詢問，告訴他們你會回來分享心得，藉此建立連結，創造友善的關係。當一個肉販變成你的美食好友時，就會有美好的事發生。

1. 選擇專門提供肉品的牛品種，而不是原本作為奶牛的品種。
2. 確認牛隻的來源：夏洛來、沙雷爾斯、諾曼地……
3. 詢問牛肉的熟成時間。
4. 一分錢一分貨。

- 烤牛肉的方式：和奶油、蒜頭、月桂葉、百里香一起放入鍋中，開大火煎 5 分鐘，每一面都要煎到，直到表皮變得酥脆並把肉汁鎖在肉裡。
- 烤箱預熱 200℃，三分熟（bleu）的牛肉烤 15 分鐘，五分熟（saignante）烤 20 分鐘，七分熟（à point）烤 25 分鐘。
- 烤好後的肉最好可以用鋁箔紙蓋起來保溫靜置至少 15 分鐘，讓牛肉可以完全鬆弛。切片後撒上鹽巴。和薯條一起上桌（詳見 330 頁）。

6 人份

肋眼
牛排

準備時間：15 分鐘
烹調時間：30 分鐘

肋眼牛排 6 塊
蘑菇 300 克
哈特馬鈴薯 600 克
嫩菠菜 2 把
豌豆 500 克
胡椒粒 1 湯匙
奶油 80 克
白蘭地 50 毫升
紅蔥 4 顆
濃稠鮮奶油 200 克
橄欖油 100 毫升
鹽、胡椒

◆

- 把馬鈴薯和蘑菇切片，用橄欖油小火炒 10 分鐘。加入剝好的豌豆，再炒 5 分鐘。加入菠菜後調味。
- 開大火，用奶油煎牛排幾分鐘，雙面都要。根據牛排的厚度和喜歡的熟度調整時間。
- 取出肋眼，蓋上一層鋁箔紙，靜置 5 分鐘。把胡椒和切細的紅蔥放入鍋子裡，炒 5 分鐘。倒入白蘭地融合香氣，炙燒，加入鮮奶油再煮 5 分鐘，調味。
- 在肉和蔬菜上淋一點胡椒醬，上桌。

6 人份

四小時

豬肩胛肉

準備時間：20 分鐘
烹調時間：4 小時

◆

豬肩胛肉 1 塊（1.2 公斤）
菊芋 1 公斤
BF15 馬鈴薯 800 克
洋蔥 6 顆
蒜頭 6 瓣
奶油 80 克
乾型蘋果酒 300 毫升
鹽、胡椒

- 將馬鈴薯和菊芋洗淨切半。洋蔥連皮一起切成四等份。烤箱預熱至 140℃。
- 取一個可以進烤箱的燉鍋，把豬肉放進鍋裡，開大火用奶油煎 15 分鐘。肉的表皮應該呈現金黃色。把洋蔥和沒有剝皮的蒜頭放進去，倒入蘋果酒，蓋上鍋蓋。
- 燉鍋放進烤箱 3 個小時，每 45 分鐘確認一次水份，有必要時可以添加蘋果酒。最後加入馬鈴薯和菊芋再烤 1 個小時，調味。

甘拜下風

低溫烹煮的豬肩肉這種菜餚最適合喜歡款待賓客的人，因為這道菜可以提前準備，並放在烤箱裡等待，當客人到來時，主人就能提供熱騰騰的佳餚，也不用擔心廚房的情況，安心地陪伴貴客、享用開胃小點心。主人和菜餚都有了自己的位置。

餐酒搭配

№61

CÔTE-RÔTIE
羅第丘
酒界之星

AOC 1937年

◆

45°29′16.818″
北緯

4°48′49.46″
西經

隆河谷地 VALLÉE DU RHÔNE 最獨特的風土
葡萄品種：希哈（*Syrah*）、維歐尼耶（*Viognier*）

只需離開里昂並駕車一段時間，就會遇上隆河谷地最北、最古老、最獨特的風土，那就是羅第丘（Côte-Rôtie）產區。令人目眩的陡峭丘陵地朝南敞開。這片風土於夏季享有地中海型氣候，其餘季節則較受到大陸性氣候的影響而顯得涼爽。北部的褐色丘陵產出柔和的酒，而南部的金黃色丘陵則產出香氣與酒感較重的酒，兩者共用同一片原產地命名區。這裡的希哈紅葡萄，最多可與 20% 的維歐尼耶白葡萄混釀。將白葡萄與紅葡萄一道混釀，確實是帶點瘋狂的創意。此酒香氣會在口鼻炸開，色澤深沉，散發黑色水果、香料、肉桂、木質及香草的入鼻香氣，陳釀時會演化出蘑菇、皮革香調。這款酒可以陳放，入口時帶有醇厚及餘韻口感，平衡口感佳，並蘊含柔和的單寧。

圖片請見下一頁

6 人份

大里肌

準備時間：15 分鐘
烹調時間：45 分鐘

有 4 根肋骨的大里肌 1 塊（要有肥肉！）
燻五花肉 15 片
法式芥末醬 2 湯匙
蜂蜜 2 湯匙
蒜頭 3 瓣
洋蔥 4 顆
香菇 1 公斤
橄欖油 100 毫升
小牛高湯 200 毫升
鹽

◆

- 烤箱預熱至 180℃。蒜頭剝皮後切碎，加入芥末和蜂蜜。用刀子在里肌肉上劃出格子紋路。把蜂蜜蒜頭醬塗在肉上，稍微按揉入味，最後調味。

- 用 10 片左右的五花肉片把大里肌捲起來，綁好，表皮刷上橄欖油，放進烤盤裡，烤 45 分鐘。

- 洋蔥剝皮後和香菇、剩下的燻五花一起切碎。開小火，用橄欖油把這些東西炒成金黃色，調味。

- 把肉從烤箱裡拿出來，蓋一層鋁箔紙，靜置 10 分鐘。等待的時間可以把小牛高湯倒進烤盤裡融合香氣，再把剛才炒好的東西放進去。上桌。

6 人份

鴨胸

準備時間：15 分鐘
烹調時間：30 分鐘

高級鴨胸肉 3 塊
茼蒿菜 1 束
紅椒 1 個
黃椒 1 個
2 顆柳丁份量的原汁
蜂蜜 1 湯匙
蘋果醋 2 湯匙
帶葉小洋蔥 3 顆
奶油 30 克
鹽、胡椒

◆

- 把茼蒿菜的纖維撕掉，切成段，綠葉的部分切碎。紅椒的種子和纖維拿掉後切細片。小洋蔥也切細片。

- 把鴨皮上的薄膜拿掉，用刀子在鴨皮上劃出格子紋路，再沿斜角切開。先煎鴨皮 6 分鐘，再煎鴨肉那一面 2 分鐘，取出保溫。

- 保留剛才煎鴨肉的油，用來炒蔬菜，開小火炒 10 分鐘，加入蜂蜜，加熱幾分鐘變成焦糖。倒入醋和柳丁汁融合鍋底香，再用小火煮 10 分鐘。加入冰奶油，努力攪拌，調味。

- 把鴨肉放進煮好的醬汁和蔬菜裡再上桌。

圖片請見上一頁

6 人份

完美
臀肉

準備時間：20 分鐘
靜置時間：15 分鐘
烹調時間：50 分鐘

臀肉 1 塊（1.2 公斤）
歐防風 3 根
帶葉紅蘿蔔 6 條
哈特馬鈴薯 600 克
紅蔥 3 顆
蒜頭 3 瓣
白酒 200 毫升
花生醬 3 湯匙
醬油 2 湯匙
薑粉 1 湯匙
煙燻紅椒粉 1 湯匙
青蔥 2 根
奶油 80 克
鹽、胡椒

◆

• 把紅蔥和蒜頭的皮去掉後切碎。歐防風沿長邊切半。烤箱預熱至 180℃。

• 取一個燉鍋，把臀肉放進去開大火煎 10 分鐘，每一面都要煎到，接著加入蒜頭、紅蔥和沒有削皮的蔬菜，再煎 5 分鐘。倒入白酒，加入薑、紅椒粉和小茴香，蓋上蓋子，烤 30 分鐘。取出後靜置 15 分鐘。

• 把肉和蔬菜都拿出來，再把醬油、花生醬和 150 毫升的水倒入鍋裡，開大火煮沸，拌勻，大約 5 分鐘。切蔥花、調味。

• 把肉切成薄片，加蔬菜，淋醬汁，最後撒上蔥花。

6 人份

酥脆
五花肉

準備時間：20 分鐘
烹調時間：2 小時

豬五花肉 2 公斤
史密斯青蘋果 6 顆
洋蔥 3 顆
芫荽 3 根
葡萄酒醋 3 湯匙
粗鹽 1 湯匙
無添加蘋果汁 300 毫升
胡椒

◆

• 取一把鋒利的刀子或美術刀，在豬皮上切出一條條的痕跡。塗一層酒醋，再放上大量鹽之花。

• 烤箱預熱至 160℃，把肉放進烤箱，豬皮朝上，烤 1 個小時。接著把烤箱溫度升到 200℃，再烤 1 個小時，慢慢加入蘋果汁。

• 削掉洋蔥和蘋果的皮，在剩下 30 分鐘時，放到豬肉周圍繼續烤，期間要小心翻動它們。

• 整塊豬五花端上桌，因為看起來很漂亮。旁邊再搭配撒了胡椒和芫荽的蘋果和洋蔥。

6 人份

小羊腿

準備時間：15 分鐘
烹調時間：2 小時

◆

小羊腿 6 隻
鷹嘴豆罐頭 1.2 公斤
乾燥牛肝菌 80 克
蜂蜜 2 湯匙
肉桂粉 1 茶匙
薑粉 1 湯匙
迷迭香 2 株
小茴香 1 茶匙
洋蔥 4 顆
蒜頭 6 瓣

雞高湯 300 毫升
白葡萄酒 150 毫升
橄欖油 100 毫升
鹽、胡椒

◆

- 洋蔥和蒜頭去皮切碎。取一個可以進烤箱的燉鍋，先開大火用橄欖油煎小羊腿 10 分鐘，每一面都要煎到。烤箱預熱至 160℃。

- 把羊腿骨往上轉，加入蒜頭、洋蔥、迷迭香、其他香料和蜂蜜。倒入白酒、雞湯，再加入乾燥牛肝菌，調味，蓋上蓋子進烤箱烤 1 小時 45 分鐘。記得確認鍋內水份。剩下 15 分鐘時，加入用水清洗過也擦乾了的鷹嘴豆。

....

骨肉分離

烤好的小羊腿骨和肉應該已經分開了，代表烤得剛好。小羊腿的大小會影響烤時，必要時可以延長。

餐酒搭配

No 62

Pauillac
波雅克
絲絨般的口感
AOC 1936年

◆

45° 11' 58.506"
北緯
0° 44' 46.363"
西經

口感強烈且精緻的酒
葡萄品種：卡本內蘇維濃（*cabernet sauvignon*）、卡本內弗朗（*cabernet franc*）、梅洛（*merlot*）、卡門內（*carménère*）、小維鐸（*petit verdot*）

波雅克風土位於梅多克（Médoc）自然區，佔地 1215 公頃，上面栽植卡本內蘇維濃、卡本內弗朗、梅洛、卡門內、小維鐸等葡萄。此原產地命名區有十八個特級產區納入 1855 年波爾多葡萄酒分級制度（classement des vins de 1855）的規範，其中包括著名的木桐莊園（Château Mouton Rothschild）、拉菲莊園（Château Lafitte Rothschild）及拉圖莊園（Château Latour），這些莊園主要用至少 70% 的卡本內蘇維濃葡萄釀酒，因此值得陳放較長的時間。這款酒呈現黑色色澤，在經年累月中呈現出橙色。入鼻時散發成熟紅果、香料、薄荷及烤麵包的香氣，非常濃郁。這款酒在蘊含的單寧變得柔和且達到完美平衡時便可飲用。

6 人份

羅勒風味
小羊肋排

準備時間：30 分鐘
烹調時間：45 分鐘
靜置時間：15 分鐘

有 12 根肋骨的小羊肋排 1 塊
香菇 1 公斤
哈特馬鈴薯 500 克
洋蔥 4 顆
蒜頭 10 瓣
羅勒 1 束

橄欖油 100 毫升
炸油
鹽、胡椒

- 蒜頭、洋蔥去皮細切，香菇和馬鈴薯也一樣。

- 小羊肋排表皮塗鹽。開小火，煎 10 分鐘，直到表皮呈現金黃色。放進預熱 200℃的烤箱 10 分鐘，羊皮朝上。把烤箱電源關掉，打開門，讓小羊肋排在裡面靜置 10 分鐘。

- 將烤肉時流出的肉汁取出，加入橄欖油，炒洋蔥、蘑菇和馬鈴薯，一共炒 15 分鐘。加入 2/3 的碎羅勒，調味。

- 油炸剩下的羅勒葉 1 分鐘。

- 把蘑菇馬鈴薯放在一塊板子上。先切好小羊後放在上面，上桌。

餐酒搭配

№63

波美侯
Pomerol

口感細緻且絲柔

AOC 1936年

◆

44° 55' 47.384"
北緯

0° 12' 3.683"
西經

真正撫觸味覺的酒
葡萄品種：梅洛（*merlot*）、
卡本內弗朗（*cabernet franc*）、
卡本內蘇維濃（*cabernet sauvignon*）、
馬爾貝克（*malbec*）

波美侯產區位於利布內（Libournais）自然區內的多爾多涅河（Dordogne）右岸，面積涵蓋 770 公頃。波美侯是一個沒有村落的地區，具備得天獨厚的條件。其風土獨特，位於伊勒（Isle）河上方的台地。波美侯是梅洛葡萄的應許之地，佔整個葡萄品種栽植面積的 80%，其餘輔以卡本內弗朗、卡本內蘇維濃及些許馬爾貝克葡萄。此產區所生產的酒舉世聞名，其中包括著名的柏圖斯（petrus）酒。這款酒具有罕見的細緻特性，整體散發出紫羅蘭、松露、紅果、皮革的香氣，入口時帶有良好的酒體結構與高單寧含量的持久口感。這款酒陳年愈久，愈能展現絲柔的特性，如輕撫味覺一般，每一次邂逅都是一場感動。

全時段供應

無時無刻不想吃

◆

　　只要還亮著，就能在這裡喝個痛快、大快朵頤。小酒館就像饑餓者和口渴者的燈塔，一盞閃亮霓虹燈，看到小酒館的招牌就知道這裡有吃有喝。人們可以特意前來，或是無意路過，但無論如何，都能在這裡找到慰藉。小酒館的門一開就是用餐時間。你可以在這裡結束一個夜晚、開始新的一天、在陪伴下品嚐食物、享受鹹食的美味－這是人人可享的奢華，是鄰里間可尋得的享受。「咬咬先生」在飢餓來敲門時能變身星級美食，口渴難耐時，啤酒也能媲美瓊汁玉露。

　　這裡提供的是宮殿般的服務。質樸的木桌旁，讓人嘴角不自覺上揚，心情也隨之愉悅。這裡的時光悠閒自在，翻翻報紙，或是與鄰座同樣來到這裡的陌生人談談頭條新聞，感受自己活躍的生命力，並將它散播出去。小酒館的日子似乎沒有盡頭，從晨曦到夜晚，始終如一，無論是清晨七點或午夜十二點，隨時可以來一杯、吃一口。

◆

6 人份

咬咬先生

準備時間：10 分鐘
烹調時間：10 分鐘

經典版本

◆

切邊吐司 12 片
高級法式白火腿片 6 片
牛奶 500 毫升
奶油 60 克
麵粉 60 克
碎肉豆蔻 1 撮
傳統芥末 2 湯匙
康堤乳酪絲 100 克
鹽、胡椒

- 用小火將奶油融化，煮 5 分鐘，不斷攪拌，加入冰牛奶、肉豆蔻，續煮 10 分鐘，直到變成濃稠的醬。
- 加入乳酪絲，調味，再加芥末。烤箱預熱至 180℃。
- 將火腿片放在一片吐司上，蓋上白醬後，拿另一片吐司蓋上，再淋一點白醬，放進烤箱 10 分鐘。
- 搭配很多薯條和沙拉一起享用。

無肉版本

鄉村麵包 12 片
康堤乳酪 300 克
蕃茄 3 顆
青蔥 3 根
粗磨胡椒 1 湯匙
鮮奶油 150 毫升

◆

- 蕃茄切片。麵包放到 180℃ 的烤麵包機上烤 2 分鐘。把乳酪、胡椒、青蔥稍微攪打一下，加入鮮奶油，慢慢攪打，以免鮮奶油油水分離。烤箱預熱至 180℃。
- 把蕃茄片分別放到 6 片麵包上，蓋一層乳酪醬，再放另一片吐司，最後再淋一層乳酪醬，進烤箱烤 10 分鐘。
- 搭配馬鈴薯沙拉、綠沙拉和一個水果一起享用。

大人版本

鄉村麵包 12 片
風乾火腿 6 片
安貝圓桶乳酪（fourme d'Ambert）150 克
康堤乳酪 150 克
胡桃 50 克
鮮奶油 150 毫升

◆

- 麵包放到 180℃ 的烤麵包機上烤 2 分鐘。把兩種乳酪和胡桃稍微攪打一下，加入鮮奶油，慢慢攪打，以免鮮奶油油水分離。
- 把火腿片分別放到 6 片麵包上，蓋一層乳酪醬，再放另一片吐司，最後再淋一層乳酪醬，進 180℃ 的烤箱烤 10 分鐘。
- 搭配馬鈴薯沙拉、綠沙拉和一個水果一起享用。

圖片請見下一頁 👉

6 人份

炸魚
薯條

準備時間：20 分鐘
烹調時間：5 分鐘

大西洋鱈魚排 6 片
麵粉 200 克 +100 克
紅蔥 1 顆
蛋 3 顆
牛奶 100 毫升
啤酒 150 毫升
鹽 1 茶匙
胡椒 1 茶匙
炸油
薯條吃到飽

◆

- 把鱈魚切成同樣大小的長條狀。紅蔥去皮後剁碎。分開蛋黃和蛋白。蛋黃和 200 克麵粉、啤酒、牛奶拌在一起，加入紅蔥、鹽、胡椒。蛋白打發成霜，小心切拌混入粉漿。

- 炸油加熱到 180℃。鱈魚裹一層麵粉，再沾滿粉漿，油炸 5 分鐘。

- 搭配檸檬、美乃滋、辣醬、vinegar（醋）⋯⋯還有薯條，一起享用。

炸遍天下魚類

這份食譜使用的是鱈魚，但其實大多數的魚排都可以拿來炸。

盡量選擇當季肉質紮實的魚類，例如鯖魚排、整條鰻魚、胡瓜魚、魷魚或大蝦。更高級一點的，可以來一盤 Fritto Misto（義大利炸海鮮盤）。

6 人份

獨家自製
漢堡

準備時間：20 分鐘
烹調時間：20 分鐘

漢堡麵包 6 個
羊肩肉 800 克
小茴香 1 湯匙
蒜頭 2 瓣
薄荷葉 6 片
燻五花肉 12 片
蕃茄 2 大顆
甜洋蔥 1 顆
小農聖尼塔（Saint-nectaire）乳酪 6 片
莎弗拉（Savora®）醬 3 湯匙
美乃滋 3 湯匙
綜合生菜 1 把
鹽、胡椒

◆

- 蒜頭去皮。把帶油脂的羊肩肉、蒜頭、薄荷放進絞肉機裡絞碎，加入小茴香，調味。把絞肉做成 6 塊緊實的漢堡肉，和燻五花一起，開小火，兩面各煎 5 分鐘。烤箱預熱至 200℃。

- 拿掉乳酪的硬皮。蕃茄切片，洋蔥去皮後切片。把芥末拌入美奶滋裡。

- 切開漢堡麵包，放進烤箱 2 分鐘。塗一些芥末美乃滋，放上漢堡肉、五花肉、聖尼塔乳酪，把麵包底部放回烤箱再烤 5 分鐘。加上蕃茄、洋蔥、生菜、美乃滋，蓋上另一半的麵包。趁熱享用。

圖片請見上一頁

6 人份

熱狗堡

準備時間：30 分鐘
烹調時間：15 分鐘

史特拉斯堡香腸 6 大根
熱狗堡麵包 6 個
美式蕃茄醬 3 湯匙
法式芥末醬 3 湯匙
白切達乳酪 150 克
洋蔥 2 顆
蕃茄 3 顆
甜醬油 2 湯匙
蝦夷蔥 4 株
蒔蘿 4 朵
橄欖油 2 湯匙 +2 湯匙

◆

- 切達乳酪刨成細片。洋蔥去皮切碎，開小火，和橄欖油一起炒 10 分鐘。烤箱預熱至 200℃。

- 把美式蕃茄醬和法式芥末醬拌在一起。蕃茄放進沸水中 1 分鐘，取出後剝掉皮，再把果肉切成小塊，倒入剩下的橄欖油和醬油，拌勻。加入蝦夷蔥花、洋蔥和蒔蘿增添清新香氣。

- 香腸放入沸水中煮 3 分鐘。在麵包上塗蕃茄芥末醬，再放入香腸、洋蔥、乳酪片。放進烤箱 2 分鐘。

- 放上蕃茄沙拉，馬上享用。

6 人份

俱樂部 三明治

準備時間：30 分鐘
烹調時間：20 分鐘

鄉村麵包 18 片
燻培根 6 片
雞胸肉 3 片
甜洋蔥 2 顆
蕃茄 3 顆
蛋 6 顆 +1 個蛋黃
奶油萵苣 2 顆
羅勒 1 束
長時熟成康堤乳酪 180 克
法式芥末醬 1 湯匙
蘋果醋 1 湯匙
美式蕃茄醬 2 湯匙
白蘭地 1 茶匙
葡萄籽油 250 毫升
橄欖油
鹽、胡椒

◆

- 在麵包上刷一層橄欖油。放入 200℃的烤箱 5 分鐘，烤成金黃色。

- 雞胸肉切片。培根煎 5 分鐘。取出培根後，放入雞肉片，也煎 5 分鐘。

- 6 顆蛋放入沸水煮 8 分鐘 45 秒，剝殼，切片。乳酪切成條狀。洋蔥去皮切碎。蕃茄切片。剝開奶油萵苣的葉子洗淨，摘下羅勒葉。

- 芥末和蛋黃混在一起，加醋，用打蛋器攪打，慢慢加入橄欖油，攪打成美乃滋，再加入蕃茄醬、白蘭地，調味。

- 組合三明治，分成兩層，每種食材交叉放上，中間用美乃滋黏合，插一根牙籤固定。

隨時來杯
美得冒泡啤酒

在小酒館來一杯啤酒，基本上是多講的！無論是金黃色、棕色還是橘紅色，無論是皮爾森啤酒（pils）還是印度淡色艾爾啤酒（IPA），啤酒既具有凝聚性，又具有多元性，因為它從麥芽原料開始，就提供了多樣的滋味、色澤及無與倫比的氣味。每個國家都有專屬的啤酒，而在法國，撇開自家釀造的不說，幾乎每個地區都有在地釀造的啤酒。傳統的現壓啤酒改成現打啤酒仍有美得冒泡的未來。

白啤酒	金色啤酒	橘紅色啤酒	棕色啤酒
風味	風味	風味	風味
帶有柑橘的香氣，給人一種非常清新的感受。	被認為是滋味較平淡，且帶輕微苦味的啤酒，不過卻有不同的類型可供選擇。	散發香料與榛果香氣。	散發強烈的香氣（木質調、咖啡因甚或巧克力）。

—	—	—	—
它採用淡色麥芽及不帶殼的小麥麥芽釀造，顏色不若其他啤酒般繽紛。	採用大麥麥芽釀造，不添加特殊麥芽（如烘焙過的麥芽），特性是呈現出非常清澈的金黃色澤。	採用所謂「焦糖」麥芽釀造，較金色啤酒的釀造麥芽經過更多炙烤及烘焙手續，其色澤從琥珀到古銅不等。	採用又稱為「巧克力」麥芽的棕色麥芽釀造，經過深度烘焙，色澤從栗色到黑色不等。

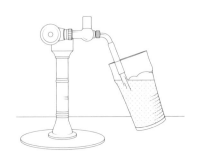

傳統的現壓啤酒

小酒館所供應的啤酒，是從一台結合啤酒桶及氣瓶系統的啤酒機取得。這台機器是 18 世紀時，由英格蘭的喬瑟夫・布拉瑪（Joseph Bramah）發明的，目的是為了更快速地供應啤酒。新鮮是它最主要的優勢。

此外，現壓啤酒系統有助於釋放啤酒最美味的香氣。再加上美麗的鋅製吧檯檯面及興致盎然的賓客，簡直就是幸福洋溢！

要選哪一款的啤酒？

皮爾森啤酒（PILS）與拉格啤酒（LAGER）
（下層發酵法）

這類啤酒最為常見，使用酵母並以低溫（10℃以下）發酵來釀造。

愛爾啤酒（ALE）與司陶特啤酒（STOUT）
（上層發酵法）

這類啤酒所使用的酵母與製作麵包所使用的酵母類似，並以 20℃發酵來釀造。

蘭比克啤酒（LAMBIC）與香檳啤酒（GUEUZE）
（天然發酵法）

這類啤酒是在暴露於空氣的狀態下進行發酵，不添加酵母，以確保啤酒的特性與高品質。

可存放的啤酒

這類啤酒源自法國北部，是一款夠甜的啤酒，過去是保存在桶內（如今則是保存在槽內），
這方法讓啤酒產生不同香氣以及更濃郁的滋味。

愛爾淡啤酒（PALE-ALE）
（上層發酵法）

「淡啤酒」的英文說法，是一款使用特殊麥芽，透過上層發酵法而釀成的金色啤酒。

印度淡色艾爾啤酒（INDIA PALE ALE, IPA）

原本這個名稱是指增加了啤酒花的啤酒，在運輸到印度的過程中更容易保存。
如今，人們保留這個配方，並推出了這款帶有苦味且具有鮮明柑橘香氣的啤酒。

三倍啤酒（TRIPLE）

這是一款饒富香氣的啤酒，必須仰賴原始酵母才能釀成，而這些酵母賦予它丁香的辛香調。

要點哪一種容量的啤酒？

 ・ ・ ・

加洛品（GALOPIN）	德米（DEMI）	品脫（PINTE）	芙米大波（FORMIDABLE）
125 毫升	250 毫升	500 毫升	1 公升

圖片請見下一頁 ☞

6 人份

洋蔥湯

準備時間：20 分鐘
烹調時間：1 小時 10 分鐘

洋蔥 6 顆
奶油 80 克
麵粉 1 湯匙
雞高湯 1 公升
白酒 200 毫升
馬德拉酒（madère）100 毫升
肉豆蔻粉 1 茶匙
鄉村麵包 6 片
康堤乳酪 200 克
鹽、胡椒

◆

- 洋蔥剝皮後切片。開大火，加入奶油和洋蔥，一起炒 10 分鐘焦糖化。加入麵粉，再炒 2 分鐘。加入馬德拉酒、肉豆蔻粉、白酒和雞高湯，調味，轉小火煮 50 分鐘。

- 把湯倒入烤盅裡，將麵包片放在上面，蓋上一層乳酪絲，放進烤箱 10 分鐘。零晨 4 點，可以喝湯了。

蔥慧過人

這道湯品被視為窮人的湯，也是法國烹飪遺產的一部分。湯的由來源於路易十五某次打獵時肚子餓，身上只有三種食材：奶油、洋蔥和香檳，連個野味也沒有……

6 人份

酥皮乳酪
舒芙蕾

準備時間：20 分鐘
烹調時間：35 分鐘 17 秒

全脂牛奶 500 毫升
奶油 70 克
麵粉 60 克
老康堤乳酪 200 克
肉豆蔻 1 大撮
蛋 5 顆
鹽、胡椒
+1 個大舒芙蕾烤盅。
我們常常把食材準備好卻忘了器具。

◆

- 用一個大鍋子把奶油融化。在烤盅裡刷上奶油。烤箱預熱至 180℃。

- 把麵粉加入奶油裡煮 2 分鐘，不斷攪拌。加入牛奶，繼續用小火煮 10 分鐘，還是要攪拌。再加入乳酪、肉豆蔻。放涼後加入蛋黃。把蛋白打發，小心拌入鍋裡。

- 倒入烤盅裡，上方預留 3 公分的高度。放入烤箱 35 分鐘 17 秒。

一聽到「吃飯囉！」，大家都要右手拿刀，左手持叉，餐巾圍在脖子上，準備迎接期待已久的舒芙雷到來。

35 分鐘 11 秒：吃飯囉！

35 分鐘 17 秒：舒芙蕾上桌。

圖片請見上一頁

6 人份

芙利安 餡餅

準備時間：20 分鐘
烹調時間：25 分鐘

吃剩的肉 400 克
洋蔥 1 顆
蒜頭 1 瓣
蛋 2 顆
小茴香 1 茶匙
龍蒿 3 株
葛瑞爾乳酪絲 150 克
千層酥皮 2 捲
（無糖，可以買現成的或自製，詳見 456 頁）
鹽、胡椒

◆

• 洋蔥、蒜頭去皮後切碎。把肉絞碎，加入一顆蛋、蒜頭、洋蔥、小茴香、切碎的龍蒿拌勻，調味。烤箱預熱至 160℃。

• 把另一顆蛋打成蛋汁。酥皮切成 12 份大小一樣的長方形，其中 6 塊放在防沾烤紙上。放上肉餡，四邊各留 1 公分。沿四邊塗一圈蛋液，再蓋上另一塊酥皮，把四邊壓緊，表皮上再塗一層蛋液。撒一點乳酪絲，放進烤箱 25 分鐘。

甜在心的芙利安

要回去上班的心情和十一月的天空一樣灰沉嗎？這道食譜就是星期天晚上清冰箱的好選擇。美味的餡餅給大人、小孩帶來歡樂，每個人都能按喜好加入食材（蔬菜、乳酪、香料……）

6 人份

鹹派

準備時間：15 分鐘
靜置時間：15 分鐘
烹調時間：35 分鐘

麵粉 250 克
奶油 125 克
牛奶 100 毫升
蛋 4 顆
濃稠鮮奶油 300 克
燻五花肉條 200 克
肉豆蔻粉 1 撮
康堤乳酪絲 150 克（也可以不要）
鹽、胡椒

◆

• 把麵粉和切成丁的奶油、4 克的鹽放進攪拌機，再慢慢倒入牛奶，攪拌成一個柔軟且不會沾黏在盆子上的麵團。把麵團桿開，放進鹹派塔模裡，在表面上戳出許多小洞，冷藏 15 分鐘。烤箱預熱至 180℃。

• 大火炒五花肉條 5 分鐘。將鮮奶油、蛋、肉條和肉豆蔻拌在一起，調味。把拌好的內餡倒進塔模裡，按個人喜歡加入乳酪絲，放入 180℃的烤箱 30 分鐘。

到底有沒有

鹹派裡加不加乳酪就跟法式焗烤馬鈴薯加不加乳酪一樣，各有各的擁護者，最重要的還是你想吃什麼。所以我們就別管傳統食譜了，其實也根本沒有什麼最原始的食譜，吃得開心最重要，有沒有乳酪沒關係。

6 人份

里昂
沙拉

準備時間：15 分鐘
烹調時間：25 分鐘

◆

皺葉菊苣 1 顆
新鮮五花肉 200 克
鄉村麵包 3 片
蛋 6 顆
葡萄酒醋 3 湯匙
紅蔥 1 顆
胡桃油 100 毫升 +100 毫升
法式芥末醬 1 湯匙
蘋果醋 1 湯匙
鹽、胡椒

- 將生菜洗乾淨，脫水。五花肉切成粗條狀，放進沸水中煮 10 分鐘。把麵包切成丁。

- 大火炒五花肉條 5 分鐘，加入麵包丁和 100 毫升的胡桃油，再炒 5 分鐘，把麵包丁炒成金黃色。

- 用醋水煮蛋 3 分鐘，取出後馬上降溫。

- 紅蔥去皮切碎。把芥末拌進蘋果醋裡，加入 100 毫升的胡桃油和紅蔥，淋在生菜上，和蛋、麵包丁與五花肉一起享用。

里昂小酒館必點沙拉

傳統有時代表優秀，說的就是這款沙拉，幾乎在每個里昂小酒館的菜單上都能見到，足以成為這座城市的象徵。水波蛋、麵包丁、五花肉條，還有蒲公英嫩葉或嫩菠菜，這樣的組合簡直就是里昂美食界中的伊莉莎白·泰勒和李察·波頓，一場無條件的愛。

餐酒搭配

№64

COTEAUX
DU-LYONNAIS
里昂丘
口感活潑輕快
AOC 1984年

◆

45° 49' 8.263"
北緯

4° 39' 45.85"
東經

一款強烈飢渴時的配酒
葡萄品種：加美（*gamay*）

別以為從薄酒萊出發，到隆河丘（Côtes du Rhône）這段路可以一路不飲酒，這是不可能的事情。里昂丘陵及其 260 公頃範圍內所栽植的葡萄即是專為提醒您而設。

新進葡萄栽植者在這幾片遭受淡忘的原產地命名區找到了一個負擔得起的遊樂場，讓他們能夠自由發揮巧思。這款單一加美葡萄所釀製的酒具有純紅寶石的色澤，散發草莓與黑色水果的入鼻香調，蘊含柔和的單寧，帶來活潑輕快且充分平衡的口感。

6 人份

法蘭琪－康堤
沙拉

準備時間：20 分鐘
烹調時間：10 分鐘

◆

BF15 馬鈴薯 600 克
思華力腸（cervelas）300 克
胡桃 80 克
帶葉小洋蔥 2 顆
康堤乳酪 150 克
皺葉菊苣 1 顆
梅爾福醋 *100 毫升
胡桃油 150 毫升
法式芥末醬 1 湯匙
鹽、胡椒

- 馬鈴薯削皮後切成塊，放進沸騰的鹽水裡煮 10 分鐘。取出後降溫。
- 思華力腸和康堤乳酪切成同樣大小的塊狀。小洋蔥切碎。清洗生菜、脫水。
- 用芥末醬、醋和油做成油醋，淋在所有食材上。在生菜上淋一點胡桃油，再和其他食材一起享用。

極緻美味法蘭琪

越簡單的菜餚，食材的品質就越重要。法蘭琪－康堤沙拉就是一道集合同一產區簡單的食材，創造出偉大的情感體驗。好的食材在手，其他都不用說。

餐酒搭配

№65

ARBOIS
阿爾布瓦
饒富香氣
AOC 1936年

◆

46° 54' 10"
北緯
05° 46' 26"
東經

一款令人意猶未盡酒，一飲再飲！
葡萄品種：夏多內（chardonnay）、薩瓦涅（savagnin）

阿爾布瓦這個產地的名號字根原意為「沃土」，佔地 766 公頃，廣布於 12 個市鎮，這裡生產了侏羅（Jura）地區最優質的白酒，其中包括黃酒與麥稈酒（vin de paille）。這個以夏多內與薩瓦涅葡萄所釀製的白酒，只佔總產量的 30%。這兩個葡萄為阿爾布瓦白酒提供了極多樣的感官享受。純薩瓦涅葡萄所釀製的酒呈現金黃色澤，若混釀以夏多內葡萄，則呈現綠色反光，此款酒保有核桃的基底香氣。這是一款口感豐富而醇厚，且帶有餘韻的酒。

6 人份

尼斯
沙拉

準備時間：20 分鐘
烹調時間：30 分鐘

◆

四季豆 600 克
熟成蕃茄 4 顆
豌豆 500 克
蠶豆 500 克
嫩朝鮮薊 1 束
去籽塔加斯卡橄欖（olives taggiasche）80 克
青蔥 3 根
蛋 12 顆
原味鮪魚腹肉罐頭 400 克
油漬沙丁魚 18 條

羅勒 1 束
橄欖油 100 毫升 +100 毫升
巴薩米克酒醋 1 湯匙
鹽之花、胡椒

◆

• 剝掉豌豆和蠶豆的豆莢，放入沸騰的鹽水裡煮 1 分鐘，取出降溫。再把蕃茄放進熱水裡 1 分鐘，取出降溫後剝掉皮。將朝鮮薊洗乾淨，縱向切成兩半，用 100 毫升的橄欖油開小火煎 5 分鐘。除去蠶豆的薄皮。用沸騰的水煮蛋，煮 8 分鐘 45 秒，取出後馬上降溫、剝殼。最後用鹽水煮豌豆 15 分鐘，取出降溫。

• 蕃茄和蛋都切成四等份。青蔥切碎。將所有的蔬菜放在盤子上，加上碎鮪魚肉和鯷魚，接著放羅勒和橄欖。淋一點橄欖油、巴薩米克酒醋，調味。

餐酒搭配

№66

CASSIS
卡西斯
帶有低調的芳香
AOC 1936年

◆

43° 12' 44"
北緯

5° 32' 42"
東經

卡朗克（CALANQUES）之酒
葡萄品種：主要是馬珊（marsanne）與克雷耶特（clairette）

卡西斯產區位於普羅旺斯葡萄栽植區內，也位於隆河河口省（Bouches-du-Rhône），介於馬賽與土倫（Toulon）之間，處於俯瞰地中海的卡朗克峽灣之上，佔地 200 公頃，其中 71% 為栽植於台地上的白葡萄。用於釀製白酒的主要葡萄為馬珊（60%）、克雷耶特，其次為白玉霓（ugni blanc）、白蘇維濃（sauvignon blanc）、布布蘭克（bourboulenc），這些葡萄在此找到了它們的安身之地。卡西斯酒在年輕時外觀色澤接近綠色，清澈而明亮，陳年後轉變為麥稈黃色。這個酒款散發低調的柑橘、榲桲、松樹脂芳香，顯著的醇厚與餘韻口感會停留在口中。

6 人份

凱撒
沙拉

準備時間：20 分鐘
烹調時間：10 分鐘

◆

土雞柳條 12 條
麵粉 100 克
蛋 3 顆
日式麵包粉 150 克
帶葉小洋蔥 3 顆
蘿蔓萵苣 1 顆
芝麻葉 1 把
油漬沙丁魚 80 克
蒜頭 1 瓣
橄欖油 100 毫升 +100 毫升

鄉村麵包 2 片
帕瑪森乳酪 80 克
一顆檸檬份量的原汁
炸油

◆

- 用刨刀將乳酪削成薄片。把麵包切成丁，用 100 毫升的橄欖油，開大火煎麵包丁 5 分鐘。小洋蔥切碎。把蘿蔓洗淨脫水。取 6 片蘿蔓，沿長邊切開，靠近菜心的地方切碎，和芝麻葉拌在一起。

- 蒜頭去皮，和鯷魚、橄欖油、檸檬汁一起放進調理機絞碎。蛋打散。雞柳條表面裹一層麵粉，沾一層蛋液，再裹一層日式麵包粉，調味。油炸 5 分鐘，直到變成金黃色。

- 用鯷魚油醋為沙拉調味。先放蘿蔓葉，接著是炸雞柳，撒上麵包丁、洋蔥和乳酪薄片。鯷魚油醋的味道應該就足夠了。

餐酒搭配

№67

SANTENAY
松特內
口感濃厚

AOC 1937年

◆

46° 54′ 46.199″
北緯

4° 41′ 47.522″
東經

承襲自渥爾內（VOLNAY）與
玻瑪（POMMARD）產地

葡萄品種：黑皮諾（*pinot noir*）

我們重返位於伯恩丘（côte de Beaune）南部的布根地，這個地區的名字原為 Santenay-les-Bains（有溫泉的松特內）如今已被稱為 Santenay et ses vins（有酒的松特內）。此葡萄栽植區面積 280 公頃，生產 88% 的紅酒，其中有 110 公頃是一級產區。當然，黑皮諾是釀製此酒的唯一葡萄品種。這是一個布根地頂級酒款，承襲自知名度更高的渥爾內與玻瑪產地。松特內產區生產可陳放的酒，色深而接近黑色。一如所有黑皮諾品種的葡萄，松特內酒會散發出小紅果、牡丹、薄荷和甘草的香氣。松特內酒年輕時，有時可能香氣不明顯，但陳年後，香氣則轉變為接近蜜餞、梅乾、皮革的香氣，令人感到喜悅，飲用後只會欲罷不能。

6 人份

朗德
沙拉

準備時間：20 分鐘
烹調時間：20 分鐘

◆

風乾燻鴨胸肉 1 片
油封砂囊 200 克
新鮮鵝肝 150 克
紅洋蔥 1 個
哈特馬鈴薯 600 克
羅勒葉 10 片
扁葉巴西里 3 株
橄欖油 100 毫升
鹽、胡椒

- 馬鈴薯削皮後切成塊，用一大鍋沸騰的鹽水煮 15 分鐘，取出降溫。洋蔥剝皮切碎。細切鴨胸肉。肥肝切片。摘下羅勒與巴西里的葉子。
- 開小火用橄欖油炒一下砂囊，大約 5 分鐘。把砂囊拌到馬鈴薯裡，加入羅勒、巴西里和洋蔥，調味。
- 全部放到盤子上後，加入肥肝片和鴨肉片。

朗德之歌

EN TOUT MÉCHAN PASSATYE,（昏暗的路上）
GUIDE LOU TOUN MAYNATYE（指引著你的孩子）
E NOUS QU'ÉT PROMÉTÉM（我們承諾）
D'ÉT SERBI, D'ÉT AÏMA（為你、愛你）
TOUSTÉM, TOUSTÉM.（永遠、永遠）
(ESTELE DE LA MA)（海上之星）

餐酒搭配

Graves
格拉夫
饒富香氣
AOC 1937年

◆

44° 33' 19.508"
北緯

0° 14' 42.454"
西經

帶有絕佳餘韻口感的白酒
葡萄品種：樹密雍（*sémillon*）、
蘇維濃（*sauvignon*）

格拉夫產區位於波爾多南部，佔地 749 公頃的領地一路延伸至朗貢（Langon）。它是波爾多最古老的產區之一，也是唯一以其風土特色命名的產區。此風土由砂礫組成，亦即各種大小的礫石和沙子的組合形式，覆蓋在通常由石灰石、有時是黏土組成的底土之上。砂礫發揮調節溫度的作用：日間高溫時吸收的熱量會在夜間釋放調節，從而避免溫差過大。白葡萄品種包括樹密雍與蘇維濃。這些品種生產出高品質的酒款，帶有異國水果、柑橘、煙燻的入鼻香氣，入口則帶有清新與饒富香氣的口感。

乳酪儲藏室

「香氣」迷人

　　麵包、葡萄酒、乳酪……這三個元素是享受美好時光的必備品。身為文化遺產的乳酪是每個地區不可或缺的象徵，反映了各地特色。每個人在面對家鄉，以及家鄉對外的形象和它所帶來的瑪德蓮效應時，都是自豪的。而那塊瑪德蓮往往會變身成某一塊乳酪，山羊奶、牛奶、綿羊奶；軟質、藍紋、白黴軟質或軟質洗浸。每個人心裡都有偏好的乳酪——至少那些喜歡乳酪的人是如此。它讓我們想起美好的回憶，想起某家特定乳酪店，某個心中最優質的乳酪職人，讓我們引以為傲並樂於分享。

　　小酒館裡的乳酪就扮演了這樣的角色，享受乳酪的同時，我們會分享出生之地，共享這一餐的結尾。乳酪是意料之外的食物，也是能填飽肚子的零食。一塊烤得酥脆的麵包加乳酪，一杯堪比陳年佳釀的美酒，兩、三位同伴。夫復何求？

搭配麵包

p.388

尼姆－阿雅丘：兩款山羊乳酪＋兩款綿羊乳酪配貝萊或菲加里
杜爾－桑塞爾：五款山羊乳酪配桑塞爾或賈斯尼耶
特魯瓦－第戎：兩款牛乳乳酪＋一款山羊乳酪配呂利或伊朗錫
康城－盧昂：五款牛乳乳酪配乾型蘋果酒或卡爾瓦多斯
歐里亞克－克雷蒙：四款牛乳乳酪配聖普桑或羅阿訥丘
默路斯－貝桑松：五款牛乳乳酪配灰皮諾或侏羅丘
坡城－賀德茲：兩款牛乳乳酪＋兩款綿羊乳乳酪＋一款山羊乳乳酪配伊魯萊吉或瑞朗松
巴黎－里爾：四款牛乳乳酪配敘雷訥丘或聖普里
瓦倫斯－格勒諾勃四款牛乳乳酪＋兩款山羊乳酪配孔德里約或科爾納斯
香貝里－安納西：四款牛乳乳酪＋一款山羊乳酪希尼安－貝熱龍或薩瓦蒙德茲

吧檯閒話

法國的 AOP 和 IGP 乳酪地圖

p.388-389

不同規格的酒瓶

p.390-391

葡萄酒與酒杯學

p.392-393

那麵包呢？

p.414-415

乳酪地圖
法國的 AOP 和 IGP

「如何治理一個擁有 246 種乳酪的國家？」
這句名言引自戴高樂將軍，但乳酪的數量卻有好幾個版本。而且還有一個相近的引用被認為是邱吉爾所說：
「一個能為世界提供 360 種乳酪的國家絕不能亡。」
無論是哪一種說法，其實都遠比實際情況少多了。法國實際生產的乳酪大約有 1200 至 1800 種。其中值得
注意的是有 46 種受到原產地命名保護（AOP）認證、9 種具有地理保護標誌（IGP）。

46種AOP認證乳酪

1｜阿邦當斯（1990 年產出）
2｜巴儂（2003 年產出）
3｜博福特（1968 年產出）
4｜奧弗涅藍紋（1975 年產出）
5｜上侏儸區吉克斯藍紋（1977 年產出）
6｜高斯藍紋（1953 年產出）
7｜維柯爾薩瑟納日藍紋（1998 年產出）
8｜莫城布里（1980 年產出）
9｜默倫布里（1980 年產出）
10｜布洛丘（1998 年產出）
11｜羅夫布魯斯乳酪（2018 年產出）
12｜卡蒙貝爾（1983 年產出）
13｜康塔爾（1956 年產出）
14｜普瓦圖查比舒（1990 年產出）
15｜查爾斯（1970 產出）
16｜夏洛萊（2010 年產出）
17｜雪佛丹（2002 年產出）
18｜康堤（1958 年產出）
19｜查維諾羊奶乾酪（1976 年產出）
20｜埃普瓦斯（1991 年產出）
21｜安貝圓桶（1972 年產出）
22｜蒙布里松圓桶（1972 年產出）
23｜拉基奧爾（1961 年產出）
24｜朗格勒（1991 年產出）
25｜利瓦侯（1975 年產出）
26｜馬貢內（2005 年產出）
27｜馬瑞里斯（1976 年產出）
28｜金山（1981 年產出）
29｜莫爾比耶（2000 年產出）
30｜芒斯特（1969 年產出）
31｜納莎泰爾（1969 年產出）
32｜歐索伊拉堤（1980 年產出）
33｜佩拉東（2000 年產出）
34｜皮科東（1991 年產出）
35｜彭勒維克（1972 年產出）
36｜普里尼聖皮耶（1972 年產出）
37｜赫布羅申（1958 年產出）
38｜孔德里約利可特（2009 年產出）
39｜羅卡馬杜（1996 年產出）
40｜洛克福（1925 年產出）
41｜聖尼塔（1955 年產出）
42｜聖莫爾德圖蘭（1990 年產出）
43｜沙雷爾斯（1961 年產出）
44｜謝河畔瑟萊（1975 年產出）
45｜博日多姆乳酪（2002 年產出）
46｜末隆雪（1998 年產出）

9種IGP認證乳酪

47｜薩瓦蘭乳酪（2017 年產出）
48｜法國東中部愛曼塔（1996 年產出）
49｜薩瓦愛曼塔（1996 年產出）
50｜葛瑞爾（2013 年產出）
51｜薩瓦哈克雷（2017 年產出）
52｜聖馬爾瑟蘭（2013 年產出）
53｜蘇曼特蘭（2016 年產出）
54｜庇里牛斯山多姆（1996 年產出）
55｜薩瓦多姆（1996 年產出）

AOC
原產地命名控制認證
指的是法國境內符合原產地命名保護（AOP）標準的產品。這是獲得歐洲認可的原產地命名保護（AOP）認證前的一個步驟。

AOP
原產地名保護認證
指的是一個產品的所有製造過程都在同一地理區域內完成，並遵循該區域公認的製作工藝，賦予產品獨特的風土特性。

IGP
地理保護標誌
指的是一個農產品無論是加工或未加工，品質、聲響或其他特性都與指定區域的風土有關聯

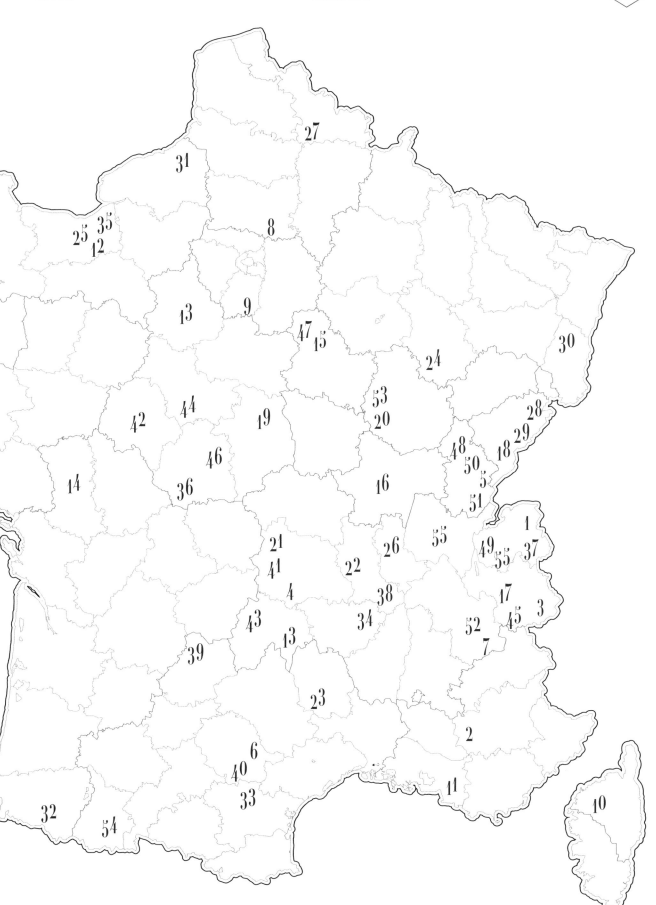

不同規格的酒瓶

每種容量都有對應的名稱

一般而言,葡萄酒的標準瓶是 750 毫升,也很常見的大酒瓶(magnum)是 1.5 公升。至於夸脫瓶和半瓶,則像流通的貨幣般常見於餐廳菜單。大容量酒瓶本身較為罕見且較為高貴。這些大規格的酒瓶不僅具有美學功能,還對葡萄酒的保存造成影響。容量越大,酒氧化的風險就越小。

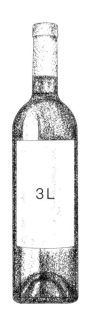

| 品脫瓶
(CHOPINE)
相當於 1/6 瓶 | 夸脫瓶
(QUART)
相當於 1/3 瓶 | 半瓶(DEMI)或
女童瓶(FILLETTE)
相當於 1/2 瓶 | 標準瓶
(BOUTEILLE)
或香檳瓶
(CHAMPENOISE)
相當於 1 瓶 | 大酒瓶
(MAGNUM)
相當於 2 瓶 | 耶羅波安王瓶
(JÉROBOAM)
或雙倍大酒瓶
(DOUBLE MAGNUM)
相當於 4 瓶 |

非比尋常的泡泡

還有其他規格更大的酒瓶
這些酒瓶非常罕見,專為香檳所設計

墨爾基博士瓶(Melchior)
或所羅門王瓶(Salomon):
18 公升,相當於 24 瓶

君主瓶(Souverain):
26.25 公升,相當於 35 瓶

大主教瓶(Primat):
27 公升,相當於 36 瓶

麥基洗德王瓶(Melchizédec)
或邁達斯王瓶(Midas):
30 公升,相當於 40 瓶

愛得萊德瓶(Adélaïde):
93 公升,相當於 124 瓶

高尚瓶(Sublime):
150 公升,相當於 200 瓶

4,5L

6L

9L

12L

15L

羅波安王瓶
（RÉHOBOAM）
相當於 6 瓶

瑪土撒拉瓶
（MATHUSALEM）
或帝王瓶（IMPÉRIAL）
相當於 8 瓶

薩爾瑪那薩爾王瓶
（SALMANAZAR）
相當於 12 瓶

伯沙撒王瓶
（BALTHAZAR）
相當於 16 瓶

尼布甲尼撒王瓶
（NABUCHODONOSOR）
相當於 20 瓶

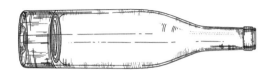

那麼里昂瓶（POT LYONNAIS）又是什麼呢？

這是一種厚底的瓶子（確切來說瓶底厚達 4 公分），容量為 460 毫升。它於
1843 年問世，專門在里昂及該地區的小酒館（bouchon）中使用。里昂瓶通
常使用回收玻璃製成，所以呈現不規則狀態，並且佈滿了小氣泡。460 毫升
的容量非常方便，因為用 1 公升的酒，小酒館老闆就可以倒滿兩瓶……還可
以順手給自己倒一小杯！

葡萄酒與酒杯學

**十九世紀時，小酒館（Bistrot）是飲料的輸出場所，就是和左拉（ÉMILE ZOLA）的
同名小說所描述一般的小酒店（assommoir）。**

奧弗涅人（Auvergnat）將豬肉熟食引進傳統小酒館，使得傳統小酒館所供應的飲食項目更加齊全。然而，
小酒館仍然是與葡萄酒、供應杯裝酒和交流分享息息相關。

儘管「國立原產地暨品質研究院」（INAO）所制定的酒杯（125 毫升）為專業品酒的參考用杯，但仍有十
多種不同類型的酒杯，主要分為三類：紅酒杯，白酒杯或粉紅酒杯，以及氣泡酒杯。每種類型的酒都需要
一款合適的容器，以利細細品味酒在入鼻與入口時的所有香氣。

大紅酒專用杯	**布根地酒專用杯**	**紅酒專用杯**
◆	◆	◆
適用酒款	適用酒款	適用酒款
帶單寧酸及強烈口感的紅酒	口感精緻而輕盈的紅酒	帶有香料口感的紅酒及粉紅酒
（如波爾多〔bordeaux〕酒）	（如薄酒萊）	（如隆河谷地酒）
形狀	形狀	形狀
鬱金香（tulipe）形，	近似裡爾琴（lyre）狀，	近似裡爾琴（lyre）狀，
略圓且杯緣夠寬	圓而寬，杯緣細緻	圓而寬，杯緣細緻
容量	容量	容量
大，560 毫升	大，700 毫升	中等，340 毫升
更有利於氧化作用	有利於減緩氧化作用且	有利於減緩氧化作用且
	更集中香氣	更集中香氣

「小酒吧」（BISTROT）的字源

根據最初版本，「小酒吧」這個字可能來自於 1814 年滑鐵盧（Waterloo）戰役後，俄國士兵
佔領巴黎的時期。口渴而急於飲水的俄國士兵推開飲料輸出場所的大門，口中喊著「bystro、
bystro」，即俄語「快、快」之意。然而，這種解釋並未獲得證實。這個字實際上在「bistraud」（協
助酒販的家僕）與「bastringue」（人們「bistouille」的地方，即在法國北部，人們飲用混入杜松
酒或蘭姆酒的咖啡之處。而這個字之後轉為「bistrouille」）等字找到共同的源頭。

果香白酒專用杯

◆

適用酒款
以清新口感為特性的白酒
（如夏多內葡萄）

形狀
圓而寬，裡爾琴（lyre）狀，
杯頂較窄

容量
中等，340 毫升
可保存花香氣息並保持清新口感

粉紅酒專用杯

◆

適用酒款
粉紅酒，年輕、清新口感的
酒及乾型酒

形狀
杯身短且杯緣夠短

容量
中等，340 毫升
有利突顯果香並抑制酸度

乾型白酒專用杯

◆

適用酒款
香氣不明顯的白酒
（如蘇維濃葡萄）

形狀
主要呈 U 形，杯口較寬

容量
中等，340 毫升
有利於減緩氧化作用
且更集中香氣

長笛杯或鬱金香杯

◆

適用酒款
氣泡酒（如香檳）

形狀
杯緣狹窄，杯身較寬

容量
中等，230 毫升
更有利於集中氣泡

甜型酒專用杯

◆

適用酒款
甜點酒（vins de dessert）

形狀
小巧，錐形，
杯緣窄而杯身較寬

容量
中等，150 毫升
有利於小口品嚐，使糖分更為輕盈
及取得更佳的酸度表現

NÎMES-AJACCIO
尼姆—阿雅丘產區

巴儂
(BANON)

🧀 100克　◎ 60/70公釐　↕ 30公釐
💧 1公升　(AOP) 2003

山羊乳製軟質乳酪，天然外皮，以栗
樹葉子包裹、拉菲草繩綑綁。

佩拉東
(PELARDON)

🧀 60克　◎ 60/70公釐　↕ 22/27公釐
💧 1公升　(AOP) 2001

山羊乳製軟質乳酪，天然外皮。

愛之麻
(BRIN D'AMOUR)

🧀 500/700克　◎ 100/120公釐　↕ 50公釐
💧 3公升

科西嘉島產綿羊乳製軟質乳酪，天然外皮，
以科西嘉混和香草（herbes du maquis）包裹

布洛丘
(BROCCIU)

🧀 250克/3公斤　◎ 99/200公釐　↕ 95/180公釐
💧 1公升　(AOP) 2003

科西嘉產，由山羊乳和綿羊乳製造。
把加了乳清的鮮乳加熱後，
布洛丘乳酪就在浮在表面

TCHIN-TCHIN 時光！

BELLET
貝萊
帶有海風鹹味
AOC 1941年

VS

FIGARI
菲加里
一款香氣會在口鼻炸開的酒
AOC 1976年

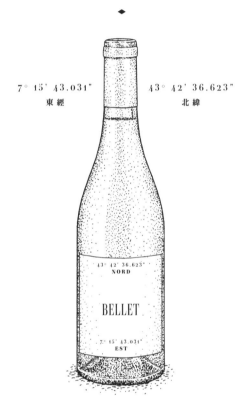

7°15'43.031"
東經

43°42'36.623"
北緯

9°5'35.3"
西經

41°29'47.371"
北緯

帶有天使灣 BAIE DES ANGES 的花朵與柑橘香氣
葡萄品種：侯爾（*rolle*）與胡珊（*roussanne*）為主

位於尼斯（Nice）市的貝萊原產地命名區是唯一以都會區為中心的產區，俯瞰天使灣與地中海，以及梅康圖爾山脈（Massif du Mercantour）。此產區所栽植的葡萄品種主要是侯爾與胡珊，而其餘 40% 則輔以次要的葡萄品種，如克雷耶特、布布蘭克、夏多內。這款酒生產自丘陵地及砂礫台地。它知名度低，且由於產量較少，在地消費因而有限。這款白酒呈現淡黃色澤，帶有綠色的反光，散發出接近花的柑橘香氣。這款酒的口感清新且圓潤，隨著陳年而轉成榛果香氣。

來自美麗之島的細緻與清新口感
葡萄品種：黑格那希（*grenache noir*）、
尼盧喬（*nielluccio*）、夏卡雷洛（*sciaccarello*）

菲加里紅酒產自南科西嘉省（Corse-du-Sud），是這座「美麗之島」最南端產區所釀製出來的酒。這款酒屬於「科西嘉葡萄酒」（Vin de Corse）原產地命名區，定名為「科西嘉葡萄酒菲加里」（Vin de Corse Figari）酒。主要的葡萄品種為黑格那希、尼盧喬、夏卡雷洛。有別於人們對法國南部的印象，菲加里酒具有結構完整、極為細緻且充滿清新的特性。

TOURS-SANCERRE
杜爾－桑塞爾

謝河畔瑟萊
(SELLES-SURCHER)

🧀 150克　◎ 80/90公釐　↕ 20/30公釐
💧 1公升　(AOP) 1996

—

山羊生乳製作的軟質乳酪，
外皮有天然白黴。

查維諾羊奶乾酪
(CROTTIN DE CHAVIGNOL)

🧀 60克　◎ 60公釐　↕ 30/50公釐
💧 800毫升　(AOP) 1996

—

山羊生乳製作的軟質乳酪，
天然外皮。

聖莫爾德圖蘭
(STE-MAURE DE TOURAINE)

🧀 250克　◎ 160/180公釐　↕ 45/55公釐
💧 2公升　(AOP) 1990

—

山羊生乳製作的軟質乳酪，
表皮有白黴，中間插著一根黑麥稈。

未隆雪
(VALENCAY)

🧀 220克　◎ 60/70公釐　↕ 70/80公釐
💧 1.5公升　(AOP) 2014

—

山羊生乳製作的軟質乳酪，
表皮有白黴。

普里尼聖皮耶
(POULIGNY-SAINT-PIERRE)

🧀 250克　◎ 25/90公釐　↕ 125公釐
💧 1.7公升　(AOP) 2009

—

山羊生乳製作的軟質白黴乳酪，
天然外皮。

TCHIN-TCHIN 時光！

JASNIÈRES
賈斯尼耶
韞櫝藏珠的酒款

AOC 1937年

◆

0° 37' 19.315"
東經　　　　　　　47° 45' 1.886"
　　　　　　　　　北緯

Vs

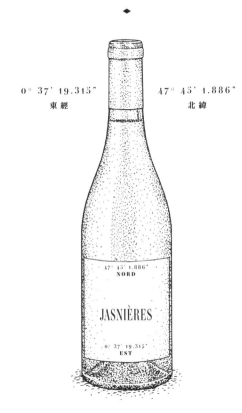

SANCERRE
松塞爾
口感繁複

AOC 1959年

◆

2° 50' 23.521"
東經　　　　　　　47° 19' 46.499"
　　　　　　　　　北緯

乾型、半乾型，還是甜美型？
葡萄品種：白梢楠（*chenin*）

賈斯尼耶產區位於薩特省（Sarthe）的洛姆（Lhomme）和盧瓦河畔呂耶（Ruillé-sur-Loir）兩個市鎮。總面積為 127 公頃，其中只有 80 公頃用來栽植葡萄。白梢楠是唯一被使用的葡萄品種。此產區生產三種類型的酒：乾型（含糖量少於 8 公克）、半乾型（含糖量介於 8 至 20 公克）和甜美型（含糖量超過 20 公克）。這款酒曾一度遭到遺忘，直到 1970 年才又重新為人所知。這款酒可以陳放，幾年後才會展現出本身的特質，甜美型酒款甚至需時十幾年才能達到如此效果。這款酒入鼻時散發椴樹、橙橘或杏桃香氣。入口時除了同樣具有入鼻香氣外，還充滿了清新的口感。

繼承傳統的酒，值得與所愛的人共享
葡萄品種：主要是黑皮諾（*pinot noir*）

位於羅亞爾河（Loire）左岸的桑塞爾產區綿延 3000 公頃，其中有 600 公頃栽植黑皮諾葡萄。這個地區由三個特殊的風土組成，因此產出截然不同的酒：包含以石灰石黏土土壤為主的白土區（terres blanches）、多石的卡約特區（Caillottes），以及燧石土壤的夏佑區（Chailloux）。松塞爾紅酒呈現純紅寶石色澤，帶有紫羅蘭及紅色水果的入鼻香氣，有時在陳釀後還帶有動物氣息。以某些產區而言，這是一個具備特級地位的酒款。

TROYES-DIJON
特魯瓦－第戎

夏洛萊
(CHAROLAIS)

⊖ 250克　◇ 60公釐　↑ 70公釐
◌ 2公升　(AOP) 2014

—

山羊乳製軟質乳酪，
天然外皮。

朗格勒
(LANGRES)

⊖ 250克　◇ 100公釐　↑ 50/60公釐
◌ 2.5公升　(AOP) 2009

—

牛乳製軟質洗浸乳酪。

查爾斯
(CHAOURCE)

⊖ 400克　◇ 90/120公釐　↑ 60公釐
◌ 3公升　(AOP) 1996

—

牛乳製軟質乳酪，
外皮有白黴。

TCHIN-TCHIN 時光！

№73

№74

RULLY
乎利
口感渾然細緻

AOC 1939年

VS

IRANCY
依宏希
口感活潑輕快

AOC 1930年

04° 44' 25"
東經

46° 52' 31"
北緯

03° 39' 53"
西經

47° 42' 49"
北緯

具有完美口感的白酒
葡萄品種：夏多內（chardonnay）、
特薩莉耶（tressallier）、蘇維濃（sauvignon）

呂利白酒產自布根地，位於夏隆丘（côte chalonnaise）地區，在海拔 200 公尺的丘陵地上，俯瞰著索恩河平原（plaine de la Saône）。這款酒以夏多內葡萄釀製而成。產區涵蓋 247 公頃，用來生產白酒，其中 68 公頃為一級產區。這款酒的外觀接近綠色，陳年後則呈現純金黃色澤。它散發柑橘與桃的香氣，並輔以刺槐與山楂香調，同時具有口感鮮明且帶有餘韻的特性。這一款具有完美口感的白酒，可與氣味強烈的乳酪抗衡。

富含單寧的酒
葡萄品種：黑皮諾（pinot noir）

有了乎利的鮮明口感，何不再選一款饒富果香的紅酒，比如依宏希酒？位於大歐塞爾（Grand Auxerrois）地區與漾能省（Yonne）的依宏希產區，所生產的酒釀自黑皮諾葡萄，並獲准摻入 10% 具依宏希代表性的塞薩爾（césar）葡萄。這是一款色澤繽紛，富含單寧的酒，提供極佳的成本效益值。這款酒的特性是聞香時散發紅色水果（櫻桃、歐洲酸櫻桃）香氣。經年累月後，單寧逐漸消解，繼而賦予味覺一種絲滑般的結構。這是一款易飲且令人回味無窮的酒。

CAEN-ROUEN

康城—盧昂

納莎泰爾
(NEUFCHATEL)

🛢 200克 ⬡ 心型 ↑ 25/30公釐

💧 1.6公升 (AOP) 1996

—

牛乳製軟質白黴乳酪。

卡蒙貝爾
(CAMEMBERT)

🛢 250克 ⬡ 105/110公釐 ↑ 30公釐

💧 2.2公升 (AOP) 1996

—

牛乳製軟質白黴乳酪。

帕芙多吉
(PAVE D'AUGE)

🛢 500克 ⬡ 110公釐 ↑ 50/60公釐

💧 5公升 (AOP) —

—

牛乳製軟質洗浸乳酪。

利瓦侯
(LIVAROT)

🛢 450/500克 ⬡ 110/120公釐

↑ 40/50公釐 💧 5公升 (AOP) 1996

—

牛乳製軟質洗浸乳酪，
外圍以薹草環繞。

彭勒維克
(PONT-L'EVEQUE)

🛢 420克 ⬡ 105/115公釐 ↑ 40公釐

💧 4公升 (AOP) 1996

—

牛乳製軟質洗浸乳酪。

TCHIN-TCHIN 時光！

COTENTIN
科唐坦蘋果酒
口感渾然細緻
AOC 1936年

Vs

№76

CALVADOS
卡爾瓦多斯
來自諾曼第
AOC 1942年

19' 32.268"
西經

49° 17' 32.41"
北緯

0° 22' 14.444"
西經

49° 10' 58.307"
北緯

宛如一款好酒
以蘋果為基底

來自諾曼第的烈酒
以蘋果酒或梨酒為基底

蘋果酒算是一種葡萄酒，至少我是這麼認為的。現在的蘋果酒都是在應有的尊重之下釀造而成，這是葡萄栽植者嚴肅以對的工作，縱使純粹主義者對此並不以為然。蘋果酒透過蘋果漿（藉由磨碎蘋果得到的糊）陳釀時的發酵作用而取得。接著是壓榨程序。榨取的蘋果汁持續發酵三至五天，表面會形成一層泡沫，蘋果汁液則變得清澈。汁液裡頭的糖會緩慢轉化為酒精，透過原生酵母的作用而氣泡化，四至六個月後即變成蘋果酒。經此程序釀成的蘋果酒，會保留某種苦味及海風鹹味，進而激發味蕾。

諾曼第酒是由蘋果酒或梨酒蒸餾而成，它有三個原產地命名區：卡爾瓦多斯（佔74%的產量），經過一次蒸餾或二次蒸餾製成；歐日自然區（pays d'Auge）卡爾瓦多斯（佔25%的產量），將歐日自然區所產的蘋果酒加以二次蒸餾製成；棟夫龍泰（Domfrontais）區卡爾瓦多斯佔1%的產量，經過一次蒸餾或二次蒸餾製成，內含至少30%的梨酒。卡爾瓦多斯酒在橡木桶中陳釀至少2年，一旦裝瓶後，就不再陳年。所以若要知道酒的實際年齡，只需要查看裝瓶日期即可。2年陳年年份的酒標為「Fine」；3年為「Vieux」、「Réserve」；4年為「VO」（Very Old）、「Vieille réserve」、「VSOP」（Very Superior Old Pale）；至少6年為「Hors d'âge」、「XO」（Extra Old）、「Napoléon」、「Très vieille réserve」。

AURILLAC-CLERMONT
歐里亞克－克雷蒙

聖尼塔
(SAINT-NECTAIRE)

⊖ 1.85公斤　◎ 20/24公分　↑ 35/50公釐
◊ 14公升　(AOP) 1996

—

硬質生乳乳酪，灰色外皮。

沙雷爾斯
(SALERS)

⊖ 35/50公斤　◎ 40公分　↑ 40公分
◊ 400公升　(AOP) 2003

—

硬質生乳乳酪，外皮厚實。

奧弗涅藍紋
(BLEU D'AUVERGNE)

⊖ 2/3公斤　◎ 18公分　↑ 100公釐
◊ 20公升　(AOP) 2009

—

牛乳製藍紋白黴乳酪。

安貝圓桶乳酪
(FOURME D'AMBERT)

⊖ 2/2.5公斤　◎ 13公分　↑ 19公分
◊ 19公升　(AOP) 2006

—

牛乳製藍紋乳酪，外皮乾燥有白黴。

TCHIN-TCHIN 時光！

SAINT-POURÇAIN
聖普桑
具備女性特質的白酒
AOC 1936年

Vs

CÔTE-ROANNAISE
侯安丘
釀自加美品種的甜型酒
AOC 1936年

3°57' 36.4"　　　　49°02' 30.9"
　西經　　　　　　　北緯

3°57' 36.4"　　　　49°02' 30.9"
　西經　　　　　　　北緯

沐浴在錫烏勒河（SIOULE）中

葡萄品種：夏多內（chardonnay）、
特薩莉耶（tressallier）、蘇維濃（sauvignon）

羅馬人早已看出風土的潛力。當波本（Bourbon）家族
加晃為法王時，葡萄酒成為一種象徵性的指標。然而
這塊產地曾經因為交通不便、鮮有火車，也不再有水
路交通。差點消失，在 1980 年代，這塊產地重拾活力，
之後便不曾再令人失望過。夏多內與特薩莉耶是這款
白酒的兩個孕育品種，再加上少量的蘇維濃，以增添
清新口感，造就出一款細緻且具備女性化特質的酒，
它混合白花、梨及桃的強烈香氣，搭配味道重的土產
乳酪，具有理想的平衡效果。

受到火山的庇護

葡萄品種：加美（gamay）

加美葡萄產自中央山地（Massif central）的中心地帶，
就在瑪德蓮山（mont de la Madeleine）東側的山麓小
丘上，它的香氣強烈有個性，並且用它紅色的果實滿
足味蕾的渴望。侯安丘橫貫於克萊蒙費朗（Clermont-
Ferrand）與里昂之間，輕撫著 N7 省道，彷如帶著歡
愉的呼喚。鮮紅色的加美葡萄，讓釀出來的酒易於飲
用。經過較長時間的陳釀，賦予這款酒較為辛香的特
性。這是一款會讓人們願意頻繁開來飲用的酒，再搭
配一道精緻的圓桶乳酪，就更令人回味再三。

MULHOUSE-BESANÇON
默路斯－貝桑松

上侏儸區吉克斯藍紋
(BLEU DE GEX HAUT-JURA)

◯ 7.5公斤　◷ 31/35公分　↑ 100公釐
◌ 80公升　(AOP) 2008

—

牛乳製藍紋乳酪。

康堤
(COMTE)

◯ 32/45公斤　◷ 55/75公分　↑ 80/130公釐
◌ 450公升　(AOP) 1996

—

生牛乳製硬質熟乳酪。

莫爾比耶
(MORBIER)

◯ 7公斤　◷ 35公分　↑ 50/80公釐
◌ 65公升　(AOP) 2000

—

硬質生乳乳酪，中間夾一層薄灰。

芒斯特
(MUNSTER)

◯ 450克　◷ 13公分　↑ 25公釐
◌ 5公升　(AOP) 1996

—

牛乳製軟質洗浸乳酪，
又稱「géromé」（傑洛梅）。

金山
(MONT D'OR)

◯ 400克/3公斤　◷ 11/33公分　↑ 60/70公釐
◌ 7公升　(AOP) 1996

—

牛乳製軟質乳酪，表皮洗浸處理，
外圍以雲杉樹皮環繞。

№79

PINOT GRIS
灰皮諾
晚摘
AOC 1971年

V̌s

№80

CÔTES-DU-JURA
侏羅丘
口感濃厚
AOC 1937年

7° 17' 59.359"
東經

48° 9' 58.169"
北緯

05° 33' 14"
東經

46° 40' 28"
北緯

一款經過非常悉心釀製的酒
葡萄品種：灰皮諾（*pinot gris*）

灰皮諾是經過不斷反覆變更命名而得到的名稱，原本名為亞爾薩斯托凱（tokay d'Alsace），一路改到2017年時變成灰皮諾。秋末，當葡萄開始染上被稱作「Botrytis cinerea（灰色葡萄孢菌）」的貴腐菌時，就要開始徒手採摘。接著會將葡萄仔細壓榨，以便收集高糖分的葡萄汁液。經過緩慢的發酵與酒泥陳釀（élevage sur lies）後，這款酒呈現出深黃帶金的外觀色澤，入鼻時散發出蜂蜜與花的香氣。初入口時口感十分清新，接著便展現出瓊漿玉液般的芳醇口感。

侏羅省最大的原產地命名區
葡萄品種：特魯索（*trousseau*）

其他的葡萄品種也可能在餐後的乳酪拼盤時間占有一席之地，來自侏羅丘的優質特魯索就是可以一拼高下的品種之一。侏羅丘是該地區最大的原產地命名區，生產各種類型的酒。特魯索是最具代表性的葡萄品種之一，它生產出帶有琥珀色澤、口感濃厚的酒。這款酒存放在大木桶中陳釀 15 至 18 個月。它的葡萄串呈現漆黑色澤，以及內縮、捆束的樣態。這是一款令人嚮往的酒，值得陳年後加以品味。它入鼻時散發紅果及香料的香氣，入口時的餘韻將伴隨我們結束一餐。再給自己倒一杯吧。

PAU-RODEZ

坡城—賀德茲

洛克福
(ROQUEFORT)

🛢 2.7公斤　◎ 19/20公分　↑ 8/11公分

💧 12公升　(AOP) 1996

—

拉卡恩（Lacaune）
品種綿羊生乳硬質白黴乳酪。

歐索伊拉堤
(OSSAU-IRATY)

🛢 2/7公斤　◎ 24/28公分　↑ 9/15公分

💧 18公升　(AOP) 1996

—

綿羊乳製硬質洗浸熟乳酪。

拉基奧爾
(LAGUIOLE)

🛢 20/50公斤　◎ 30/40公分　↑ 30公釐

💧 10公升　(AOP) 2008

—

未經烹煮直接壓制的生牛乳奶酪。

羅卡馬杜
(ROCAMADOUR)

🛢 35公克　◎ 6公分　↑ 16公釐

💧 350毫升　(AOP) 1999

—

山羊乳製軟質乳酪，天然外皮。

高斯藍紋
(BLEU DES CAUSSES)

🛢 2.3/3公斤　◎ 20公分　↑ 10公分

💧 25公升　(AOP) 1996

—

牛乳製藍紋白黴乳酪。

TCHIN-TCHIN 時光！

IROULÉGUY
憶湖雷姬
「啟航啟航」BOGA BOGA[34]
AOC 1970年

◆

V**s**

JURANÇON
居宏頌
從乾型到甜型一應俱全
AOC 1975年

◆

1° 21' 1.955"
西經

43° 15' 56.063"
北緯

23' 27.211"
西經

43° 17' 15.803"
北緯

來自巴斯克地區（PAYS BASQUE）口感濃厚的酒
葡萄品種：塔那（*tannat*）、
卡本內蘇維濃（*cabernet sauvignon*）、
卡本內弗朗（*cabernet franc*）

憶湖雷姬是一款屬於大西洋庇里牛斯省（Pyrénées-Atlantiques）的酒，250公頃範圍的產區是歐洲最小的產區之一，可謂地處世界盡頭的產區。聖雅各之路（Saint-Jacques de Compostelle）的朝聖者為這片產區賦予某種程度的聲望，因此將聖讓皮耶德波爾（Saint-Jean-Pied-de-Port）設為必經之地，使得這款酒得以存續。簡言之，就是這些朝聖者口渴了！這些葡萄栽植於山邊陡峭的斜坡上，海拔介於200至450公尺之間。紅酒款由三個葡萄品種釀製而成，包括塔那、卡本內蘇維濃、卡本內弗朗。這款酒外觀呈現純石榴石紅色澤，入鼻時散發近似樹冠下植被、香料及紅果的香氣。

來自貝亞恩（BÉARN）區且酒感醇厚的酒
葡萄品種：小蒙仙（*petit manseng*）、
大蒙仙（*gros manseng*）、白古爾布（*courbu blanc*）、
加美拉德拉瑟布（*camaralet de Lasseube*）、
洛澤（*Lauzet*）

居宏頌產區位於西南部，佔地932公頃，位於奧洛龍－聖瑪麗（Oloron-Sainte-Marie）與波城（Pau）之間。這款酒釀自五個葡萄品種：小蒙仙與大蒙仙須佔整個葡萄品種栽植面積至少50%，再輔以白古爾布、加美拉德拉瑟布、洛澤等葡萄。居宏頌的乾型酒呈金黃色反光且帶有綠邊，它入鼻時散發蜂蜜、異國水果及水果蜜餞香氣。入口時酒感醇厚而平衡，且酸味十足。

[34] 注：巴斯克地區歌謠。

PARIS-LILLE
巴黎—里爾

默倫布里
(BRIE DE MELUN)

◎ 1.5公斤　◎ 27公分　↑ 40公釐
◎ 12公升　(AOP) 1996

—

牛乳製軟質白黴乳酪。

馬瑞里斯
(MAROILLES)

◎ 200克　◎ 12.5/13公分　↑ 6公分
◎ 7公升　(AOP) 1996

—

牛乳製軟質白黴乳酪。

莫城布里
(BRIE DE MEAUX)

◎ 2.8公斤　◎ 36/37公分　↑ 40公釐
◎ 25公升　(AOP) 1996

—

牛乳製軟質白黴乳酪。

薩瓦蘭
(BRILLAT-SAVARIN)

◎ 500克　◎ 11/14公分　↑ 40/70公釐
◎ 2.4公升　(AOP) 2017

—

牛乳製軟質洗浸乳酪。

TCHIN-TCHIN 時光！

COTEAUX-DE-SURESNES
敘雷訥丘
白酒

IGP 2009年

Vs

SAINT-PRIX
聖普里
紅酒

IGP 2009年

◆

◆

2°13'8.519"
東經

48°52'11.273"
北緯

2°15'44.96"
東經

49°0'23.288"
北緯

耐得住都市化的葡萄

葡萄品種：夏多內（*chardonnay*）、蘇維濃（*sauvignon*）

隨著氣候暖化，葡萄園似乎也不再受限於氣候的束縛，甚至還能眺望艾菲爾鐵塔！噢非也，這片產區是古老的產區，它曾歷經輝煌的年代，之後才因為都市化遠比幾株葡萄樹更有利可圖而退位。然而，一些熱切的葡萄栽植者抗拒利益的誘惑，讓葡萄成長茁壯，並生產出一款淡色外觀的白酒。因為混有蘇維濃葡萄的關係，使它入鼻時帶有柑橘氣味，也因為以夏多內葡萄為主，口感變得更加豐腴。這款小酒能為一盤大巴黎乳酪拼盤畫龍點睛。

可與同伴共享且適合冰飲的紅酒

葡萄品種：黑皮諾（*pinot noir*）

聖普里紅酒還未展現全部魅力，它也在巴黎郊區悄悄流行，提供了一款易於解渴的黑皮諾。這款可與同伴共享且可冰飲的酒，因其歡慶的本性而受到新世代的喜愛。這是一款易飲的酒，它會釋放歡愉的感覺，叫人非品味再三不可。

VALENCE-GRENOBLE
瓦倫斯—格勒諾勃

皮科東
(PICODON)

🛢 60公克　✂ 5/7公分　↑ 18/25公釐
💧 800毫升　(AOP) 1996

—

生山羊乳製軟質乳酪，天然外皮。

聖馬爾瑟蘭
(SAINT-MARCELLIN)

🛢 80克　✂ 7/8公分　↑ 20公釐
💧 700毫升　(AOP) 2013

—

牛乳製軟質白黴乳酪。

聖費利西安
(SAINT-FELICIEN)

🛢 160克　✂ 10公分　↑ 25公釐
💧 1.5公升　(AOP) —

—

牛乳製軟質白黴乳酪。

維柯爾藍紋
(BLEU DU VERCORS)

🛢 4.5公斤　✂ 27/30公分　↑ 70/90公釐
💧 40公升　(AOP) 2001

—

牛乳製軟質藍紋乳酪。

福結烏斯
(FOUGERUS)

🛢 500/600克　✂ 13公分　↑ 30/40公釐
💧 20公升

—

牛乳製軟質白黴乳酪，
外層包著蕨類植物的葉子。

孔德里約利可特
(RIGOTTE DE CONDRIEU)

🛢 30克　✂ 4.2/5公分　↑ 19/24公釐
💧 600毫升　(AOP) 2013

—

山羊乳製軟質天然白黴乳酪。

TCHIN-TCHIN 時光！

CORNAS
高納斯
帶有動物氣息且酒感醇厚
AOC 1938年

◆

Vs

CONDRIEU
恭得里奧
口感圓潤且令人著迷
AOC 1940年

◆

25°45' 9.719"
東經

54°43' 15.072"
北緯

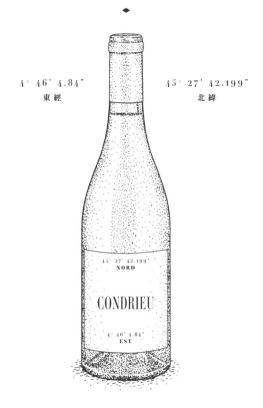

4° 46' 4.84"
東經

45° 27' 42.199"
北緯

最小的紅酒原產地命名區
葡萄品種：希哈（*syrah*）

國道 A7 是通往南方的高速公路，可說是渡假之路。而這條路同時也是葡萄酒之路，它穿梭於隆河谷地（vallée du Rhône），是一條穿越最小紅酒原產地命名區的路，這款紅酒就是高納斯。這個產區位於隆河右岸，受到中央山地（Massif central）的庇護，這個原產地命名區唯一的希哈（syrah）品種，就栽植於陡峭、地勢不穩的丘陵地上面被稱為「chaillets」的台地。這個產區享有近地中海型的氣候。高納斯酒是一款酒感醇厚且適合成人的酒，它呈現出暗沉的色澤。它入鼻時散發成熟紅果、香料及胡椒的氣味。這款酒在陳年時透過皮革、松露的氣味，展現出動物的氣息，是一款帶有動物氣息且待馴服的酒。

來自隆河谷地（VALLÉE DU RHÔNE）
的出色白酒
葡萄品種：維歐尼耶（*viognier*）

在經過維埃納（Vienne）後，就可以見到隆河右岸丘陵地邊上的台地（chaillet）佈滿栽植的葡萄以及用來支撐葡萄的樁（échalas）。歡迎來到恭得里奧！這片產區從羅第丘（Côte-Rôtie）延伸而來，生產出隆河谷地其中一款頂級的白酒，而這款白酒釀自單一的維歐尼耶葡萄。恭得里奧是一款出色的酒，年輕時呈現淡黃色澤，隨著陳年變得更加金黃。它在年輕時會散發白桃與杏桃芳香，陳年後則轉為乾果與蜂蜜香氣，入口帶有芳醇、無比圓潤的口感。它的醇厚令人著迷，是一款十分頂級的酒。

CHAMBÉRY-ANNECY
香貝里—安納西

薩瓦多姆
(TOMME DE SAVOIE)

⬭ 1.8公斤　◴ 18/20公分　↑ 50/80公釐
💧 15公升　(AOP) 1996

—

牛乳製硬質白黴生乳酪。

博日多姆
(TOME DES BAUGES)

⬭ 1.2公斤　◴ 18/20公分　↑ 30/50公釐
💧 10公升　(AOP) 2002

—

生牛乳製硬質白黴生乳酪。

阿邦當斯
(ABONDANCE)

⬭ 10公斤　◴ 40公分　↑ 80公釐
💧 100公升　(AOP) 1990

—

牛乳製硬質洗浸乳酪。

雪佛丹
(CHEVROTIN)

⬭ 300克　◴ 9/12公分　↑ 30/45公釐
💧 2公升　(AOP) 2005

—

生山羊乳製硬質白黴生乳酪。

赫布羅申
(REBLOCHON)

⬭ 500克　◴ 14公分　↑ 36公釐
💧 4公升　(AOP) 1996

—

牛乳製硬質洗浸生乳酪。

CHIGNIN-BERGERON
希南-貝傑龍
如雪般的白酒

AOC 1975年

6° 0' 46.026"
東經

45° 31' 20.719"
北緯

MONDEUSE DE SAVOIE
薩瓦蒙德茲
來自高海拔的紅酒

AOC 1973年

5° 49' 18.984"
東經

45° 41' 29.346"
北緯

Vs

一款口感極為繁複、豐富且強烈的酒
葡萄品種：胡珊（*roussanne*）

希南-貝傑龍產區屬於薩瓦酒的勢力範圍。此產區涵蓋弗朗桑（Francin）與蒙梅利揚（Montmélian）兩個市鎮，綿延271公頃。此產區近隆河谷地（vallée du Rhône），而掛有此原產地命名的白酒僅採用單一葡萄品種進行釀造，即當地稱為貝傑龍（bergeron）的胡珊（roussanne）。該品種在貧瘠而多石礫的土壤中生長。這款白酒呈現金黃色反光，散發檸檬草、杏桃及桃的芳香。它入口時帶有餘韻，散發芒果與木梨芳香。

令人驚豔，帶單寧酸且口感平衡的酒
葡萄品種：蒙德斯（*mondeuse*）

蒙德斯酒與希南-貝傑龍酒共生。蒙德斯是釀製薩瓦酒的紅葡萄品種之一。這個品種適應環境的能力強、強韌且香氣濃郁，花期和成熟期較晚。它的外皮硬且富含單寧，甜美的汁液呈現近黑的純紫羅蘭色。由此品種釀製的酒令人驚艷，年輕時散發紫羅蘭與歐洲酸櫻桃芳香，隨著陳年則逐漸演變為梅乾、麝香及松露香氣。

那麵包呢?

乳酪和麵包不只是老套的民族自豪而已,而是法國傳統美食的核心。一個能生產
這麼多種乳酪的國家(1200至1800種),肯定也要做出一樣多種類的麵包。市面
上有各式各樣的麵粉、酵母,也不缺麵包師傅,足以盡情享受、大飽口福。

①

傳統長棍麵包
—

使用未添加的白麵粉製成
(跟經典長棍麵包不一
樣)。長時發酵。

②

雜糧長棍麵包
—

傳統長棍麵包添加雜糧
(芝麻、罌粟籽等)製成。

③

全麥麵包
—

以全麥麵粉為主製成的,
也就是保留了麩皮(穀物
的外殼)磨成的麵粉。

④

無花果麵包
—

屬於口味特殊的麵包,這
一類麵包會添加橄欖、
五花肉條或果乾。

⑤

龜殼酸麵糰裸麥麵包
—

骨混合小麥麵粉
(最多35%)和裸麥麵粉
(最多65%)製成的
長時發酵麵包。

CHAPITRE

IX

甜點櫥窗

為一餐畫下句點，輕盈的句點

「要甜點嗎？我吃不下了⋯⋯」「會吃太飽吧？」

「開心就好⋯⋯！」

看著吧，你的身邊一定有人跟餐廳要兩把湯匙，宣稱要分享你想要的甜點。想當然爾，分享的概念在這裡只是用來表達一點心意而已，最後那第二把湯匙一定會是乾淨的，甜點只會由你一個人「獨享」，真是犧牲小我啊！

小酒館的甜點有種懷舊感，它們的名字能喚起回憶裡的美味，它們的味道都是記憶裡的模樣，讓人想一再重溫，再次沉浸在那份甜蜜中。小酒館的甜點，就是糖、奶油、鮮奶油，就是蛋，就是麵粉⋯⋯全是那些觸犯禁忌的好食材，不過最後帳單也不會太「重口味」。

6人份

小布蕾

準備時間：20 分鐘
烹調時間：40 分鐘

橙花口味

全脂牛奶 300 毫升　　　糖 60 克
鮮奶油 300 毫升　　　　橙花露 2 湯匙
蛋 4 顆

◆

• 烤箱預熱至 140℃。用打蛋器攪打蛋和糖，加入橙花露、牛奶和鮮奶油。把拌好的蛋液倒入瓷缽裡，放入烤箱隔水烤 40 分鐘。取出放涼後再享用。

巧克力口味

全脂牛奶 600 毫升　　　糖 50 克
黑巧克力 80 克　　　　　蛋 4 顆

◆

• 烤箱預熱至 140℃。把糖加入牛奶裡，煮到冒泡，倒入巧克力裡拌勻，放涼。把蛋加進巧克力牛奶裡，再倒入瓷缽，放入烤箱隔水烤 40 分鐘。取出放涼後再享用。

開心果口味
PISTACHE

全脂牛奶 300 毫升　　　糖 60 克
鮮奶油 300 毫升　　　　開心果抹醬 2 湯匙或碎開
蛋 4 顆　　　　　　　　心果 50 克

◆

• 烤箱預熱至 140℃。用打蛋器攪拌蛋和糖，加入開心果醬、牛奶和鮮奶油。把拌好的蛋液倒入瓷缽裡，放入烤箱隔水烤 40 分鐘。取出放涼後再享用。

啵啵啵啵啵！

小布蕾是一道令人安心的甜點，它們沒有時代感，所以也顯得獨特。這裡介紹的口味只是提供一座橋樑，鼓勵你往更多不同的方向嘗試。

栗子、利口酒、橙花露、新鮮水果……試一試、嚐一嚐，失敗了就再換一個就好，記下自己的戰功。

圖片請見下一頁 ⟩⟩

6 人份

焦糖
布丁

準備時間：15 分鐘
烹調時間：1 小時

全脂牛奶 1 公升	香草莢 1 根
蛋 4 顆	糖 200 克 +100 克
蛋黃 4 顆	奶油 50 克

◆

- 烤箱預熱至 140℃。把奶油放進鍋裡開小火融化，加入 200 克的糖，持續用小火煮 10 分鐘，煮成焦糖。把焦糖倒進瓷缽裡。

- 用打蛋器攪拌 4 顆全蛋、4 顆蛋黃和 100 克的糖。刮出香草籽，連同香草莢一起和牛奶煮到冒泡。慢慢地把牛奶倒進蛋裡，持續攪拌。

- 把布丁餡倒在焦糖上，放進烤箱隔水烤 45 分鐘。取出放涼。拿不拿掉瓷缽都可以。

6 人份

焦糖
烤布蕾

準備時間：15 分鐘
靜置時間：2 小時
烹調時間：45 分鐘

鮮奶油 1 公升
蛋黃 8 個
糖 120 克
香草莢 1 根
紅糖 6 湯匙
噴槍 1 把

◆

- 烤箱預熱至 100℃。用打蛋器攪拌蛋和糖，加入鮮奶油、刮出的香草籽或其他餡料（請見下方）。把布丁餡倒進瓷缽裡，烘烤 45 分鐘。

- 取出放涼後冷藏 2 個小時。

- 在布蕾上放 1 湯匙的紅糖，平均分散。使用噴槍烤出一層脆脆的焦糖，立即上桌。

....

鮮奶油界的翹楚

跟《艾蜜利的異想世界》一樣，用湯匙的背面把焦糖敲開享用。

不同版本：可以用 2 湯匙的開心果，或 3 湯匙的栗子醬、3 湯匙的粉紅果仁糖，甚至是 100 克的新鮮覆盆莓取代香草。

荷貢和西瓦的食譜

荷貢和西瓦是 Général 小酒館的支柱。他們兩人的雙手與每根手指都才華洋溢，無論到哪裡都能找到自己的定位，前菜、主菜、甜點，沒有什麼能難倒他們，相反的，他們總是要求更多的挑戰……謝謝西瓦，謝謝荷貢！

6 人份

漂浮
島

準備時間：20 分鐘
烹調時間：25 分鐘

◆

全脂牛奶 1 公升 +1 公升
蛋 6 顆
糖 150 克 +100 克 +80 克
奶油 40 克
杏仁片 50 克
鹽

- 把蛋白和蛋黃分開，蛋黃和 150 克的糖拌在一起。把 1 公升的牛奶加熱後倒進蛋黃裡，拌勻。開小火煮 10 分鐘，用一把木匙持續攪拌。煮到表面沒有泡末，而且有點黏在湯匙上時，英式奶油醬就完成了。冷藏備用。

- 蛋白加 1 撮鹽後打發，加入 80 克的糖把蛋白打得更結實。把剩下的牛奶煮到冒泡，取一個橄欖球狀的打發蛋白放進牛奶裡，每一面煮 5 分鐘，取出後放在一旁備用。

- 開小火，把奶油放進鍋裡融化，加入 100 克的糖，再用小火煮 10 分鐘，煮成焦糖後放入杏仁片。把焦糖倒到煮好的蛋白上。在一個碗裡倒一點英式奶油醬，放上一顆蛋白，上桌。

香氣十足的島嶼

蛋白在放進牛奶裡煮熟前，可以加一點粉紅果仁糖。同樣的，英式奶油醬也可以有「咖啡口味」或「巧克力口味」，當然也可以加柳丁皮屑。

餐酒搭配

CLAIRETTE-
DE-DIE
克雷耶特
細緻的氣泡
AOC 1942年

◆

44° 45′ 47.5″
北緯

5° 23′ 26.2″
東經

在韋科爾山（VERCORS）庇護下所釀製出的一款酒，充滿歡樂活潑的特性
葡萄品種：蜜思嘉（*muscat*）、克雷耶特（*clairette*）

這款酒撩撥著味覺，像是帶點熱切的輕撫，將細緻的氣泡按壓在乾渴的喉嚨上。這款充滿歡樂活潑特性的酒誕生於韋科爾山的山腳下。海拔高達 700 公尺的迪瓦（Diois）產區，可能是法國最高的葡萄園，但韋科爾山的山麓小丘庇護了葡萄免受山區霜寒的危害。該產區所栽植的兩個葡萄品種比重維持平衡，75％的蜜思嘉葡萄，以及 25％的克雷耶特葡萄，賦予克雷耶特酒如此活潑的特性。這款酒在陰涼處持續發酵 2 個月，以保護葡萄的糖分，酒裝瓶時仍處於自然發酵狀態，直到酒精濃度達 9° 左右為止。

6人份

香草牛奶
米布丁

準備時間：20 分鐘
烹調時間：1 小時

香草牛奶米布丁

圓米 120 克
全脂牛奶 1 公升
糖 150 克
香草莢 1 根
鮮奶油 250 毫升

◆

- 把糖加進牛奶進，刮出香草籽後和香草莢一起加熱。接著把米加進來，用小火煮米 30 分鐘，持續攪拌。放涼。
- 把鮮奶油打發，變成香緹鮮奶油。拌入煮好的米裡。

焦糖脆片

杏仁片 200 克
奶油 50 克
糖 200 克

◆

- 開小火，把奶油放進鍋裡融化，加入糖，再用小火煮 10 分鐘，煮成焦糖。
- 加入杏仁片，拌勻，倒在防沾烤紙上風乾。

焦糖鹹奶油

半鹽奶油 50 克
糖 100 克
鮮奶油 100 克 +100 克

◆

- 開小火，把奶油放進鍋裡融化，加入糖，再用小火煮 10 分鐘，煮成焦糖。加入 100 克的鮮奶油，再煮 5 分鐘。
- 把煮好的焦糖醬放涼。剩下的鮮奶油打發成香緹鮮奶油，再拌入焦糖醬裡。

換個新牙橋

焦糖脆片本身就非常好吃，可以不用加任何配料。杏仁片可以用榛果、開心果或胡桃取代。也可以加一點芫荽籽、洋茴香、茴香球莖，讓它更清爽。每次都多做一點，放在密封罐裡保存，以防想吃糖的時候找不到東西。

6 人份

巧克力
慕斯

準備時間：30 分鐘
靜置時間：3 小時

◆

高級黑巧克力 200 克
奶油 50 克
蛋 6 顆
糖 60 克
鹽

- 把蛋白和蛋黃分開，蛋白加入 1 撮鹽打發後，再加糖，把蛋白打得更結實。
- 隔水加熱融化巧克力和奶油。加入蛋黃，確實拌勻後再用刮刀輕輕地把蛋白拌進去。把慕斯倒進一個瓷缽裡，冷藏 3 個小時後再享用。

濃情巧克力

不同的巧克力（品種與濃度）會改變慕斯的味道。可可含量越高的巧克力糖份就越少，所以要取得平衡才能做出令人難忘的慕斯。

也別忘了，巧克力和橘子或薄荷都很搭，都可以加進慕斯裡調味。

餐酒搭配

№90

PORTO
波特
口感芳醇且令人著迷
AOC 1937 年

◆

41° 9′ 28.598″
北緯
8° 37′ 44.778″
西經

葡萄牙葡萄栽植業的瑰寶
葡萄品種：國產多瑞加（*touriga nacional*）、
田帕尼優（*tinta roriz*）、
多瑞加弗蘭卡（*touriga franca*）、
紅巴羅卡（*tinta barroca*）、卡奧紅（*tinta cão*）

波特酒是世界上最古老也最負盛名的產區之一。斗羅河（Douro）谷地涵蓋所有波特酒產地，以最好的 A 級到最差的 F 級作為分類。波特酒是加烈酒（vin muté），即在葡萄酒中添加食用酒精或烈酒（eau de vie），以阻止發酵並保留糖分，因此釀造出口感豐富的葡萄酒。

波特酒有不同的酒款，例如在桶中陳釀，並經氧化處理，打開後可以保存數個月的茶色波特酒（tawny porto），以及可以像傳統葡萄酒一樣飲用的紅寶石波特酒（ruby porto）。

天然與利口
甜酒

我們常提到「加烈酒」（VINS MUTÉ），到底是什麼？

這是一種特殊的釀酒方法，它可以產生無與倫比的香氣與色澤。這種酒所使用的葡萄，是在完全成熟的情況下採收，以求盡可能達到最甜的狀態，接著將其存放在桶中。所謂的「mutage（中途抑制）」是將烈酒摻入正在發酵的葡萄酒中，以阻止發酵的手續。加烈酒有兩種類型，天然甜酒，如巴紐爾斯（banyuls）酒；以及利口甜酒，如比諾-德-夏朗德（pineau-des-charentes）酒。

波特酒
PORTO
AOC

1756

◆

地理位置：
葡萄牙

類型：
天然甜酒；紅酒、白酒、粉紅酒

酒精濃度：
16° 至 20°

主要葡萄品種：
國產多瑞加（touriga nacional）、
田帕尼優（tinta roriz）、
法國多瑞加（touriga franca）、
紅巴羅卡（tinta barroca）等

風味：
果香（黑莓與李子）；黃褐色酒款：
乾果香與木質調

建議搭配：
甜瓜、巧克力

莫利酒
MAURY
AOC

1936

◆

地理位置：
東庇里牛斯省（Pyrénées-Orientales）

類型：
天然甜酒、白酒及紅酒

酒精濃度：
15°

主要葡萄品種：
黑格那希（grenache noir）、
白格那希（grenache blanc）和
灰格那希（grenache gris）

風味：
梅乾、蜜餞、歐洲酸櫻桃、黑莓、
烘培及可可

建議搭配：
胡桃、巧克力、咖啡

比諾-德-夏朗德酒
PINEAU-DES-CHARENTES
AOC

1945

地理位置：
夏朗德省（Charente）與濱海夏朗德省
（Charente-Maritime）

類型：
用干邑製作的利口甜酒；白酒、紅酒或
粉紅酒

酒精濃度：
16° 至 22°

主要葡萄品種：
卡本內弗朗（cabernet franc）、
卡本內蘇維濃（cabernet sauvignon）、
梅洛（merlot）、白玉霓（ugni blanc）

風味：
木梨、杏桃、薑及可可

建議搭配：
肥肝、藍紋起司

利口甜酒（VIN DE LIQUEUR，或稱 MISTELLE）

這是使用烈酒（eau-de-vie）來阻止葡萄漿發酵的加烈酒。關於利口甜酒的起源，可追溯到 16 世紀末的一項傳說：一名葡萄栽植者某天不慎將葡萄酒倒進一個還有干邑的木桶之中。比諾 - 德 - 夏朗德（pineau-des-charentes）酒就是這樣誕生的。

天然甜酒（VIN DOUX NATUREL）

這是使用中性酒精以阻止葡萄漿發酵的加烈酒。隨後的釀造過程，會賦予這款酒地域特色。陳釀的方式有兩種，一種是放進橡木桶中（會產生花香與果香，並維持酒的色澤），另一種是氧化法：陳釀過程中將酒與空氣接觸，這會讓酒形成美麗的黃褐與琥珀色調，以及特有的香氣，例如釀久酒（rancio）、傳說中的胡桃滋味、粉紅果仁糖（praliné）抹醬、煮熟的水果等。

麗維薩特蜜思嘉酒
MUSCAT DE RIVESALTES
AOC

1956

地理位置：
東庇里牛斯省（Pyrénées-Orientales）與奧德省（Aude）

類型：
天然甜酒、白酒

酒精濃度：
16°

主要葡萄品種：
白亞歷山大蜜思嘉與小粒蜜思嘉

風味：
花香、新鮮葡萄

建議搭配：
巧克力

加斯科涅弗洛克酒
FLOC-DE-GASCOGNE
AOC

1990

地理位置：
熱爾省（Gers）、朗德省（Landes）及洛特 - 加龍省（Lot-et-Garonne）

類型：
利口甜酒（雅馬邑〔Armagnac〕）；白酒或粉紅酒

酒精濃度：
16° 至 18°

主要葡萄品種：
白酒：可倫巴爾（colombard）、白玉霓（ugni blanc）；粉紅酒：卡本內弗朗（cabernet franc）等

風味：
紅色水果、花香、橙皮、香料或紫羅蘭

建議搭配：
肥肝、甜瓜、巧克力

侏羅馬克凡酒
MACVIN-DU-JURA
AOC

1991

地理位置：
侏羅省（Jura）

類型：
利口甜酒（葡萄渣烈酒）；白酒或紅酒

酒精濃度：
16° 至 22°

主要葡萄品種：
白酒：薩瓦涅（savagnin）、夏多內（chardonnay）；紅酒：黑皮諾（pinot noir）

風味：
白酒：煮過的梅乾、蜜餞水果等；紅酒：紅色水果

建議搭配：
雪酪（sorbet）、胡桃、康堤乳酪。

6 人份

蘋果

派

準備時間：30 分鐘
烹調時間：30 分鐘

◆

千層酥皮 1 捲（可以買現成的或自製，詳見 456 頁）
紅糖 100 克
粗粒麥粉 2 湯匙
史密斯青蘋果 6 顆
肉桂粉 1 茶匙
奶油 80 克

- 烤箱預熱至 180℃。蘋果削皮後切半，切下中間的籽後，把蘋果切成薄片。
- 攤開酥皮，把紅糖撒在酥皮下方（防沾烤紙與酥皮之間）。在酥皮上戳一些洞，放上粗粒麥粉，再把蘋果片擺上去。
- 把肉桂粉加入剩下的紅糖裡，融化奶油。倒一層厚厚的奶油在蘋果上，再撒一些肉桂糖。放進烤箱烤30 分鐘。
- 取出後放涼，讓上面的焦糖層變脆，輕易地就可以取下防沾烤紙。

蘋果咬一口

蘋果派的派別很多：奶油酥皮、千層酥皮、酥脆塔皮；酸的蘋果、甜的、味道較淡的⋯⋯做幾次就問幾次。

千層酥皮的酥脆很美味，奶油酥皮的甜味令人愉悅，酥脆塔皮的中性口感則能突顯蘋果的味道。別猶豫了，三種都做做看如何？

餐酒搭配

№91

POMMEAU
蘋果白蘭地
產自諾曼第
（NORMANDIE）
AOC 1991年

◆

49° 26' 35.635"
北緯
1° 5' 59.896"
東經

像真的糖果，須多加留意不要過量！
以蘋果汁與卡爾瓦多斯酒（*Calvados*）為基底

蘋果白蘭地是一種利口甜酒，添加蘋果汁和卡爾瓦多斯酒（Calvados）釀製而成。這款酒的釀製需要 2/3 的蘋果漿，原料來自卡爾瓦多斯原產地命名控制區，其中至少包含 70% 的苦蘋果及苦甜蘋果品種，以及 1/3 的卡爾瓦多斯酒。這個「mutage（中途抑制）」的手續是為了阻止發酵並保留大量的糖分。蘋果白蘭地在木桶中陳釀至少 14 個月，它會在桶中形成本身的香氣與色澤。裝瓶時，它的酒精濃度介於 16° 至 18° 之間，含糖量為每公升 69 公克。蘋果白蘭地呈現亮麗而清澈透明的琥珀色澤，散發可可、木梨、乾果、梅乾及蜂蜜的香氣。

圖片請見下一頁 🖝

6 人份

布達魯
洋梨塔

準備時間：30 分鐘
靜置時間：30 分鐘
烹調時間：40 分鐘

奶油酥皮

麵粉 300 克
奶油 180 克
糖粉 60 克
蛋 1 顆

◆

- 把所有食材放進攪拌機裡，揉拌成一個光滑的麵團，用保鮮膜包好，冷藏 30 分鐘。把麵團擀開，放進塔模裡。烤箱預熱至 160℃。

布達魯杏仁奶油醬

杏仁粉 125 克
奶油 125 克
紅糖 125 克
蛋 2 顆

◆

- 奶油融化後加入所有材料。

內餡

西洋梨 3 顆

◆

- 西洋梨削皮後切半，切掉中間的籽。把剛剛做好的杏仁奶油醬倒入塔裡，再把切半的西洋梨擺上去，烘烤 40 分鐘。

---

6 人份

亞爾薩斯
蘋果派

準備時間：30 分鐘
靜置時間：30 分鐘
烹調時間：40 分鐘

奶油酥皮

麵粉 300 克
奶油 150 克
糖 30 克
牛奶 2 湯匙

◆

- 把所有食材放進攪拌機裡，揉拌成一個光滑的麵團，用保鮮膜包好，冷藏 30 分鐘。把麵團擀開，放進塔模裡。烤箱預熱至 200℃。

亞爾薩斯奶油醬

鮮奶油 250 毫升
蛋 3 顆
糖 80 克

◆

- 用打蛋器攪拌鮮奶油、蛋和糖。

內餡

蘋果 6 顆

◆

- 蘋果削皮後切成四等份，取出中間的籽。緊緊地把蘋果排到酥皮上，倒入亞爾薩斯奶油醬，烘烤 40 分鐘。

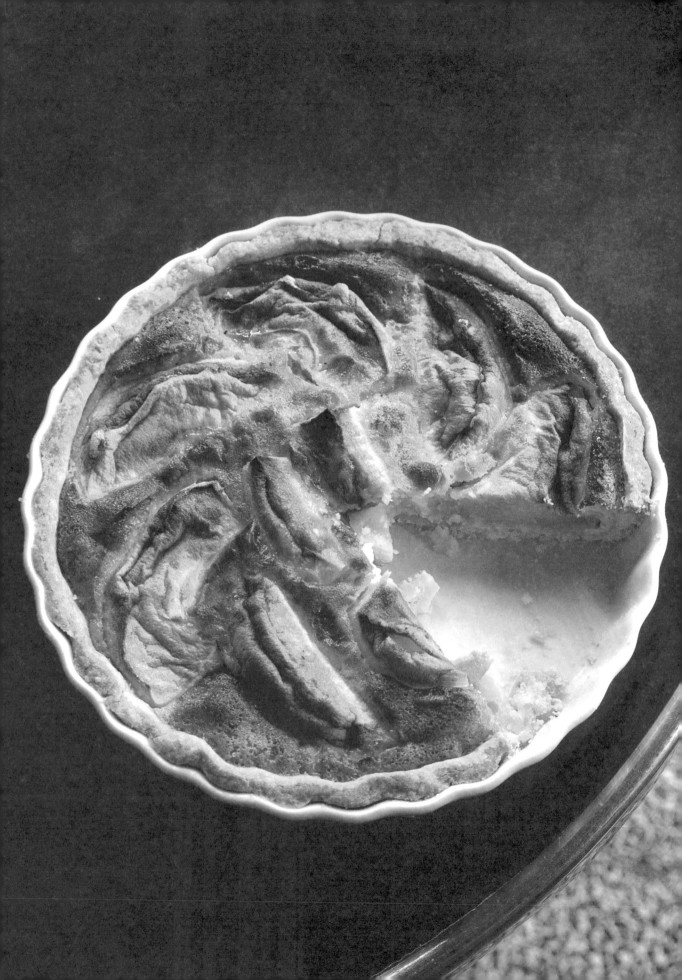

圖片請見上一頁

6 人份

紅莓
果派

準備時間：30 分鐘
靜置時間：30 分鐘
烹調時間：30 分鐘

奶油酥皮 1 片（詳見 434 頁）
馬斯卡彭乳酪 150 克
鮮奶油 150 毫升
糖粉 80 克 +50 克
覆盆莓 100 克
藍莓 100 克
草莓 200 克

◆

- 把奶油酥皮鋪在塔模上。烤箱預熱至 180℃。

- 用一張防沾烤紙蓋住塔模，放滿豆子（鷹嘴豆或其他乾豆……），烤 30 分鐘。把豆子拿起來，如果酥皮還沒有變金黃色就再烤一下。取出放涼。

- 把馬斯卡彭乳酪和鮮奶油拌在一起，放入 80 克的糖粉製作香緹鮮奶油，塗在酥皮上。均勻地把紅莓果擺上去，撒上糖粉。

6 人份

蛋白霜
檸檬塔

準備時間：30 分鐘
靜置時間：30 分鐘
烹調時間：40 分鐘

奶油酥皮 1 片（詳見 434 頁）
4 顆檸檬份量的原汁 +1 顆檸檬的皮屑
蛋 8 顆
糖 150 克 +100 克
糖粉 100 克
奶油 170 克

◆

- 把奶油酥皮鋪在塔模上。烤箱預熱至 180℃。

- 用一張防沾烤紙蓋住塔模，放滿豆子（鷹嘴豆或其他乾豆……），烤 30 分鐘。把豆子拿起來，如果酥皮還沒有變金黃色就再烤一下。取出放涼。

- 把 3 顆蛋的蛋白和蛋黃分開。用打蛋器把檸檬汁、皮屑、150 克的糖、剩下的全蛋和 3 顆蛋黃拌勻。開小火加熱切成丁的奶油檸檬蛋液，持續用打蛋器攪拌，加熱 10 分鐘。

- 把蛋白打發，加入 100 克的糖，再慢慢加入糖粉，繼續把蛋白打得更緊實。把檸檬奶油醬塗在酥皮上，蓋上蛋白霜，烤箱開炙燒功能，稍微烤一下，讓蛋白霜上色。

圖片請見下一頁

6 人份

法式
布丁

準備時間：30 分鐘
靜置時間：12 小時
烹調時間：1 小時

千層酥皮 1 片（詳見 456 頁）
全脂牛奶 500 毫升
鮮奶油 500 毫升
玉米澱粉 100 克
香草莢 1 根
糖 180 克
蛋 4 顆 + 蛋黃 4 顆

◆

• 把千層酥皮鋪在塔模上。烤箱預熱至 180℃。

• 把全蛋和蛋黃打散，加入糖、玉米澱粉一起拌成一個濃稠的蛋黃醬。刮出香草籽，放進牛奶裡，和鮮奶油一起加熱。把煮好的香草奶油倒進蛋黃醬裡，用打蛋器拌勻，再放回鍋子裡，開小火煮 10 分鐘，持續攪拌，煮好後放涼。

• 把放涼的布丁餡倒進酥皮裡，烘烤 45 分鐘。取出放涼，放進冰箱半天後再享用。

6 人份

粉紅果仁糖
派

準備時間：30 分鐘
靜置時間：30 分鐘
烹調時間：40 分鐘

奶油酥皮
麵粉 250 克
奶油 125 克
糖 1 湯匙
水 50 毫升

◆

• 把所有做奶油酥皮食材放進攪拌機裡，揉拌成一個光滑的麵團，用保鮮膜包好，冷藏 30 分鐘。把麵團擀開，放進塔模裡。烤箱預熱至 160℃。

粉紅果仁奶油醬

粉紅果仁糖 200 克
濃稠鮮奶油 200 克

◆

• 把奶油酥皮鋪在塔模上。烤箱預熱至 160℃。

• 把粉紅果仁和鮮奶油放進調理機裡稍微攪拌，倒入塔模，烘烤 40 分鐘，放涼後享用。

幸福臉紅紅

這道甜點非常甜，所以也很撫慰人心，是里昂小酒館（bouchons lyonnais）裡的經典。粉紅果仁也可以用來做布里歐麵包（brioches）和聖傑尼麵包（Saint-Genix）。

圖片請見上一頁

6 人份

反烤
蘋果塔

準備時間：20 分鐘
烹調時間：50 分鐘

蘋果 8 顆
糖 100 克
奶油 80 克
千層酥皮 1 捲

◆

- 烤箱預熱至 180℃。蘋果削皮後切成四等份。

- 把糖倒入高邊圓形烤模裡，開小火加熱，不要攪拌，把糖煮成焦糖。把奶油丁放進去拌勻。

- 把蘋果放進焦糖裡，開小火煮 15 分鐘，翻面再煮 15 分鐘。把煮好的蘋果擺得美美的，蓋上千層酥皮，外圈記得壓好。放進烤箱烤 20 分中，取出後稍微放涼，在微溫的狀態下把塔倒出來。

史蒂芬妮和卡洛琳・達姐，熱情姐妹

在拉莫特－伯夫宏（Lamotte-Beuvron）的一家小酒館裡，一個 24 小時不夠用的日子裡，兩姐妹之一手忙腳亂地把撒了糖和奶油的蘋果放進烤箱裡。在聞到焦糖的香味時，她才發現自己忘了放酥皮，她將錯就錯，把酥皮蓋在蘋果上。酥皮烤好後，她把塔翻過來，創造了反烤蘋果塔。

蘋果最重要

反烤蘋果塔的製作絕不能苟且！蘋果要確實烤到軟熟上色，而且保有原本結實的口感。正是這種完美的平衡讓它成為傳奇甜點。金冠蘋果、小皇后蘋果或 Boskoop 蘋果都是很好的選擇。其實除了蘋果以外，也可以用其他水果來烤，像是西洋梨、香蕉或木梨。如果要做成鹹的也可以，換成紅蔥或吉康菜就好。

6 人份

巧克力
薄塔

準備時間：30 分鐘
靜置時間：30 分鐘
烹調時間：30 分鐘

奶油酥皮 1 片（詳見 434 頁）
高級 70% 黑巧克力 100 克
牛奶巧克力 100 克
白巧克力 100 克
鮮奶油 250 毫升
奶油 50 克

◆

- 把奶油酥皮鋪在塔模上。烤箱預熱至 180℃。

- 用一張防沾烤紙蓋住塔模，放滿豆子（鷹嘴豆或其他乾豆……），烤 30 分鐘。把豆子拿起來，如果酥皮還沒有變金黃色就再烤一下。把鮮奶油加熱到冒泡，倒入巧克力裡拌勻。放涼。

- 把奶油丁放進去。把巧克力內餡倒入塔模裡，冷藏 30 分鐘後享用。

經典中的經典

和這本書中的其他食譜一樣，這份食譜只是給個建議，你們可以自由調整食材。例如在巧克力中加入一些合適的東西：焦糖香蕉、切丁的西洋梨、榛果、蘭姆葡萄乾……還有其他可以做出獨一無二蘋果塔的食材。

6 人份

杏桃
蛋糕

準備時間：20 分鐘
烹調時間：20 分鐘

◆

杏桃 10 個
糖粉 150 克
杏仁粉 150 克
奶油 150 克
蛋白 4 個
麵粉 75 克
紅糖 2 湯匙

- 杏桃切半，取出中間的果核。開小火煮 5 分鐘把奶油融化，變成榛果奶油。放涼。烤箱預熱至 180℃。
- 把杏仁粉、糖粉和麵粉混在一起。蛋白打發後跟粉類拌在一起，加入室溫榛果奶油。
- 把杏仁餡放進矽膠蛋糕模裡，加入杏桃，烘烤 20 分鐘。取出後放涼再輕輕脫模。最後把紅糖撒在上面，放進烤箱炙燒一下，或使用噴槍做出焦糖層。

難搞的杏桃

請注意，杏桃是季節性水果，而且很脆弱。千萬不要錯過它們在菜市場攤位上的時節。杏桃的酸度和水份含量都很高，煮過頭就會乾掉，口感也會變差，必須好好馴服才能煮得好。

餐酒搭配

№92

COTEAUX-DU-LAYON
萊陽丘
口感甜美

AOC 1950年

◆

47° 18' 39"
北緯

0° 35' 24"
西經

一款口感豐富性無與倫比的酒
葡萄品種：白梢楠（*chenin*）

白梢楠葡萄雄據這片領地，在貴腐菌作用下，以分批接續及過熟採收葡萄的方式，釀製成具有甜美口感的酒。萊陽河是羅亞爾河（Loire）的支流，為這片產地提供必要的栽植風土。這個位於羅亞爾河丘陵地上的原產地命名區佔地 1400 公頃，供應口感豐富而珍貴的酒，它可以陳放數十年。這款酒最初呈現近綠黃色澤，接著演變成特有的琥珀色澤，在杯壁上留下酒淚（larme）。它是稀有的酒款，年輕時散發花朵及白色水果的入鼻香氣，而隨著入鼻香氣逐漸消散，則由礦物、木質、乾果、蜜糖及杏仁香調取而代之。它的酸度與甜美度平衡適中，說它是冠軍酒款並不為過。

圖片請見下一頁 ☞

6 人份

蘋果
蛋糕

準備時間：15 分鐘
烹調時間：30 分鐘

蘋果 4 顆
麵粉 100 克
榛果粉 50 克
奶油 150 克
糖 150 克
蛋 4 顆
泡打粉 1 包
卡爾瓦多斯蘋果白蘭地（calvados）2 湯匙

◆

- 蘋果削皮後切開，取出中間的籽，切成大塊。烤箱預熱至 180℃。
- 把所有材料放進攪拌機裡拌成一個均勻的麵糊。加入蘋果。
- 倒入矽膠蛋糕模裡（使用矽膠模可以避免一半的蛋糕黏在模子上）。烘烤 30 分鐘。放涼後再脫膜。

好吃得五體投地

可以用其他喜歡的水果取代蘋果，例如富有熱帶風情的鳳梨、芒果，或是加入紅莓果就會像馬芬蛋糕，加入巧克力給小孩吃，加入整顆榛果增加口感。

6 人份

洋梨
蛋糕

準備時間：15 分鐘
烹調時間：50 分鐘

西洋梨 4 顆
糖 150 克 +100 克
奶油 150 克 +50 克
麵粉 180 克
蛋 4 顆
鮮奶油 200 毫升
泡打粉 1 包
芫荽籽 1 茶匙
薑 50 克
杏仁片 50 克

◆

- 西洋梨削皮後切開，取出中間的籽，切成四等份。薑削皮後切碎。把杏仁放進烤箱裡，用 200℃烤 5 分鐘上色，取出後稍微壓碎。
- 把蛋和 100 克的糖、150 克融化奶油拌在一起。加入麵粉、泡打粉、鮮奶油、杏仁、芫荽籽、薑末，拌成一個均勻的麵糊。
- 把另外 150 克的糖放進高邊圓型模（當然是矽膠材質的）裡，開小火煮 5 分鐘，煮成焦糖。加入 50 克的奶油，再煮 5 分鐘。
- 把西洋梨放進去，倒入麵糊，進烤箱，用 160℃烘烤 35 分鐘。如果是矽膠膜，就放涼後脫模，否則就要趁蛋糕還溫溫的時候脫模。

圖片請見上一頁

6 人份

克里曼丁橘
蛋糕

準備時間：20 分鐘
烹調時間：50 分鐘

蛋 4 顆
科西嘉克里曼丁橘 10 個
奶油 250 克
粗粒麥粉 100 克
麵粉 150 克
泡打粉半包
糖 100 克 +100 克 +150 克

◆

- 將蛋和 150 克的糖攪打至顏色變淡白。融化奶油。把奶油、麵粉、粗粒麥粉、泡打粉、3 顆丁橘的皮屑加進蛋液裡。再把 3 顆丁橘切成片。烤箱預熱至 180℃。

- 把 100 克的糖放進有防沾塗層的模具裡，開小火煮 5 分鐘，煮成焦糖後把丁橘片放進去。再把剛才準備好的麵糊倒進來，放進烤箱 30 分鐘。

- 用 100 克的糖和剩下的丁橘榨出的汁做成糖漿。蛋糕從烤箱取出後脫模，泡進糖漿裡，放涼後再享用。

6 人份

克拉芙堤櫻桃布丁
蛋糕

準備時間：15 分鐘
烹調時間：20 分鐘

櫻桃 500 克
麵粉 135 克
杏仁粉 50 克
蛋 3 顆
牛奶 250 毫升
鮮奶油 100 毫升
糖 100 克 +80 克
奶油 10 克
糖粉 50 克

◆

- 把 80 克的糖倒入櫻桃裡拌勻。把麵粉、蛋、牛奶、鮮奶油、杏仁粉和 100 克的糖都拌在一起，變成一個滑順的麵糊。烤箱預熱至 180℃。

- 取一個有防沾塗層的蛋糕模，在模內塗一層奶油，倒入布丁麵糊，再把櫻桃均勻擺上，烘烤 20 分鐘。出爐時撒上糖粉。

6 人份

大孩子的草莓
蛋糕

準備時間：45 分鐘
靜置時間：3 小時
烹調時間：15 分鐘

◆

底層

蛋白 3 顆（100 克）
細砂糖 50 克
糖粉 225 克
杏仁粉 125 克

香草奶油餡

草莓 300 克
白巧克力 250 克
鮮奶油 125 克 +250 克
吉利丁片 3 片
杏仁糖麵團 200 克

- 先做底層。將杏仁放進 200℃的烤箱內烤 5 分鐘，取出後放涼，再和糖粉一起攪打，用篩子過濾。蛋白硬性打發，加入糖讓它更緊實，再慢慢拌入剛才做好的杏仁糖霜。把杏仁餅麵團擠進慕斯圈裡，放在一張防沾烤紙上，用 140℃烤 15 分鐘。

- 做中間的奶油餡。草莓洗淨後切半。把草莓擺進慕斯圈內，切口朝外。

- 剩下的草莓切丁。把吉利丁片泡進冰水裡。白巧克力和 125 克的鮮奶油隔水加熱融化巧克力，放涼。吉利丁片擰乾水後拌進去。再把剩下的 250 克鮮奶油做成香緹鮮奶油，一樣拌進白巧克力裡，再放入草莓丁，倒進模子裡，冷藏 3 個小時。

- 把一片杏仁糖麵團擀開，蓋在草莓蛋糕上，用噴槍烤一下上色。

- 把做好的蛋糕放在盤子上，小心拿掉慕斯圈後再上桌。

餐酒搭配

№93

VOUVRAY
悟雷
氣泡酒

AOC 1936年

◆

47° 24' 44"
北緯

00° 47' 57"
東經

產自都蘭（TOURAINE）地區的氣泡酒
葡萄品種：白梢楠（*chenin*）

悟雷氣泡酒產自都蘭地區的葡萄產區，使用單一葡萄品種白梢楠。這款酒的釀造採用香檳酒製法，在瓶中進行第二次發酵後，瓶內壓力必須低於 2.5 bar，才能冠上悟雷原產地命名。這是一款外觀色澤淡黃，散發蘋果與木梨香氣，且口感活潑的酒，足與頂級法國產氣泡酒媲美。悟雷氣泡酒是一款成本效益值非常高的酒。千萬不要只是因為它帶有氣泡，就將它與香檳酒相比較，它是一款截然不同的酒，擁有自己的獨特身分。

6人份

176 千層派

準備時間：1 小時 30 分鐘
靜置時間：3 小時
烹調時間：30 分鐘

千層酥皮

麵粉 200 克
奶油 150 克
水 100 毫升
糖 15 克
糖粉 80 克

◆

- 把麵粉、糖和水放進攪拌機裡做成一個富有彈性的麵團。用保鮮膜包好，冷藏 1 小時。取出麵團，擀出一個四葉幸運草狀，中間的部分要厚一點。把冰奶油擀成 1 公分厚的薄片，放在幸運草中心，蓋上四片葉子，再把麵團擀成一個三倍長的長方形，分成三等份向內摺出錢包的形狀。

- 用保鮮膜包好，冷藏 20 分鐘。取出麵團，擀成 3 倍長的長方形，再摺三折。用保鮮膜包好，冷藏 20 分鐘。取出麵團，同樣的動作再做一次。烤箱預熱至 180℃。

- 把麵團擀成 5 公釐厚的長方形，撒上糖粉，放一張防沾烤紙在上面，用一個 1 公分高的烤架壓住，避免它澎脹。烤好後放涼，把酥皮切成三條一樣大小的長方形。

香草奶油餡

全脂牛奶 500 毫升
蛋黃 5 個
糖 100 克
麵粉 60 克
香草莢 1 根
吉利丁片 3 片
鮮奶油 100 毫升

◆

- 把吉利丁片泡進冰水裡。把香草莢放進牛奶裡加熱。蛋黃、糖和麵粉拌勻後，把熱牛奶倒進來，再一起放回深鍋裡，用小火煮 10 分鐘。放入擰乾的吉利丁片，拌勻，放涼至室溫程度。

- 製作香緹鮮奶油，拌入煮過的香草牛奶醬裡，再裝進一個擠花器裡，冷藏 1 小時。

- 把奶油餡擠在兩塊千層酥皮上，疊在一起，再蓋上第三片酥皮就完成了。

圖片請見下一頁

6 人份

香緹鮮奶油
泡芙

準備時間：20 分鐘
烹調時間：40 分鐘

泡芙麵糊	**香緹鮮奶油**
水 250 毫升	鮮奶油 300 毫升
麵粉 150 克	細砂糖 100 克
奶油 100 克	糖粉 20 克
蛋 4 顆	
糖 1 湯匙	

◆

- 把 1 湯匙的糖放進水裡，煮到冒泡。一次加入所有的麵粉，用刮刀拌勻。小火煮 5 分鐘，直到麵糊不再沾黏在鍋壁上。把麵糊倒進一個沙拉盆裡，蛋一顆一顆加進去，再把泡芙麵糊裝進擠花袋裡。烤箱預熱至 180℃。

- 在防沾烤紙上擠出一個個球狀麵糊（中間要隔一點距離，麵糊烘烤後會脹大）。放進烤箱 30 分鐘，期間絕對不能打開烤箱的門，否則泡芙會扁掉。

- 製作香緹鮮奶油，加入細砂糖，擠進泡芙裡，撒上糖粉。

6 人份

巴黎－布列斯特車輪
泡芙

準備時間：30 分鐘
靜置時間：1 小時
烹調時間：40 分鐘

泡芙麵糊（詳見左欄作法）

表層酥皮	**堅果穆斯林奶油餡**
奶油 50 克	白巧克力 250 克
紅糖 50 克	鮮奶油 125 毫升 +250 毫升
麵粉 50 克	吉利丁片 3 片
榛果 50 克	堅果醬 75 克

◆

- 製作表面酥皮。把榛果放進 200℃的烤箱裡 10 分鐘，取出後稍微壓碎。把所有材料拌在一起，放在兩張防沾烤紙間攤平，冷藏 1 小時。烤箱預熱至 180℃。

- 在防沾烤紙上擠出一圈泡芙麵糊。把表面酥皮切小後放在泡芙上。烘烤 40 分鐘。

- 把吉利丁片泡進冰水裡。隔水加熱融化白巧克力、125 毫升的鮮奶油和堅果醬。稍微放涼後加入擰乾的吉利丁片。把剩下的 250 毫升鮮奶油打發成香緹，再拌進白巧克力鮮奶油裡。放在擠花袋裡冷藏備用。

- 小心地從中間切開泡芙，擠上很多堅果香緹。冰涼的時候吃最好吃。

圖片請見上一頁

6 人份

摩卡蛋糕

準備時間：35 分鐘
靜置時間：1 小時
烹調時間：35 分鐘

海綿蛋糕	咖啡奶油霜
蛋 4 顆	蛋黃 8 個
糖 125 克	糖 250 克
麵粉 125 克	奶油 300 克
泡打粉半包	冷的濃縮咖啡 4 杯
咖啡 300 毫升	杏仁片 200 克

◆

- 製作海綿蛋糕。分開蛋黃和蛋白。把蛋黃和糖攪打到顏色變淡白。加入泡打粉和過篩麵粉，拌勻。打發蛋白，拌入麵糊中。烤箱預熱至 180℃。

- 把麵糊倒入塗了一層奶油的蛋糕模中，烤 20 分鐘。取出脫模，放涼，再把蛋糕切成三片圓盤，浸入咖啡裡。

- 製作咖啡奶油醬。把杏仁放進 200℃ 的烤箱裡烤 10 分鐘，取出後稍微壓碎。奶油放在室溫下軟化。

- 把蛋黃放進攪拌機裡。開小火煮紅糖 5 分鐘，用叉子測試糖是否已經拉絲。一邊攪打蛋黃，一邊加入糖，攪打到完全變涼。慢慢加入奶油，持續攪打到變成滑順的質地，再加入咖啡。

- 把奶油霜放在一片蛋糕上，蓋上另一片，再放一層奶油霜，然後蓋上最後一片。用剩下的奶油霜覆蓋整個蛋糕，撒上杏仁，冷藏 1 小時後再享用。

6 人份

萊姆巴巴

準備時間：20 分鐘
烹調時間：55 分鐘

麵粉 170 克
糖 170 克 +150 克
奶油 100 克
蛋 4 顆
泡打粉 1 包
黑萊姆酒 100 毫升
水 200 毫升
香緹鮮奶油 200 克（詳見 458 頁）

◆

- 用小火把 150 克的糖煮成金色焦糖，大約煮 5 分鐘。加入水和萊姆酒，再煮 10 分鐘。烤箱預熱至 160℃。

- 把蛋和 170 克的糖攪打成泡沫狀，加入泡打粉、過篩麵粉和融化奶油。接著把麵糊倒入適合的模具裡（庫格洛夫 kouglof 形狀的矽膠模），烤 40 分鐘。

- 脫模後泡到糖漿裡，最後蓋一層香緹。

可以再酷一點

皇家級甜點來了！萊姆巴巴最奢華的地方是，吃的人可以自選萊姆酒：提供三種不同特色、不同產地、不同口味的萊姆酒讓客人選擇。

6 人份

超濃半熟巧克力
蛋糕

準備時間：20 分鐘
烹調時間：15 分鐘

◆

高級黑巧克力 200 克
奶油 150 克
糖 60 克
蛋 3 顆
玉米澱粉 50 克

• 隔水加熱融化巧克力和奶油。把蛋和糖攪打到體積多出一倍。把融化的巧克力奶油倒進來，持續攪打，再加入玉米澱粉。烤箱預熱至 150℃。

• 把麵糊倒進已經事先塗過奶油並薄施麵粉的模具裡，或是使用矽膠模具。放入烤箱 15 分鐘。取出後放涼再脫模。

食指大動

吃半熟巧克力蛋糕有兩種派別：第一種是一取出烤箱就拿起湯匙，品嚐融化的糕點，就像溫暖而滑順的奶油糊，覆蓋著味蕾；另一種等到放涼後蛋糕體有點成形時，吃起來比較有層次感。

巧克力的最佳伴侶
葡萄品種：黑格那希（*grenache noir*）、
白格那希（*grenache blanc*）及
灰格那希（*grenache gris*）為主

餐酒搭配

№94

MAURY
莫利
帶有紅寶石外觀色澤

AOC 1936年

◆

42° 48′ 42″
北緯

02° 35′ 38″
東經

莫利酒產區位於奧克西塔尼大區（Occitanie），屬於東庇裡牛斯省（Pyrénées-Orientales），在佩皮尼昂（Perpignan）以北，僅是 23 公里 ×11 公里的小領地。它以天然甜酒特性而聞名，這種酒是在葡萄果實發酵過程中，將酒摻入經過壓榨的葡萄漿中，以中途抑制發酵的手續（mutage）而釀成。也就是將濃度 96% 的中性酒精摻入發酵中的葡萄漿內，酒精僅限於葡萄漿 5% 至 10% 的量。這些葡萄漿初始的天然含糖量須高達每公升 252 公克。主要葡萄品種為黑格那希（grenache noir）、白格那希（grenache blanc）及灰格那希（grenache gris），次要葡萄品種為馬卡波（macabeu）及馬瓦西（malvoisie）。莫利酒的外觀濃厚、暗沉、色深並帶紅寶石色澤，多年陳放後色澤會變得油亮。它入鼻時散發強烈梅乾、蜜餞、歐洲酸櫻桃、黑莓、烘培及可可的香氣。入口時則喚起烈酒漬水果、核桃及咖啡的口感，這是一款酒精濃度介於 15° 至 18° 之間的酒，是搭配巧克力的最佳選擇。

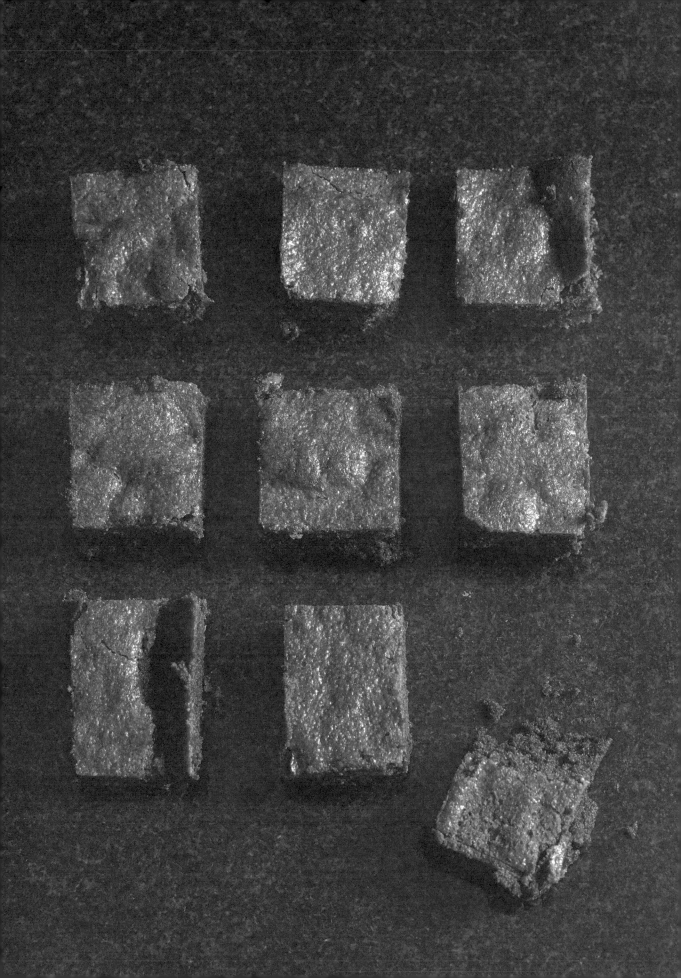

來杯消化酒搭配甜點

干邑白蘭地（COGNAC）

酒精濃度：
40° 及以上

風味：
花香、木質調、辛香、果香

干邑白蘭地是一款烈酒，它是由夏朗德省（Charente）干邑地區內的葡萄酒，在經過收集並蒸餾後所製成（原產地命名控制 1909 年），再置於橡木桶中陳年。

威士忌（WHISKY）

酒精濃度：
40° 及以上

風味：
木質調、花香、果香、泥煤調

威士忌是一款源於蘇格蘭的烈酒，純飲或混飲皆可，是經過穀物的蒸餾而製成。

琴酒（GIN）

酒精濃度：
最低 37.5°

風味：
杜松、水果、甘草

琴酒是一款以籽粒（大麥、小麥、燕麥）為基底的英式烈酒，經由杜松子或其他漿果調香製成。

萊姆酒（RHUM）

酒精濃度：
40° 至 62°

風味：
木質調、烤吐司調、辛香、植物調、花香及果香

萊姆酒源於美洲，是糖蜜（mélasse，傳統蘭姆酒）或甘蔗汁（農業蘭姆酒）蒸餾而生產的烈酒。

亞歷山大調酒 ALEXANDER

45 毫升干邑白蘭地
15 毫升棕色可可香甜酒（crème de cacao）
15 毫升咖啡利口酒（liqueur de café）
22.5 毫升鮮奶油
冰塊
肉豆蔻

曼哈頓調酒（MANHATTAN）

60 毫升威士忌（whisky）
25 毫升紅色香艾酒（vermouth）
1 注龍膽酒（gentiane），取其苦味
1 顆糖漬櫻桃（cerise au marasquin）

琴通寧調酒（GIN TONIC）

60 毫升琴酒（gin）
180 毫升通寧水（tonic）
檸檬皮

小潘趣調酒（TI PUNCH）

45 毫升陳年棕色蘭姆酒
1 顆青檸汁
7.5 毫升蔗糖
1/2 顆青檸
1 茶匙紅蔗糖（cassonade）

消化酒可純飲或混飲，它是一款高酒精濃度的飲品。

傳統上於餐後飲用，以促進消化，如今以繽紛的高級調酒形式重新回到舞台上。
儘管它不見得有助於消化，但肯定會對交談產生影響。

夏翠絲酒
（CHARTREUSE）

酒精濃度：

55°（綠色酒款）與
40°（黃色酒款）

風味：

綠色酒款帶有薄荷與胡椒香調；黃色酒款具有較柔和且較甜的滋味

這是一款以植物及草藥為基底的利口酒（liqueur），自18 世紀以來，由鄰近格勒諾布爾（Grenoble）市的大夏翠絲（Grande Chartreuse）修道院院內僧侶蒸餾製成。

卡爾瓦多斯酒
（CALVADOS）

酒精濃度：

最低 37.5°

風味：

蘋果及梨、柑橘、
香草、核桃等

卡爾瓦多斯酒源於諾曼第（Normandie），是一款產自蘋果酒或梨酒的烈酒，它來自於一整片經劃定的領地（原產地命名控制 1942 年）。

君度酒
（COINTREAU）

酒精濃度：

最低 40°

風味：

果香、苦橙

Cointreau® 是一款利口酒（liqueur）品牌，它是以甜橙及苦橙皮為基底的蒸餾酒。

雅馬邑酒
（ARMAGNAC）

酒精濃度：

至少 40°

風味：

花香、木質調、辛香

產自熱爾省（Gers）、朗德省（Landes）及洛特 - 加龍省（Lot-et-Garonne，原產地命名控制 1936 年），雅馬邑酒經由乾型白酒蒸餾，並在橡木桶中陳年而得。

夏翠絲騾子調酒
（CHARTREUSE MULE）

30 毫升綠夏翠絲酒
（chartreuse）
100 毫升薑汁啤酒
10 毫升檸檬汁

諾曼第孔洞調酒
（TROU NORMAND）

在兩道菜之間喝一小杯卡爾瓦多斯酒（Calvados）是一項美食傳統。
它可以搭配蘋果雪酪一起享用。

原始瑪格麗特調酒
（MARGARITA ORIGINALE）

22.5 毫升君度酒
45 毫升龍舌蘭酒（tequila）
22.5 毫升青檸汁
15 毫升蔗糖
杯緣沾鹽

史汀格調酒
（STINTGER）

60 毫升雅馬邑酒
（Armagnac）
22.5 毫升薄荷甜酒
（crème de menthe）
碎冰

瑪德蓮

6 人份

準備時間：10 分鐘
靜置時間：30 分鐘
烹調時間：15 分鐘

蛋 4 顆　　　　　　　泡打粉半包
糖 125 克　　　　　　奶油 125 克
麵粉 125 克　　　　　一顆檸檬或柳丁的皮屑

◆

- 開小火煮 10 分鐘把奶油融化，變成榛果奶油。把蛋和糖攪打成泡沫狀，加入泡打粉、麵粉和榛果奶油。放入皮屑後冷藏 30 分鐘再放進瑪德蓮模裡，最好是矽膠模。烤箱預熱至 170℃。烘烤 5、6 分鐘。放涼後再脫模。

圖片請見下一頁 ☞

費南雪

6 人份

準備時間：15 分鐘
烹調時間：25 分鐘

糖粉 150 克　　　　　蛋白 4 個
杏仁粉 150 克　　　　麵粉 75 克
奶油 150 克

◆

- 開小火煮 5 分鐘把奶油融化，變成榛果奶油。把奶油放涼至室溫。烤箱預熱至 180℃。把杏仁粉、糖粉和麵粉混在一起。軟性打發蛋白，慢慢拌進粉類，再倒入室溫榛果奶油。

- 把杏仁麵糊倒進費南雪烤模裡，烤 20 分鐘。放涼後再小心脫模。

圖片請見下一頁 ☞

沙布雷餅乾

6 人份

準備時間：15 分鐘
靜置時間：1 小時
烹調時間：20 分鐘

麵粉 200 克　　　　　軟化半鹽奶油
奶油 200 克　　　　　糖 100 克
杏仁粉 100 克

◆

- 把所有的材料拌成一個光滑的麵團。捲成香腸狀後用保鮮膜包起來，大小可依個人喜好調整。冷藏 1 個小時。烤箱預熱至 200℃。把沙布雷麵團拿出來，切成 1 公分厚的圓盤狀，放在防沾烤紙上，烤 10 分鐘。同樣的步驟做完所有麵團。烤好的餅乾可以放在密封罐裡保存。

香菸蛋捲

6 人份

準備時間：20 分鐘
烹調時間：30 分鐘

麵粉 120 克　　　　　糖 120 克
軟化奶油 120 克　　　蛋白 4 個

◆

- 把軟化奶油和糖攪打均勻，加入蛋白和麵粉，攪拌成光滑的麵糊。烤箱預熱至 170℃。在防沾烤紙上放小圓形麵糊，烤 5 分鐘，直到圓餅邊緣呈金黃色。把烤紙翻面，小心地剝離圓餅，然後繞在筆上卷成香菸形。重複這個過程直到麵團用完。烤好的餅乾可以放密封罐裡保存。

向所有喜歡喝酒、吃飯、分享、舉杯、微笑、大笑、再喝一杯、乾杯、再來一杯、抹淨盤子、往剩湯裡倒酒[35]、再點一輪、稍事歇息，再重頭開始的人們致以最崇高的敬意。

永遠保持初心，不要改變。

---

[35] 注：往剩湯裡倒酒（faire chabrot）是法國南方人的一種習慣，會在喝完的湯裡倒入紅酒，稀釋殘留物後大口喝掉，據說是早期為了不浪費食物而留下的傳統。

致謝辭

獻給我的小男孩，Basile，希望總有一天，你能嚐盡所有的食譜，
並感到意猶未盡。這本書為你而寫。

給我的大女孩，Jean 和 Zoé，給吃了兩次還想再吃的妳們。

給 Isa，謝謝妳忍受他們 25 年。

給 Général 小酒館的夢幻團隊，有你們在，天下無難事。

—

非常感謝 Marie-Pierre，十七年來總是以小牛頭為早餐，怎能錯過？

非常感謝 Emmanuel 的協助，讓我們的冒險能持續下去。

非常感謝 Hélène 出色的工作能力，沒有她，這本書就不存在。

非常感謝 Benoit 卓越的藝術天份。

非常感謝 Sabine 銳利的目光。

非常感謝 Émilie，一個身在 email 那端未曾謀面，回覆信件的速度比光影還快的人。

—

感謝 Jacky，我心裡最偉大的存在。

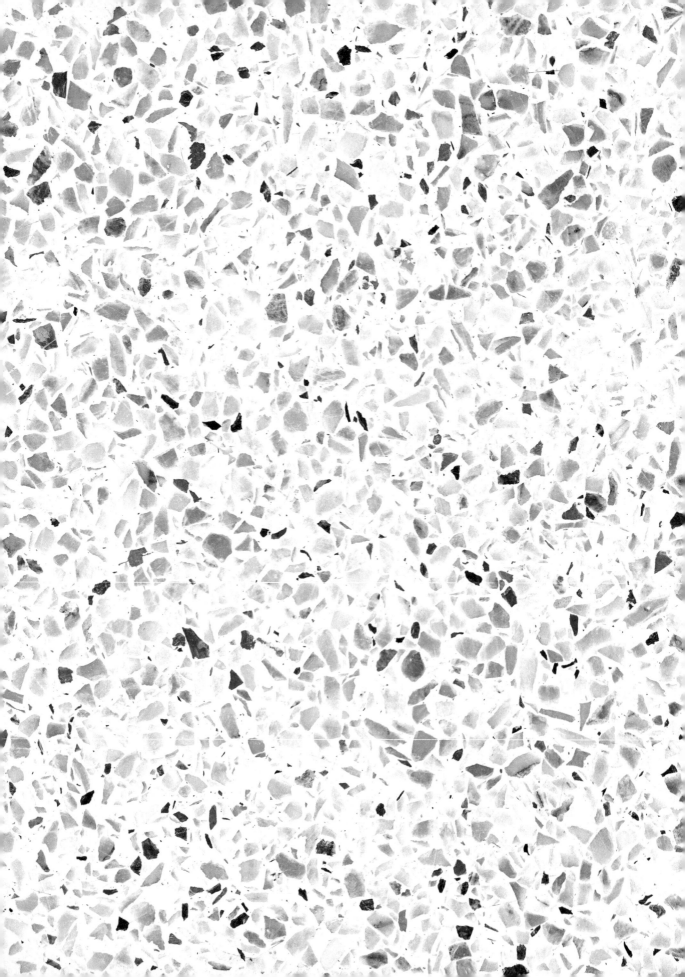